藍傳盛 著

佛法三百問

序言

　　佛法浩瀚，包羅萬象，大至宇宙起源，小至極微剎那，無不該括涵蓋。又佛經艱澀難懂，每每佛書在手，不知所云。縱稍能聞思，又不知從何修起，何處下手。致青年學者聞佛法而難懂，中年學者思佛法而難解，老年學者修佛法而難悟。

　　佛法自印度興起，北傳南傳，各有所宗，倚重不一。大小乘令人難所適從，中觀唯識眞常，令人難所抉擇，中國八大宗，各有紛岐。

　　作者有感於斯，遂興著書之念，冀望化繁爲簡，離雜避重，故著此《佛法三百問》，以問答方式，期能挑起學者興緻，圖令學人能扼要了解佛法大意，從而於日常生活中有所發用，有所助益。

　　本書共分十四個段落，從佛法通論及大小乘，直至中國佛教八大宗，均有簡要獵涉。

　　第一段落從一般佛學通論談起，1-71 問，共有 71 個問題。
　　第二段落談小乘，72-90 問，共有 19 個問題。
　　第三段落談大乘，91-114 問，共有 24 個問題。
　　第四段落談業報，115-135 問，共有 21 個問題。
　　第五段落談佛性、涅槃，136-146 問，共有 11 個問題。
　　第六段落談唯識宗，147-165 問，共有 19 個問題。
　　第七段落談中觀、三論宗，166-175 問，共有 10 個問題。
　　第八段落談眞常系，176-180 問，共有 5 個問題。
　　第九段落談禪宗，181-205 問，共有 25 個問題。
　　第十段落談天台宗，206-232 問，共有 27 個問題。
　　第十一段落談華嚴宗，233-243 問，共有 11 個問題。

　　第十二段落談淨土宗，244-288 問，共有 45 個問題。
　　第十三段落談律宗，289-294 問，共有 6 個問題。
　　第十四段落談藏密、眞言宗，295-300 問，共有 6 個問題。

　　佛法雖繁雜紛陳，然只要從聞思修、戒定慧、人天聲聞緣覺菩薩五乘，循序漸進，持續修行，終有可成。因在家修行，世事紛擾，情緣括雜，實不易守戒修定，然歷事練心，進進退退中，也能步步前行，漸漸薄貪瞋癡，慢慢去我執，日日淡五欲，轉化煩惱障及所知障，相信會逐漸離苦得樂。有朝一日再去法執，自利利人，悟入菩薩初地，也是指日可待。

　　至若禪宗頓悟成佛，密宗即身成佛，可信而有之，而不宜求之太緊，隨修安然即可。

　　總之，佛法在世間，也唯有世間求。

目錄

十、天台宗：206-232（共 27 問） 245

一、通論：1-71（共 71 問）

1 學佛的目的是什麼？

學佛的目的是使自己轉迷成悟，離苦得樂，即所謂上求佛道。自己得悟了，也要幫助眾生離苦得樂，同成佛道，即所謂下度眾生。

法華經方便品云：「諸佛世尊，唯以一大事因緣故，出現於世」。這「一大事因緣」就是爲了使眾生了生死脫輪迴。

所以簡單說學佛是爲了自己了生脫死，脫離六道輪迴，跳脫三界，得到內心永遠的快樂，同時需由小迴大，從小乘進入大乘，幫助別人或眾生也同樣得樂，達到菩薩自利利人、自度度人的目的。

但是如何轉迷成悟，如何離苦得樂，前者是解，後者是行，所以如何解行並重，就需方法與歷程，這也是學佛的內容。

2 佛教是無神論嗎？

佛教是確確實實的無神論。

佛教的最終極目標是上成佛道，下度眾生。

佛道只是佛的一種境界，佛有三身（法身、報身、化身；各宗的佛身描述稍異），而且三身一身，它是沒有形體的，可以說是一種功能境界。所以佛不是神。佛教稱神爲天神（少數爲鬼神），是六道中的一道，仍有壽命極限。

其他宗教如基督教的上帝，回教的阿拉，印度教的波羅門教等，都是一神論，而且是創世論。佛教的佛無窮多。宇宙也不是佛所創造，而是所有有情眾生的共業所創造。

基督教的上帝認爲宇宙及人都是它創造。

佛教將上帝歸類爲色界的初禪第三天即大梵天王，同樣是宇

宙及人類的創造及統禦者，不過，基督教眼中的上帝是永生的，而大梵王不是永生的，所以我個人認為這個歸類不太恰當。

3 佛教是消極、迷信嗎？

小時候對佛教的看法就是以為佛教是不食人間煙火，避居深山古寺，永絕人間。

尤其佛教很喜歡講苦空，好像人生是痛苦空虛的。又整天燒香誦經拜佛，崇拜偶像，好想是迷信的。其實，如果未深入了解佛教，也難免會有這樣的想法。不過，台灣目前的四大佛教團體（法鼓山、慈濟、中台禪寺、佛光山），都已積極入世，深入人群，很多其他的佛教團體也都積極入世布法，大多主張人間佛教，所謂佛法即是世間法，世間法即是佛法。所以佛教不再是消極避世，而是積極走入人間。

而且，佛教的終極目標是轉迷成悟，離苦得樂。在追求個人的財富、名利、食色上可能不太熱中，反而認為財色名食睡這五慾是招惹業報，諸多痛苦的來源，反而不會積極追求。而且佛教的修行非常重視「精進」，它是菩薩六度行中很重要的行為。而且認為「懈怠」是大隨煩惱之一。

佛教除淨土宗外，是一種完全靠「自力」修心養性的一個宗教，只有靠自己積極求道才能成功。

世人往往認為不追求名利就是不求上進，就是消極懶散，好像成名得利等於是人生成功的代名詞，這當然是有爭議的觀念，以後談及佛教的人生觀會詳加討論。

佛教是智信不是迷信。

佛教是無神論，每一個人心中都有神性即稱佛性，所以只要有修，每一個人都是佛，都是神。而且神，不論是天神或鬼神，

都只是六道中的一環。

　　至於拜佛像只是一種表象，用意在追思恭敬並提醒自己隨時要學佛菩薩的行爲而已。

　　佛教不講怪力亂神，雖說修到一個相當程度可能有神通，但並不利用神通來修行或辦事。

　　佛教雖說因緣果報，但絕不談宿命論，因爲因緣是可以製造也可以閃避，所以要修行，遠離宿命業力的束縛，只要肯修行，人人都可成佛。所謂知命後要能立命。

　　佛教的「有相」都是方便權宜，最終目標是追求「中道實相」，中道實相才是佛教的中心思想，以後會談到。

　　佛教說有六道，雖然以人類的科學能力目前還無法證實，不過目今的物理理論已涉及多緯度空間及平行宇宙，愛因斯坦已證明時間是相對的，空間是會扭曲的，而且我們現所知的宇宙物質只占 4%，還有 23%的暗物質及 73%的暗能量都看不到，所以六道再不能說因看不見就是迷信了。

4　佛教是苦與空的宗教嗎？

　　佛教談苦不是說這個世界都是痛苦的，主要是在強調因果論的苦果。佛教深入研究苦的原因，然後提出除苦的方法（如何離苦得樂）。

　　苦是從惑（煩惱）而來，有了惑會招業（受業力支配），然後引苦果。

　　並提出四聖諦：苦集滅道，其中集就是苦「因」，道就是修道，滅就是證滅，也是滅苦之意。

　　而人生的確是苦多樂少，所謂人生不如意事十常八九。而佛法就是在專治苦病。

佛法談空很多人誤解爲空就是「無」，所以佛教是一個消極的宗教。

佛教對空的研究非常透徹。所謂空是「自性空」而非「自性有」，並非有一個實體的自性，而是「空性」的自體，即自性並不是「無」而是「性空」，意指自體雖無形相，但有功能、作用。所以空不是「無」或「沒有」。而且也不是「斷滅」，即遇緣它有功能再次生起。

5 需要拜佛菩薩像？

印度的優塡王對佛陀很仰慕，他很想見到佛陀，而且希望能時常跟佛相處在一起，這是一種思慕之情，最初是用畫像，而後慢慢而平面演變成立體的，這就是佛像的緣起。

其實面對佛像，我們最需要的是生起思慕崇敬之心，然後叮嚀自己要學習他所傳的法及他修行的行爲法止，是我們模仿學習的榜樣。拜佛像只是一種表相，表達一種恭敬，切不可執相。佛教追求的是中道實相，絕對不可混淆予盾。密宗就是太多執相，執了相又要多一道「相而無相」的修行手續，不過佛法面對各種根器的眾生，只要心生歡喜不執著就好。

6 學佛有什麼好處嗎？

學佛有諸多好處：

1.行善可以種善因，積福報。止惡可以免造惡業，免得惡報。

2.叫人修正自己的身口意的惡行，作人處事處處爲人著想，不自私自利，會得同事長官喜愛。

3.用四攝（布施、愛語、利行、同事）及六和敬（見、戒、利、身、口、意）待人，行止眞誠感人，易得人和。

4.凡事以慈悲心的動機出發，無我無私，以助人爲樂，是社會上的大善人。

5.會以佛法的正知正見與人分享同樂。

6.勤修定功，身心快樂健康。

7.少慾多足，長命百歲。

8.心平靜有智慧，處事有方。

9.遇逆境、病境能坦然面對，轉危爲安。

10.看破生死，一切放下，心得大樂。

11.修成正果，自度度人。

7 學佛需要具備什麼條件？

佛法、佛學與佛教三者都是學佛，但中間稍有差異。

一般世俗大眾應是指學佛法而言。要學佛學，當然也可以，也有在家自學、唸佛學院研究佛學或出家正式進入佛門。

學佛法與學一般世智辨聰不同，佛法嚴格而言也不能算是一般學問主流，因此也不需要什麼基本學歷，即使不識字如六祖也可以明心見性成佛。

但學佛需要具備下述一些條件會比較圓滿。

（1）發心及願心：至少要發心願學，如果能發出離心或菩提心將更圓滿。

（2）信心：一定要相信佛法是正見、正思惟。小乘、大乘只是學習過程的劃分，但最終還是需進入大乘，由小乘自度、自利的階段，跨向大乘度他、利人的最後目標行修。

（3）歸依三寶心：不管有沒有正式受歸依儀式，內心對三寶

一定至誠歸依。沒有至誠歸依三寶心，學佛絕對無成。

（4）守戒心：在家學佛法，如果非常認眞深入佛法，大量研讀大小乘經論，對於「解悟」也許可以達到，但如果不守五戒，至少也要守五戒不滿分戒，否則不可能達到「證悟」，這是在家居士最大的缺點。但在家修有一個很好的優勢，即可以任紅塵起伏，歷境練心，訓練「動定」的功夫，但前提也是必須先具備相當程度的「靜定」功夫。

出家心無旁務，又能踏實守戒，是很容易修成「靜定」，但有了靜定，也必須再入世弘法利生修習「動定」，只有動靜一如，才能成佛。

8 學佛需要知識和學問嗎？

學佛本身並不需要什麼學歷或知識條件，但學佛過程當然需要攝取知識和學問。要知道學佛的目的是什麼，其基本原理是什麼，學習的內容是什麼，過程是怎樣，最後學成的結果是怎樣，及如何應用於人生等等，都要有充分的了解，都需要有正見及正思惟相輔相成。而且也需有善知識從旁牽引指導，才能學有所成，也才能學以致用。

當然學佛的知識和學問不同於「世間」的世智辯聰及學問，佛教徒會比較側重於「出世間」的知識及學問。所謂出世間即指如何行善守戒，如何轉迷成悟，轉痴成慧，如何離苦得樂，了生脫死。如何上求佛道，下度眾生，如何自度度人。

從另一角度而言，學佛也不必具備什麼最低學歷，只要有心肯學，動機純正，即使不識字也可學，如六祖惠能。只是學起來比較辛苦而已。

求得正見及正思惟的佛法，主要是爲了規避邪見的外道及邪

師，並獲得正確的實踐之道，成功地登上彼岸。

所以學佛自己需要充實正見、正思惟的佛法外，也需要有善知識的指導引正，才能學有所成。

9 佛教的基本原理是什麼？

佛教的基本原理是性空緣起及緣起性空。

佛教的三法印是諸行無常（六道輪迴、十二因緣）；諸法無我（我法二空）；涅槃寂靜（苦集滅道）。

佛教的終極目標是達成「中道實相」的佛境界。

1.性空緣起：一切萬法均由空性的自體，藉諸緣和合而成。

空性的自體就是佛性、真如、如來藏。

因為是由空性的自體所形成，所以這萬有是假有。叫做由「空」入「假」。

2.緣起性空。

緣起而生的萬有，其實都是諸緣和合而成，並非由一個實體的獨一自體所組成，一旦緣散了，萬有也會跟著滅了，還滅到「性空」。而「性空」是無外相，但有作用的功能體，所以它遇緣會再生起。

由「假有」還滅「性空」，叫由「假」入「空」。

3.「非空非假」就是「相對中道」，入菩薩初地。

4.「即空即假即中」就是「絕對中道」，就是佛。

10 佛經是佛寫的嗎？

佛經並不是佛親手寫的，而是佛的大弟子們經過數次結集後

產生。

世尊滅度後，僧團中有不守戒律者，摩訶迦葉諸大弟子深以爲憂，爲防止垢瀆繼續發生，遂有會眾編纂佛語，流傳後世之議。

1.於佛滅後數月，於摩羯陀國王舍城外的畢缽羅窟內，由摩訶迦葉會集上座比丘五百人，結集三藏聖教。由多聞第一阿難誦出經藏，由持律第一優婆離誦出律藏，由說法第一富樓那誦出論藏。復經大眾同意，定爲佛說。歷時七月完成結集。

2.另有未參加上次結集的佛弟子眾，亦別爲集會，以婆師婆爲上首，結成五藏：經、律、論、雜、咒禁。因在畢玻窟外結集，後人稱爲窟外結集或大眾部結集。

3.佛滅後百年，有比丘苦於戒律太嚴，倡議重訂者，長者耶舍乃邀請大比丘七百人，於毘舍離城重勘律文，結果上座保守派勝利，否決從寬之議，仍恪遵釋尊遺制。稱七百結集或第二次結集。

4.佛滅後二百三十年，阿育王篤信佛法，對僧眾供養極爲優厚，外道窮於衣食，乃作比丘形，混入僧團，改竄佛典，擾亂佛義，佛徒被誘入邪見者甚眾，這時阿育王親迎目犍連爲上首，選出精通三藏之比丘千人，集於波吒利城整集正法，淘汰魔僧，此爲第三次結集。

5.佛滅後四百年，印度犍馱羅國迦膩色迦王崇信佛法，日請一僧入宮說法，同一經題，說者多有相異之處，王於是接受脅尊者建議，招大德尊者五百人於迦濕彌羅城，從事三藏註釋，歷時十二年，造經律論三藏註解各十萬頌，此即有名之大毘婆娑論，此爲第四次結集。

我國的經典，係自漢魏南北朝唐宋各代均有翻譯，至今日所傳之藏經，或五千餘卷，或八千餘卷。乃世界上的宗教經典最豐富者，教理之圓融，實未有出其右者。

11 佛經是誰翻譯的？

佛經的翻譯，可略分爲三個時期：前期即自東漢至西晉；中期即自東晉至南北朝；後期即自隋統一至唐中葉。宋元以後，只有零星翻譯。

我國最早的譯經相傳爲迦葉摩騰譯的四十二章經。而佛教史上最早的譯經事業，除摩騰外，當以安世高、支婁迦讖來華爲始。

安世高譯出安息守意經等三十九部。

支婁迦讖譯出般若道行經等十四部。

支謙譯出維摩、大般泥洹、法句等經數十種。

竺法護譯出光讚般若、維摩、正法華、無量壽等經一百五十餘部。

其後最出名的多位大師鳩摩羅什、佛馱跋陀羅、玄奘大師、實叉難陀、義淨、不空、法護等。

姚秦弘始三年，秦主姚興迎至長安。鳩摩羅什譯出坐禪三昧經、阿彌陀經、大般若經、大智度論、妙法蓮華經、維摩詰經、中論、百論、十二門論、成實論等共三十五部，三百餘卷。

佛馱跋陀羅譯出金光明經七卷、大乘起信論、大乘唯識論、俱舍論、四諦論等多卷。

貞觀十九年抵長安，玄奘大師前後十九年共譯出重要經論七十四部，一千三百三十五卷。如瑜伽師地論一百卷、大般若波羅蜜多經六百卷、大毘婆沙論二百卷、成唯識論十卷。

12 應重經還是重論？

經是印度經由大弟子們歷經四次結集所產生，而且經結集的

人大家同意是佛所說，故「經」間接等於是佛說。「論」是印度大菩薩龍樹、馬鳴、無著、世親等，及中國歷代各宗高僧大德所編寫。尤其中國的論很多是就經加以批註及評論，可以說是對經旁敲側擊或深入探討，注入大德們的各自重要經驗見解。

當然「經」等於是佛說，應以經爲重，不過「經」往往有未明之處，經歷代高僧們注入自己的經驗及見解，也是不可多得的重要資料，所以雖以「經」爲重，然仍然需「經論並重」。

現在的大藏經有八千多卷，內容非常龐大，我個人擁有一部。

整部大藏經要讀過一遍，非常不容易，可能不會有很多人能夠完成此番壯舉。會性法師（大藏會閱-四冊）就曾經閱畢。

以下就印度及中國十宗列出我個人認爲比較重要的經論如下：

一、經

華嚴經

大般若經

大涅槃經

楞伽經

入楞伽經

楞嚴經

維摩詰經

解深密經

密嚴經

大寶積經

法華經

六祖壇經

圓覺經

金剛經

心經

思益梵天所問經

仁王護國般若波羅密多經

佛藏經

央掘摩羅經

勝蔓經

藥師經

佛說阿彌陀經

佛說觀無量壽經

佛說無量壽經

文殊師利二經

大法鼓經

如來藏經

佛說不增不減經

二、論

中論

十二門論

百論

辨中邊論

大智度論

摩訶止觀

指月錄

瑜伽師地論

成唯識論

唯識二十頌

唯識三十頌

八識規矩頌

觀所緣緣論

大乘廣五蘊論

宗鏡錄

菩提道次第廣論

攝大乘論

十地經論

入中論

賢首五教釋要

楞伽經義記

大乘起信論

普賢行願品

大乘止觀述記

釋禪波羅密次第法門

修習止觀坐禪法要

修習止觀六妙法門

華嚴五教止觀

法華玄義

印順妙雲集及所有書籍

五燈會元

善財五十三參

華嚴一乘教義章

大乘玄論

肇論

三、律

四分律

菩薩戒

13 怎麼分辨佛經的真偽？

1.有二種經可能是偽經：

A.翻譯史上無法查證其年代及譯者。

B.從鸞壇或乩童以降神或托夢的方式所傳授出來的經。

第二類一定是偽經，第一類有可能是偽經，因查不到譯者，但所談內容仍是佛法。

2.早期印度佛教史上，學者間就有大乘非佛說的論調。

因為大乘是在佛滅後數百年才出現，但大乘所說有其原始佛教的根據。而且大乘談空、無、實相無相及假有、真有、妙有等，皆未離開原始佛教的基本原則：因緣法說空，因果法說有。所以大乘當然是佛法而且是了義的實法。

3.有人說：大乘起信論、楞嚴經、圓覺經等有可能是偽經？我個人沒有能力從歷史上去考證真偽，不過，從內容上它是道道地地的正見佛法，這三種經論，反而令我受益良多。

4.第二種的確是偽經，有高王觀世音經、血盆經、太陰經、太上感應篇等。

其內容有近於佛，有近於道，有近於儒，但非佛經，但也沒有不良後果。

5.另一類如五教合流、三教平等、佛佛同道、道道相通等理論，其實非佛、非道、非儒、非耶教，非回教，這一類當然非佛經。

6.另一類，由於某些人的盲修瞎煉，獲得一些神祕經驗，也看佛經，也解佛書，卻大肆批評佛僧等都是毀謗正法，損傷慧命。

考據是否是偽經，可查大藏經目錄，若在「疑偽」部類，仍屬可讀，若完全查無，則要查其書內容是否符合三法印之驗證。

14 佛法是如何傳播到中國？

佛教源起於印度，創自釋迦世尊。

佛教東來，相傳起於漢明帝永平十年（西曆六十七年）。

但由史料記載，永平以前佛教已有東來中國之證跡，但皆為片斷史料，無可徵文獻可證。

佛教來華，當在漢武帝之後，至明帝時天竺沙門來華，朝廷尊之，遂載之史籍，傳於後世。其後西域譯經大師相繼東來，宣譯佛經，華土有志之士也相繼西行求法，於是釋迦世尊的經教就漸漸在中國弘傳流佈了。

15 逃避與出離有什麼不同？

出離是厭離的意思。因苦生厭，而求離苦。

所以很多人親近佛法是因為面對人生的苦逆不順，不管色身或環境或人事物的違逆不順，而產生煩惱及痛，於是心生厭離。

進而想求離苦，譬如學佛，信仰其他宗教，或自我調譴而最後終能離苦，如此才叫出離。

而逃避是面對痛苦，只想避開、逃離，而不思解決痛苦的方法去離苦，結果不是麻醉自己就是縱容自己，讓痛苦不但未獲解決，反而更加惡性循環，最後無可救藥。

人生不如意事確是十常八九，真的是苦多樂少，所謂八苦：愛別離、求不得、怨憎會、五蘊熾盛、生、老、病、死。

面對苦，我們要出離，而非逃避。而離苦得樂最好的方法就是發起出離心，努力學習佛法。

16 學佛一定要出家嗎？

學佛出家或在家學都可以。

學佛的過程有信解行證、解行並重、聞思修、信願行、戒定慧、三士道等。

其中信、解、聞、思、都可以在家學佛完成。

信是發出離心、菩提心、信依三寶。

解是研讀經論，從中了解佛法的正見及正思惟。

聞是聽聞善知識說法。

思是潛心深入辨明佛法而能解悟。

修及行：修就是：去惡、守五戒。

行就是：行善、修身口意三業。行十善。行菩薩五十二位階及六度行。觀四聖諦。觀十二因緣。一心三觀空假中。

證是修十地、等覺，最後進入佛果。

以上無論聞思修，解行並修，信解行證，信願行，戒定慧等均可在家修習，靠精進努力，一步一步修行完成。

所以學佛不一定要出家。

17 在家與出家有什麼不同？

1.發心及願力不同。

兩者目的相同，都是上求佛道，下度眾生。但發心有別。有不發心，有發出離心，有發菩提心。

求佛道的願力也不同，有的想成佛，有的只想修成聲聞四果，有的只想當菩薩。但脫離六道輪迴的願力都相同。下度眾生兩者的願力強度也不同。

2.修戒的環境不同。在家處在聲色迷離的世界，又雜務繁身，

要守戒相對不容易。出家有戒律約束，守戒容易達成。

3.修定的環境不同。在家面對世俗雜務，工作壓力，家庭負擔，人事糾葛，感情糾紛，財務困擾，空閒有限，實在很難修定。

出家環境清幽，雜務不多，煩惱事少，修定相對容易。

不過定有靜定及動定兩種。在家的紛雜環境反而是歷境練心，修習動定的好機會，不過，修動定的大前提是先要有很好的靜定功夫。

4.開慧的環境不同。

在家因工作繁忙，時間有限，無法抽出時間研讀經論或聽善知識講道，開「聞」慧，「思」慧比較受限。

5.證悟的環境不同。

在家因工作、雜務、家庭纏身，在修戒及定上相當受限，因此「修」慧比較困難，證悟當然也就比較不容易。

6.工作及義務不同。

出家除修行證果外，引法利生是他們的工作及義務，即所謂續佛慧命的義務。

而在家只有世俗的工作，弘法利生只是兼行的工作。

其實在家只要大量研讀經論，也是可以達到「解悟」。但「證悟」才是學佛最後的終極目標，要證悟得靠「解行並重」才能達成。所以，在家在戒上及行上要多加功夫才行。

18 學佛一定要歸依三寶嗎？

三寶是佛、法、僧。

佛在我們現在這個五濁世界是指釋迦摩尼佛。每一位佛統管一個大千世界，而世界有三千大千世界，所以佛是指三世十方諸

佛。佛雖名號各有不同，但實際上都是同一個「三身一身」的佛，是福德、智慧圓滿究竟的境界。

因爲佛已斷盡煩惱障、所知障；已修得我法兩空；具有四無畏、十力、十八不共相。佛可說是盡眞、盡善、盡美的境界；是常樂我淨的境界。

所以，我們效法佛，也希望能成爲佛，享受大樂。

法是佛所傳之法。佛從人乘守五戒；天乘行十善；聲聞乘觀四諦；緣覺觀十二因緣法；菩薩修六度萬行；以至於佛斷盡煩惱，修成涅槃、菩提果。

目前大藏經包括經、律、論共八千多卷，就是佛傳給我們最好的法寶，我們只要依教如法奉行，也能成佛。

僧：狹義是指得道的高僧大士。廣義包括菩薩、羅漢、凡夫僧尼尤其比丘、比丘尼都是。僧是續佛慧命，傳法利生的老師。他會教導您佛法的正見及正惟，傳綬您正確的佛法知識及修行方法。

有了僧寶，我們才能避開外道，邪見及邪師。

歸依三寶是信佛學佛的開始。所以會有歸依儀式，經過儀式等於是入學註冊完成。

如果沒有接受歸依儀式，當然也可以學佛，但因堅決心不夠，可能會相當影響到守戒。

19 佛法、佛學、佛教有什麼不同？

一、「佛法」是佛（釋加摩尼佛）所說的法。釋尊一生只用口說法，但未親自用文字書寫傳法，佛經只是大弟子們的結集而成。

佛法談及的內容非常廣泛，大至宇宙小至極微，人生百態及

各種修行方法，均概括其中。佛法有八大宗，各宗稍有歧異，然殊途同歸，最終中心旨意相同即上承佛道，下度眾生。

一般在家居士可以將佛法當做人生觀及人生生活的最高指導原則，不一定要出家。在生活中實際修行即可成佛，而且各行各業均可成佛。

佛法的中心思想是緣起性空的中道思想，最終目標是自利利他。自利是自己修行成果，利他是廣渡眾生。修行有幾個階段可以循序漸進，從自利的脫離六道輪迴、小乘四果，到利他的菩薩、佛果。

二、「佛學」是專門研究佛法的學問。

佛學也可當成學問或學科的一種。佛法有八大宗，各宗均有涉及相當深入的專門知識，因此佛學院已各地興起。佛學也有比照一般學問的碩士、博士的學術學位。

三、佛教：是一種傳播佛法，研究佛學的宗教。所以佛教已概括了佛法及佛學。它屬於宗教的一種，所以講求制度及儀規。

外道是所傳法不是佛法的其他宗教或知識學問。

所以佛法有三法印（諸行無常、諸法無我、涅槃寂靜）來印證佛法。

四、我覺得一般社會大眾，平民百姓以追求「佛法」即可。以佛法當做你的人生觀，以佛法當做你的生活引導，所謂生活即是佛法，佛法即是生活，在家努力修行，少則能脫離六道輪迴，多則能修成小乘四果，菩薩甚至佛果。

除非你對佛法有非常深濃的興趣，你的職業或工作又允許你時間，你才考慮追求佛學，去唸佛學院。其實在家自修自學也可修好佛學。

或者若你有特殊因緣，或前世累劫已有深厚修佛的因緣，才考慮出家向佛。若只是因不耐逆境或病境的衝擊，則不一定要出家。在家勤奮修行，只要修行的底子夠深，即可遇境練心，從容

面對逆境及病境了。

20 佛教的人生觀是怎樣？

人生觀意謂我人對於人生的價值、意義、人生所求為何？及個人立身處世的一種看法或見解。

1.認知人生苦短，苦多樂少，所以要學習佛法，以求離苦得樂，但不是放逸縱樂。

2.生命的意義在自利利人，自度度人，讓自己得到快樂，也要幫助他人得到快樂。

3.以四攝（布施、愛語、利行、同事）來待人處事。

4.對人對事以四無量心（慈、悲、喜、捨）的動機為出發點。

5.追求己樂，也助人為樂。

6.重視精神心靈享樂，忽視財色物質享受。

7.追求名利的目的是用之社會，服務人群。

8.至誠歸依篤信三寶（佛、法、僧）。

9.認知因果有報，勤守五戒（不殺、不盜、不淫、不喝酒、不妄語）及嚴防三毒（貪、瞋、痴）侵襲。

10.追求心靈解脫，自由自在，遠離煩惱。

11.遇逆境坦然面對，盡力而為。

12.遇病境積極求醫，看破放下。

21 佛教與民間信仰有什麼不同？

佛教與民間信仰有諸多不同，不過佛教是以「隨順眾生」的態度面對民間信仰。

一、信仰的目的不同

佛教是在求了生脫死，脫離六道輪迴，超出三界，達到人無我、法無我的「法我兩空」，「斷盡煩惱障、所知障」的二障盡除的佛境界，換言之，佛教是在追求「無我」的「功德報」。

而民間信仰是在追求「以我為中心」的福德報。它的信仰是以「自我」為中心的「有所求」的福報。

消極的是求免禍消災去病，求神保佑；積極的是求降福賜財賜子，升官發財。可謂無所不求。

二、信仰的對象不同

佛教是無神論。它只信佛法僧三寶，而佛及僧都不是神。

民間信仰是信仰天地神祇。神祇包含的範圍很廣，包括

1.皇天、天公、雷公、雷母、山神、土地神（公）、水神、河伯等。

2.甚至一些民族英雄如關公、文天祥、三太子、媽祖、玉皇大帝等。

3.有一些與道教糾葛不清如天公、呂洞賓、仙姑、真人、娘娘等。

4.有一些與佛教糾葛不清，如觀世音等。

三、信仰的方式不同

佛教雖有供養膜拜儀式，但主要是修心修身。

民間信仰則是燒香拜拜，祭三牲禮，獻金銀紙箔，以博取神祇歡心。

民間信仰有大部分已趨向迷信，世人應該將其與佛教、道教清楚區隔才是。

般舟三昧經云：「不得事餘道，不得拜於天，不得祠神鬼，不得擇良日良時，不得卜問請祟，符咒壓怪，祠祀解奏。」

22 百行百業都可以成佛嗎？

在家修行，即一般的「世間行」包括人天行、正常的經濟生活、合理的社會生活、德化的政治生活。

人天行就是人乘、天乘。

人乘要歸依三寶（佛法僧）及勤守五戒（不殺、不盜、不淫、不喝酒、不妄語）。

天乘是勤修十善（身：不殺、不盜、不淫；口：不妄語、不惡口、不兩舌、不綺語；意：不貪、不瞋、不痴），死後升天享受福報。

人活著就是要維繫生命，所以要有正常的經濟生活。

所謂正常即指要有正常的職業或謀生方式。

正常的職業是指「不違反人間法律」及合乎五戒（不殺、不盜、不淫、不喝酒、不妄語）。所以有關殺人、殺動物的職業必需避開。

有關偷盜的職業要避開；

有關淫穢的行業要避開；

有關喝酒、賣酒的行業要避開。

大概八大色情行業、屠夫、酒商、偷盜等行業，最好遠離。

職業以「可以助人」的服務業最利於修行。

所以，除了上述外的百行百業，都無礙於修行。人人都有佛性，只要修行依教如法，人人都可成佛。

23 佛教可以營利賺錢嗎？

佛說：「有四法，俗人在家得現法安法樂」，提出四具足：

-方便具足：只要職業行業是正當，都是方便可行的。

　　-守護具足：財物的妥善保存，不浪費支出。

　　-善知識具足：結交善友，不可與欺誑、凶險、放逸的惡人來往，因為這是財物消耗的原因之一。

　　-正命具足：即經濟的量入為出，避免浪費與慳吝。不可只圖自己享用，不知供給家屬，不知供施作福。

　　所以在家修行也要有「正常」的經濟生活。

　　營商只要取之有道，用之有道，得利後懂得布施，現在全世界的大企業都很懂得布施，如比爾蓋茲。

　　營利事業種類避開不殺、不盜、不淫、不酒之行業種類；營運過程能合乎堅守五戒即可（避開殺、盜、淫、酒及妄語），不妄語意指不作誇大不實之宣傳，保證產品之真實耐用，不欺騙消費者。不盜意指不榨盜消費者之利益。

　　求名求利都可以，但要以四無量心（慈悲喜捨）出發，要取之有道，並用之社會。

24 佛教可以結婚生子嗎？

　　在家修行，除了要有正常的經濟生活，也要有合理的社會生活。

　　社會生活包括父母兄弟、夫妻子女、師長親友、宗教師等社會各階層人士。

　　佛教善生長者子「六方禮」，六方指以自己為中心的六方，東方為父母，西方為妻兒、南方為師長，北方為親友，上方為宗教師，下方為僕役（現代為下屬、員工）。彼此間有相互應盡的義務，不是片面的。

　　夫婦應互守貞操及互敬。對於自己的長官部屬及親友應以四攝（布施、愛語、利行、同事）來統攝。

所以在家修行，當然可以結婚生子，享受天倫之樂。

出家在密宗紅派及日本有些住寺宗教師是可以結婚。

但結婚生子，好處是可以享受天倫之樂，但確有一些壞處，會增加煩惱，而且影響修戒及修定。

淫有正淫及邪淫。在家是允許正淫（夫妻的正常性關係），但也不可荒淫過度。

邪淫是除夫妻外，不可對任何第三者有過淫念或性關係，即使意淫也不准許。

所以要守淫戒不是很容易，佛提出四念處，其中觀身不淨或白骨觀，就是在對治色淫。

除了夫妻子女外，其他的社會關係也都要以「四攝」或「六和敬」來維持良好的關係。

25 佛教如何飲食？

楞伽經於第四卷的經末很清楚的寫出遮斷肉食門，所以出家眾一定必需遵守此戒，這是不容分說。

現在問題在於在家學佛一定要茹素嗎？

很多法師也提出方便門，即三淨肉及五淨肉，但最終目的還是要全茹素。

*三淨肉是指三種情況之肉類不得食：

1.不自殺：不得親自殺一切眾生，謀得其肉，若得其肉則犯。

2.不教他殺：自己想吃肉，自知不能親自殺，而教別人殺來給我吃，若得逞則犯。

3.不聞殺：非自己所殺，非教他殺，而親聞他人宰殺，眾生哭叫之聲，其肉不得食，若得其肉則犯。

*五淨肉：即再加上兩種情形，合稱五淨肉。

1.自死：就是眾生自己命終，非他人打擊之死，亦非種種策謀之死，得其肉而食者不犯。

2.殘食：眾生被弱肉強食，因而剩下之殘餘之肉，若得其肉可食，食而不犯也。

以上是爲一些要茹素者，一時辦不到而開的方便法，但最終還是要全茹素才對。

26 在家如何學佛？

在家學佛有二種修行，一是一般的世間行；一是特勝的信眾行。

（1）一般的世間行包括人天行、正常的經濟生活、合理的社會生活及德化的政治生活。

前二者已於如前述。

佛是非戰主義者，而且國王需具備十德，更不勸民眾去向國王誓忠。

佛教主張佛化的輪王政治，不以刀杖，以法治化，利以平均。

政治是爲民眾的利益著想，即是德化的政治。

（2）特勝的信眾行

-五種具足：

信具足：篤信歸依三寶。

戒具足：堅守五戒。

施具足：財佈施、法佈施、無畏佈施，三者均可以。我開這個園地就是在做法布施。

聞具足：有時間多聽一些法師、善知識的說法佈道。

慧具足：自己也要找時間研讀經論求解悟，再修靜定，而後動定，最後才能開慧，明心見性進入菩薩初地，然後地地進步到十地，等覺，而後證悟進入佛果。

-六念：念佛、念法、念僧、念戒、念施、念天。

念天就是人天行，行十善而能上升天道。

-在家學佛應注意事項：

1.不要把自己變成怪物：不要眼中心中只有學佛而忘記了工作，工作是專業，學佛是副業。

2.要以平常心學佛，學佛不是持齋，當然也可以去郊遊。

3.不要把自己孤立起來，將時間全部都放在寺廟裡，忽略了家人。

4.學佛只重法身，不重色身。

身見是見惑之一，意指不要去執著這個五蘊和合的身體，所以有了病痛不要因執著又多加了心痛，一方面要積極求醫，一方面也要將身體觀空、觀假、觀中。所以身體是修行的重要工具，平常要懂得保養。

5.學佛要多看、多聽、多問，等到可以選擇適合自己及環境而且自己喜歡的法門，才一門深入。

6.學佛是一輩子的事、不可能一蹴可即。

禪宗的頓悟及密宗的即身即生成佛，對在家修法是不太可能的。

學佛是有下述歷程的：

戒定慧、信解行證、解行並重、聞思修、三士道、境（教理）行果、信願行，先事修而後理證。

27 佛教是反對家庭制度嗎？

在家修主要是修五乘次第中之人天乘。

人乘需守五戒，簡言之，就是學做人。

既是人一定有各種社會關係，包括夫妻子女關係。

所以在家學佛當然可以結婚生子，擁有家庭，享受天倫之樂。只是人乘必須堅守五戒，而其中的淫戒在家是指邪淫戒，但允許正淫行為即夫妻的正常男女關係。

所謂邪淫是指除夫妻雙方外，不可對任何其他人有色淫之「意念」或「行為」，所以意淫當然也在禁止之列。

不可諱言，多了夫妻子女關係會增加了很多煩惱而影響了修戒及定。

但學佛是出離而非逃避。而出家在中國則有律戒禁止結婚生子。

28 人間佛教可以實現嗎？

印順導師提倡人間佛教。人間佛教意指。佛教學習程序有五乘，一般是人乘、天乘、聲聞乘、緣覺乘、菩薩乘。由人乘開始循序而上。

但導師主張，由人乘以人的位階，直接跳過天乘及小乘，走直路直通菩薩乘。

並主張修行十善，但與人天乘有別，人天乘仍以自我為主，求天是求自己的福報，希望上天道享受快樂及長壽。而人間佛教是了知性相畢竟空，發菩提心並勝解一切法包括身心、自他、依正都是輾轉的緣起法，其性相畢竟空，並以慈悲利他的四無量心來廣行十善。

人間佛教的理論原則是：法與律的合一；緣起與空的統一；自利與利他能合一。

而且必需順應如下的時代傾向：

-青年時代：不再以「了生死、求禪悟」來吸引青年人，因為他們不易信受。應以歸依三寶、深信因果，主要是修學不礙出世的人乘，並進一步以六度、四攝、四無量心的教法來引導他們。

-處世時代：人天乘是戀世的，耽戀著世間欲樂，沒有出世解脫的意向。小乘則急切地發厭離心，求證出世解脫。大乘菩薩則是出世又入世，所謂「以出世精神，作入世事業」。

時代已傾向於戀世，惟有大乘的入世，才能吻合現代的要求。所以佛教徒不宜再崇尚山林，走隱遁遺世的路了。

-集體時代：要生活在團體中，才能真實的實現自利利他。團體的好處是互相教授教誡，互相慰勉，互相警策。

印信導師提出「信」、「智」、「悲」的修持心要，

啟發信心，引生正智，長養慈悲。

要發大悲心，修十善行。

我個人認為，佛教應該「走向人間」。

但要真正落實人間佛教的實現，可能仍需假以時日。

其實現在台灣的佛教團體很多都已走向人間，如法鼓山，慈濟、中台禪寺、佛光山以及其他很多團體不但都已走向人間，甚至都已走向世界。

個人以為宜將五乘當成學佛法的階梯，一步一步往上爬。其實五乘只有一乘，就是佛乘，以佛乘而言，其他乘都是不了義的。佛是修行最高境界，已經是「絕對一」的一即多的「一真法界」了。九法界對佛而言都是不了義的，所以佛法才有權實方便說，不了義也是佛法，只是尚在路途中，尚未到達終站而已。

人間佛教是一種理想，但要修到菩薩初地，已經斷了分別無明的我執及法執種子，修行位階已相當高，已相當於禪宗的明心

見性。而且悲心要升起，相當不容易，只有當人我執愈輕之時，即自他分別心更微弱時，悲心才可能升起。

所以五乘還是得依序從人乘慢慢修起，可能不容易跳級。

但是印順導師的很多前衛觀念如重視青年修學，明白現今時代宜走入人間及主張團體共修，都是目前後學們的最高指導原則。

29 佛教接受戰爭嗎？

當生命受威脅因自衛而殺生，會不會受報？

佛教反對戰爭，但戰爭是一種國與國的共業表現，佛法會坦然面對。佛曾因祖國即將被消滅而出面阻止二次，但第三次即知業力不可違，就讓祖國被侵略了。

因個人自衛而殺生，也會受別業報，只是這個報可能是定業的重業輕報，也可能由定業報轉變為不定報。

業有共業及不共業兩種。報也有別業報及共業報兩種，別業報又有引、滿業兩種。

共業是很多人一起造就的業。如國家之業就是這一國全國人民所共同造作的業。同理地球也是一樣。一架飛機、一輛汽車、火車或任何團體都會以共業表現。而共業的力量遠大於不共業，所以即使命不該絕，坐上死亡飛機也難逃一死。

故此，若為國因戰爭而殺人，將受共業報，即受以國家為整體所受的果報，如國家被滅了，你也會戰死。國家流行瘟疫，你也會得瘟疫等等。

30　靈魂是中陰身嗎？

中陰身是一種佛教說法，而靈魂則是一種民俗說法或一種民間傳說。

中陰身即中有身，為有情一期生命結束到下一期生命開始的中間所存在的五蘊身，是細微身的一種。類似但不同於西方所說的靈魂、中國的魂魄，一般以之為人類來世生命力的來源。在有情死亡之後，中陰身才會現起，自中陰期間會隨著因緣業報而投胎於有緣的父母正在交合之時。投胎時中陰身則會變滅掉，入胎識（阿賴耶識）入住母胎後而出現另一個有情眾生，若因業報而出生到另外六道眾生的其中一道，則形成六道的輪迴。

漢傳佛教和藏傳佛教中認為有「中有」的佛教宗派，對中有是否為「實有」即「自性有」是有爭論的。一般把中陰定義為五蘊的集合，是六道中下五道或天界之欲界、色界眾生（補特伽羅）在一期生命完結後，至於投生之前的中間存在狀態；當生天界中之無色界者，死時即於當處成無色界，並不會經歷中有期，故此不會有中有身。

南傳上座部佛教與部分中觀派不承認有中有身，將其作為對於補特伽羅的見解之一，主張一般人死後，在死亡與投生之間是毫無間隔的，中有身並不存在。

中陰身的壽命是 6 時至 49 天，具有神通。

31　佛教的宿命觀是什麼？

業力及六道輪迴是佛教的重要理論之一。

業有不定業及定業兩種。定業多犯五逆十惡罪所得的果報。定業的意思是果報一定會發生。這裡就有一些宿命的味道了。但

佛教並不贊成命相卜卦。雖然定業的果報一定會發生，但果報的種類及受報時間則沒有決定性。雖然前世或累世已犯了一些定業，但這定業可以藉由修行佛法及虔誠懺悔業障及發下強烈願力，都可能將定業轉成重業輕報。

所以我們這一世應該趕快守戒行善，勤修定力，並努力開展三智（一切智、一切道種智、一切種智）及三慧（聞、思、修），不但可以消除不定業而且可以轉化定業成重業輕報。

如果一般世俗凡夫完全不信佛法，完全沒有戒定慧的三學修行，則的確會落入命運的掌控，任憑不定業及定業的牽制控引，這才真是走進宿命的人生。

32 佛教對於命相、風水的看法如何？

命相、風水是一種宿命論。佛教是不贊成的。

佛教雖重視業力，但不定業可轉化，定業也可以轉化成重業輕報。如果完全不修行，任業力完全牽制，不求轉化，那真的是走入宿命的命運。

所以愈相信命運，愈會隨著命運走。

至於風水，得到好風水，可以庇蔭後代子孫，完全與「個人因果個人擔」抵觸，後代子孫自有其個人業力要承擔。

不過，因有不定業可轉，故而命相、風水我們也不宜百分之百反對，也許可以參考但不可迷信。

33 佛教對神通、異能看法如何？

六神通：

（1）天眼通，能照見三界六道眾生的生死苦樂之相，及照見世間一切之形色，而無障礙。

（2）天耳通，能聽聞三界六道眾生苦樂憂喜之語言，及聽聞世間一切之音聲，沒有障礙。

（3）他心通，能知三界六道眾生心中所思所想之事。

（4）宿命通，又作宿住通，能知自身及三界六道眾生之百千世宿命及所作之事。

（5）神足通：如意通、神足通。即自由無礙，隨心所欲現身之能力。

（6）漏盡通：斷盡一切三界見思惑，不受三界生死，而得漏盡神通之力。

六通中之前五通，外道也許能夠修得，但漏盡通，已斷盡所有煩惱則非外道所能。六道中的天、阿修羅、鬼道及修行至無色界、聲聞四果、菩薩都已具神通，但唯有佛修得漏盡通。佛雖有神通，但從不利用神通施教，而以踏踏實實地五乘程序來教導眾生。

異能：台大李嗣涔校長發現一日本小女孩具有手指識字的特異功能，手指識字就是紙先寫好字，折疊後裝在黑色的袋子中，小女孩矇住眼，只用手在黑袋中摸，而後正確無誤地寫出袋子裡的字。

並進一步經由小女孩利用手指識字的功能可以打開她腦中的天眼（天窗），並利用天窗與其他世界的神靈信息場，或稱靈界的信息網站相連通對話。一群物理學會的教授們因不相信而來踢館，結果不但證實了手指識字的真實性，而且其中一位中研院陳建德院士隨手寫了一個「佛」字而發現小女孩竟可與神靈界的信

息場，利用天窗中看到的景像或字或亮光或對話而相連通。

　　特異功能只有兒童擁有，成人會消失。李校長並利用 fMRI 找到腦中開天眼的反應部位，似乎很接近大腦中的後扣帶皮層（posterior cingulate cortex）。

34 什麼是五眼？

　　五眼是人眼、天眼、慧眼、法眼、佛眼。
　　*人眼是普通肉眼。
　　*天眼是天人所具有的眼。有三種：地居天、空居天、禪居天。
　　-地居天：福德鬼神、四天王天、忉利天。
　　-空居天：六欲天第三天-第六天。
　　-禪居天：色界天 18 天及無色界 4 天。
　　層次愈高，天眼的功能越多越大。它不受光影的反射而是精神力的反射或折射作用。有修得和報得的不同。一般的鬼神及靈媒是報得。禪定或靠修而得者是修得。天眼可以預見未來。
　　佛法不執著於天眼。
　　*慧眼；是羅漢所證，所以能出生死輪迴，離五蘊，出三界。是無人我執的。
　　*法眼：初地以上的菩薩所具。親證諸佛法身之一分。離法我執，外道很難證慧眼或法眼。只是得自鬼神的靈力而已。連天眼都不是。
　　*佛眼：佛所具的眼。具足前四眼之功能，是智慧的全體，大圓境智的本身，又稱大圓覺，無上菩提。

35 佛教與科學有關聯嗎？

佛教與量子力學的關聯非常密切，以下分別述之：

1.三心不可得與相對論：

佛教主張三心即過去心、現在心、未來心都是假有虛幻的。

相對論認為時間是相對的，現在也是相對的。在接近光速時，時間會變慢。

空間在重力之下會扭曲。

2.觀察者的意識與電子波粒雙象性：

佛教認為八識生起了萬法。唯識論認為萬法是唯識所變。

電子雙縫干涉實驗顯示一旦加入觀察者的意識檢測，電子馬上失去波粒二象性，變成粒子的實有物質世界。

3.電子雙縫橡皮擦實驗：

佛教：修行是令意識不起分別。但常常修行力會退，若修行有退就重新再起修行，令意識又不起分別。

電子雙縫橡皮擦實驗：沒有觀察者（即意識不起分別）則電子呈波粒雙象性的假有世界。若加上觀察者（即意識又起分別），電子即變成粒子的實有世界。若將觀察者移除（擦去），電子又變成波粒二象性的假有世界。

4.宇宙的起源與緣起性空：

佛教是性空緣起，這個世界是由「性空」緣起。性空有二層意義，一是阿賴賴識，一是佛性、如來藏。

物理界目前關於宇宙的源生說法有多種。霍金主張宇宙源生於「無」。

物理界的宇宙源起論是大問題，以後再深入探討。

5.額外維度空間、平行宇宙與六道輪迴：

佛教認為宇宙有多重世界，分類為十法界世界：六道及聲聞、緣覺、菩薩、佛等十種世界。人及畜牲是同一個世界，其他

法界各有各的世界。

物理界現在有平行宇宙的理論。及超弦理論的9個空間緯度，及M理論的10個空間緯度。

六道有可能是在我們這個世界的不同緯度空間或其他的平行宇宙。

聲聞、緣覺、菩薩則可能在其他平行宇宙世界。而佛的世界是一個統一的「整體」世界，即華嚴的一眞法界。所以好像平行世界其實也是假的分立的世界。

目前物理界有 M 理論，試圖將宇宙四力（強作用力、弱作用力、電磁力、引力）統一，統一的力很可能即是佛力。當然物理界還在努力中。

6.三千大千世界與現行宇宙：

佛陀在二千六百年前就指出，宇宙是無窮大及有無窮多的日月星體，已與現在的天文學非常吻合。

7.基本粒子與緣起性空：

佛教認爲宇宙是由「性空」經「緣起」而產生。這「性空」只有功能，沒有形體，非粒子。佛教認爲「極微」（基本粒子）也是性空的，非基本粒子。

物理界認爲物質是由基本粒子所產生，但目前發現基本粒子有多達2百多種。

雖然基本粒子模型說認爲質子及中子都是由3個夸克所組成。

但超弦理論認爲基本粒子不是粒子而是很小的弦，其長度只有（10^{-33}公分）但沒大小。

而超弦理論目前也漸式微，漸被 M 理論所取代。M 理論認爲是基本單位是一種D膜，當它是一維就是弦，二維就是膜。

並極力在尋求四力的統一。

而這四力統一的力，很可能就是佛力。

8.宏觀的古典物理是唯物論，完全認爲物質是粒子。但自量子

力學出現以後，宏觀的物理現象卻無法解釋微觀的基本粒子的量子現象即量子既是粒子也是波。

所以以佛法看來，宏觀的世界如果不注入意識去分別及觀察，組成的基本粒子（如電子、夸克、微中子、光子）就變成又是波又是粒子的世界，所以是假有的世界，它其實是一種概率的世界，而不是眞實的世界。所以量子力學等於證明了佛法的理論：「只要我們不注入意識分別，世間是假有的世界」。

36 佛教的世界觀是什麼？

佛教指出我們的世界是以須彌山爲中心，從阿含部起，許多經都有上述的相同記載。

須彌山的四個方向有四大洲，南方稱爲南贍部洲，南閻浮提，就是我們所住的世界。須彌山高八萬四千由旬，山腰各有四個宮殿，稱爲四天王天。在山頂有三十三個宮殿，稱爲忉利天。

其他東有勝身洲，北有俱盧洲，西有牛賀洲。

佛在二千五百多年前即提出這宇宙是含有無數的星球。

目前的物理界已有超弦理論的9個緯度空間，其中有6個空間緯度非常小，藏在 10^{-33} 公分的空間中，稱爲卡拉比丘空間。另M 理論也提出 10 個緯度空間及 D 膜理論。同時「平行宇宙」或「多世界」理論都已被提出，當然仍有待進一步的證實。

可見佛教的六道輪回的空間，已不再如科幻小說般的迷信了。

37 什麼是三千大千世界？

一個小世界由欲界、色界及無色界等三界所構成。三界中各有相關的眾生。

一個小千世界含一千個小世界，

一個小千世界含一千個太陽系。

一個中千世界含一千個小千世界，所以含一百萬個太陽系。

一個大千世界含一千個中千世界，所以含十億個太陽系。

一個大千世界即是一佛剎，由一位佛接管。

一個銀河系有千億個太陽系，故約有 100 個佛剎。

依「世記經」記載：「如一日月周行四天下，光明所照。如是千世界，千世界有千日月、千須彌山王、四千天下……。千四天王、千忉利天、千焰摩天、千兜率天、千他化自在天、千梵天，是爲小千世界。」

此四天下有八千天下圍繞其外，復有大海水周匝圍繞八千天下，復有大金剛山繞大海水。金剛山外復有第二金剛山，二山之間窈窈冥冥，日月神天有大威力，不能以光照及於彼，彼有八大地獄。

依此段經文所述，八大地獄是在太陽系外圍二大金剛山（鐵圍山）之間。大海水似指星際介質。

世記經：「須彌山北有天下，名鬱單日（即北俱盧洲）。……須彌山東有天下，名弗于逮（東勝身洲）。……須彌山西有天下，名俱耶尼（即西牛賀洲）。須彌山南有天下、名閻浮提（南瞻部洲），其土南狹北廣。……」

此處的須彌山代表地球自轉軸心。地面成東西南北四個大洲，依次爲弗于逮、閻浮提、俱耶尼、及鬱單日。四大洲及人皆在地球上，容易用肉眼見到，但「天」則有不同。

至於他方的佛土，依華嚴經記述：世界海有種種差別形相，

所謂或圓或方，或非方圓，無量差別。或如水漩形、或如山焰形、或好樹形、或如華形、或如宮殿形、或如眾生形，如是等有世界海微塵數。……」

這表示在大乘佛法中，有千差萬別的宇宙形式，並不是只一個簡單的「三千大千世界」。

考之今日的天文學，由地球-月亮-太陽系-銀河系-各種星系-各種星系團-各種超星系團等，則知我們的宇宙多龐大，然更令人驚訝的是我們已知這些星系物質只占 4%，仍有 23% 的暗物質及 73% 的暗能量仍然遙遙未知。

然佛陀在 2 千 5 百多年前，他就知道這宇宙是如何浩瀚。可見佛不是人，而是示現人間的佛。

38 佛教的生命觀是什麼？

佛教不是一因論，所以不認為宇宙及人是神所創造。宇宙是由所有宇宙眾生的共業業力所創造。

至於人是從何而來，

根據「世紀經」、「大樓炭經」、「起世經」，佛教認為地球形成之後最初的人類是從色界的光音天而來。與達爾文的進化論不同，誰是誰非，目前的科學能力尚無法解決。不過物理界認為是先有器世界即地球才有人類，這個生命起源的觀念是與佛教不同的。

依十二因緣的見解，中陰身帶著阿賴耶識中的無明業種子，經由業力的作用，決定帶往那一道投生。若決定投生人道，則有兩種情形：一者，中陰身看到父母正在交合，即進入受精卵中。二者，依據與父母的業力關係而決定，而非直接進入受精卵，如此可以解釋試管嬰兒。

39 三學與三慧是什麼？

*三學：戒定慧

-戒：在家要守五戒，進一步可守八關齋戒，出家人有出家人的戒要守。守戒可以防止人們造作一切身口意的惡業。

-定：定有靜定及動定。靜定即禪定。動定即在生活中歷境練心修。定可以使人們靜慮澄心。禪定有很多種分類。以後再深入探討。

-慧：即開發智慧，使人們發現真理而斷愚癡。

由戒得定，由定發慧，最終獲得無漏道果。

*三慧：聞思修

-聞所成慧：聽聞佛法能生智慧。

-思所成慧：思惟佛理能生智慧。

-修所成慧：勤修佛法乃至禪定而生智慧。

*三學及三慧之關係：聞、思、修

修有戒、定、慧。

40 學佛需要有歷程嗎？

學佛當然會有歷程及修行次第。

即使禪宗的頓悟也是先事修而理悟。

在悟的當下是頓時發生，但不可能完全無修持即頓悟，一定要事先有相當程度的事修，到一個臨界點，才能忽然明心見性而頓悟。如六祖的聞金剛經的「應無所住而生其心」而頓悟，六祖是菩薩再來人，不可能是一介凡夫。

以下討論一些修行次第：

-五乘次第：人乘-天乘-聲聞乘-緣覺乘-菩薩乘。

-三學：戒定慧：由戒生定發慧。

-三慧：聞思修：由聽聞佛法，進一步思惟探究，達到解悟，而後依此正知見、正思惟修行。

-信解行證：信持三寶，解悟佛理，修行佛法，證得佛果。

-解行並重：解悟及行持並重。

-信願行：淨土宗提出的三資糧，要淨信西方極樂世界，並發至願往生西方極樂世界，努力修行三輩九品而能往生極樂世界。

-境行果：境即教、理；行即行持；果是修證位階及果位。

-根道果：根即境之教及理。道即修道方法，果是修行位階及果位。

-三士道：下士道即人天乘；中士道即聲聞、緣覺乘；上士道即菩薩乘及止觀。

-發心、修行、證得

-信願、慈悲、智慧

-五道：

資糧道：外凡：十信；內凡：十住、十行、十迴向。

四加行道：煖、頂、忍、世界第一。

見道：菩薩初地。

修道：菩薩初地-等覺。

究竟道：妙覺即佛。

-五十二位階：十信、十住、十行、十迴向、十地、等覺、妙覺。

41 佛是萬能的嗎？

　　*佛可以說是福德、智慧最爲圓滿的境界，可謂是盡眞、盡善、盡美。

　　佛有如下無量功德：

　　三十二大人相

　　八十隨形好

　　四智圓明

　　十力

　　十智

　　十八不共法

　　四無所畏

　　四種清淨

　　三德：法身德、解脫德、般若德

　　三無礙：辯才無礙、溝通無礙、說法無礙

　　八音（八聲）

　　四無礙智（四無閡智、四無礙解）

　　盡智、無生智

　　三達（即三明：天眼明、宿命明、漏盡明）

　　三意止：即三念處：第一念住，謂眾生信佛、受行，如來亦不生歡喜之心，且常安住正念正智。（二）第二念住，謂眾生不信佛、不受行，如來亦不生憂惱，且常安住正念正智。（三）第三念住，謂眾生中有信與不信者，佛知之亦不生歡感之心，且常安住正念正智。

　　大慈、大悲

　　三十七道品

　　悉知一切諸法總相別相。

*佛雖擁有如上無量功德，但卻不是萬能的。佛仍有如下做不到的事情：

1.不能期限內度無緣的人。

2.不能轉眾生的定業。

3.不能代眾生修行。

4.不能代眾生發心及行願。

佛只是一位導師，他教導你如何上求佛道，下度眾生，但如何實現，只能靠你自己。

42 外教與佛教如何分別？

*外教：印度外道有九十六種包括邪因邪果（一因多果，婆羅門教大自在天創造萬物）；無因有果（世間萬物自然而有）；有因無果（只有現世，沒有後世）；無因無果（否定因果）。

佛教是主張有因有緣有果，但因是自性空。

三論宗所破較著名的外道有如下四種：

-順世論：斫婆迦所創。反對輪迴，主張享樂，反對苦行。

-數論：迦毘羅所創。明一切法不出二十五諦。將宇宙萬有分為自性（代表物質）及神我（代表精神）。

-勝論：優樓迦所創。造六句論（實句、德句、業句、同句、異句、和合句）。

-耆那教：耆那所創。主張苦行。

*外道與佛教之分別靠三法印來分別。

三法印：

-諸行無常：是說一切世間法無時不在生住異滅中，過去有的，現在起了變異，現在有的，將來終歸幻滅；藉因緣所生之諸

行法，當因緣變化時，即無法保有常恆不變之相。

　-諸法無我：是說在一切有爲無爲的諸法中，無有我的實體，亦即無有本來自在、不藉諸緣出生、常恆不變的本體；所謂我的存在只是相對的生理和心理幻象。

　-涅槃寂靜：是說涅槃的境界，無有一切生死的煩惱與痛苦，無爲安樂，故涅槃是寂靜的；具有不生不滅、不垢不淨、不增不減、不一不異、不常不斷、不來不去的般若中道體性義。

43 佛教有幾宗？

　*印度大乘三系：
　-性空唯名（中觀）：一切法由自性空所成，所以一切法只是假名而已。
　-虛幻唯識（唯識）萬法唯識所變，所以萬法是虛幻不實。
　-眞常唯心（如來藏）：萬法皆由阿賴耶識中所藏「如來藏」所興起。

　*印度小乘：共有二十幾部。總分上座部及大眾部二種。兩部各自的分類有點分歧。大眾部後來發展爲大乘。

　*中國小乘：
　-俱舍宗：我空法有。
　-成實宗：我空法空，觀念上雖有大乘的我法兩空，但實際修持上並未證到我法兩空，故仍歸屬於小乘。

　*華嚴宗的六種小乘與印度小乘之關係：
　-我法俱有宗（犢子、賢冑、正量、密林山）

-法有我無宗：雪山、多聞、化地
-法無去來宗：雞胤、法藏、飲光、制多山、西山住、北山住
-現通假實宗：說假部
-俗妄眞實宗：說出世部
-諸法但名宗：一說部

*中國大乘：有八宗。
　八宗：律宗、三論宗、天台宗、華嚴宗、法相宗、禪宗、淨土宗、眞言宗。

44 佛教有幾乘？

一乘：佛乘
二乘：聲聞、緣覺
三乘：聲聞、緣覺、菩薩
五乘：人乘、天乘、聲聞、緣覺、菩薩
　修學次第是人乘的守五戒、天乘的行十善、聲聞乘的修四諦法、緣覺乘的觀十二因緣、菩薩的修六度萬行。佛的無修無證。

45 大小乘有什麼不同？

*小乘：聲聞乘、緣覺乘。聲聞四果：須陀洹（預流果）、斯陀含（一來果）、阿那含（不還果）、阿羅漢、緣覺的辟支佛。斷見思惑。斷煩惱障。破人我執。證人我空。離分段生死。自度。自利。無餘涅槃。發出離心。解脫道。修四聖諦、四念處、八正道、十二因緣、三十七道品。

＊大乘：菩薩乘、佛乘。菩薩初地-十地、等覺。佛果。斷無明住地。斷煩惱障、所知障。破人我執、法我執。證人我空、法我空。離分段生死、變異生死。自度度他。自利利人。

發菩提心。菩提道。

修六度萬行、四攝、四無量心。

46 先自度還是先度人？

修行佛法需依五乘次序即人-天-聲聞-緣覺-菩薩。

或依五道次序：

資糧道：

外凡：十信

內凡：十住、十行、十迴向

四加行道；煖、頂、忍、世界第一

見道：菩薩初地、明心見性

修道：菩薩二地-十地-等覺

究竟道：妙覺，即佛。

在人天乘尚有我執在，故只能先自度。

聲聞乘，已破人我執，已證我空。故此時必須迴小向大，即由小乘轉大乘，開始自度又度人，自利又利他。

所以，當然要先自度，自己要先斷了我執，才能跳脫以自我爲中心，慈悲心才能升起，才有心去度人。當然此時尚有法我執未破，所以需要一邊自度，一邊修菩薩行的利他六度行。

故而，需先自度到證人無我空（二乘）才開始自度度他併用。一方面自己又繼續朝證法無我空（菩薩初地）修行。此時即入菩薩初地後，從二地-十地都是在修十度菩薩行，即是在利他及度他了。

47 佛教如何廣結善緣？

善緣意指有自利利他的關係。

廣結善緣是說到處締結善緣。譬如人學佛之後，到處跑道場，見人就結緣，變成了疲於奔命，忙於應酬，毫無原則地護法。而且沒有自修的方法，也沒有固定的依止，表面上好像結了很多善緣，但實際上對己、對人、對道場，沒有做到有力或有效的幫助。

從三寶立場而言，廣結善緣是指無差別的平等布施。用佛法教化眾生，有教無類，一律平等施教。如佛陀托缽化緣，就是一種廣結善緣的表現。

對個人而言，由於每人的財力、物力、體力、智力和時間都很有限，所以如果盲目無原則地廣結善緣，不但效果不彰，還可能會招致無謂的困擾，尤其是不可影響到家庭的生計及個人的健康。

不過，話說回來，若你的修行功夫已達到去人我執，證人我空，而能以慈悲平等的發心去廣結善緣，則對眾生，家庭、社會或道場，也算是善緣的一種了。

48 需要一門深入嗎？

佛法浩瀚無邊，三藏有八千多卷，即使窮一生皓首埋經，也難全部通曉。

印度小乘有二十多部派，大乘有三大系。中國小乘有俱捨，成實兩宗，大乘有八宗。雖然各宗最後的佛境界都是一樣，然其所著重的見解及修行方法卻是略有差異。

故平時，要對大小乘著名的經論多所獵涉，這樣才能對整體

佛法的大綱有了正見、正信及正思惟，修行才不會盲練瞎修，才能修成正果。

不過，如上所言，三藏八千多卷，你不可能樣樣精通。

對佛法有了通盤的了解之後，最後的修行還是要就個人喜好、適應性及環境、時間等的許可，作出最後的抉擇，然後一門深入，才能有所成就。

佛法重在實踐及修持，而且最好有一位依止的善知識給予從旁指導。

至於禪淨雙修、禪密雙修的可行性，如果自覺時間、體力、精力、智力都夠，也可以參考。不過，一個人壽命有限，而學佛並不一定是一生、二生的事。最主要還是持信願及精進不懈，一門深入，持之以恆，今生不成，來生再續。

49 佛法有了義、不了義之分嗎？

佛法無邊，必需先以三法印來分辨出正信、正見的佛法，並與外道清楚區隔才是最爲重要。

不管了義、不了義，只要確定是佛法即可。

眾生的根器不一，而佛是逗機施教，以對眾生最後的實際有助、有利爲原則，來引導眾生。故說法不一，有高有低，有隱有顯，才有所謂了義、不了義之分別。其實重要的不是了義、不了義之分，而是不了義與外道之分。

佛有五乘，嚴格而言，只有一乘即佛乘。其他四乘對佛乘而言都是不了義的。但其他四乘不但是佛法，而且是修行上從人乘，一步一步經大乘、聲聞乘、緣覺乘、菩薩乘，循序向上的重要修行程序。

其實不了義對了義而言，了義是終站，不了義是半途。最怕

的是半途而廢，而又不知前面還有路，那眞的是不了義了。

如修習小乘，必須要迴小向大，則小乘不是不了義。若修了小乘，不再精進，僅止於小乘，不迴向大乘，則小乘確是不了義了。

凡學習必需由小學、中學、大學、研究所、博士班，除非是天才，否則必需循序漸進，才能到達頂端。

佛是頂端，是最了義的境界，要到達頂層，只有從底層慢慢往上爬。

四依指出要依了義經，不依不了義經。這個「依了義經」是指了義經是最後完善、究竟、圓滿的經。我們的修持，應以最後完美的目標爲主，不可半途而廢，我想這才是「不依不了義經」的眞意，因爲不了義只是半途而已。

50 慈善事業與慈悲有什麼不同？

慈善事業與慈悲最大的不同在於布施的有否「三輪體空」。

何謂三輪體空？即受施者、施物及施者，三者都是自性空（空），都是假有（假）。

慈悲心是持三輪體空的發心來布施的。

雖說已布施了，但不會因布施這個動作而有所「得」心，認爲布施是應該的。

也不覺得是「我」在布施或「你」在受施，所以是無償的。我沒有加諸於你，你也沒有積欠於我。

當然要做到三輪體空，是要經過修行的，即要破「人我執」-施者，及「法我執」-施物及受施者。

布施有三種：財布施、法布施、無畏布施。慈善事業只著重於財布施。財布施是在救濟物質上的欠缺，而精神上及心靈上的

痛苦則更需藉助於法布施及無畏布施。

51 為什麼佛法不離世間法？

佛法有五乘：人乘是守戒，天乘是行善，如果是在家修，守五戒及行十善，當然是在世間即能完成。

而後再修小乘的修持方法：

-觀四念處：觀身不淨，觀受是苦，觀心無常，觀法無我。

-修五停心觀：觀身不淨治貪；觀慈悲治瞋；觀因緣治痴；觀呼吸治亂，觀十八界差別治我執。

-觀四聖諦：苦集滅道。

-觀十二因緣：無明-行-識-名色-六入-觸-受-愛-取-有-生-老死。

-修三十七道品：四念處、四正勤、四神足、五根、五力、七覺支、八正道。

修菩薩六度行：施、戒、忍、進、定、慧。

故五乘的修行，在家修即能完成。

即使出家修，修完小乘及靜定，也必須踏入這「五濁世間」修菩薩行及動定。

五濁是包括劫濁、見濁、煩惱濁、眾生濁、命濁。

所以說，佛法在世間修，不離世間法。不論在家修或出家修，都要走入人間修。

52 何謂不攀緣？

佛法於世間法，是主張「性空緣起」之因緣法。由性空藉眾緣和合而生成萬法的果。

所謂不攀緣，並不是否定世間的因緣法。而是說，當「因」遇到「緣」時，不用主動刻意去抓住「緣」，緣的出現是自發的、自然的，只需「隨緣」，而不需刻意去「結緣」。

隨緣是隨著緣的成熟，攀緣是自己有心去或勉強去結緣。

譬如建道場、印經書、弘法利生等，隨緣成熟即努力去做，若經費不夠，也不用特別費心去攀緣張羅錢。結緣方式很多，最重要的是心。心裡面要真正尊重一切眾生，敬愛一切眾生，要幫助一切眾生，就是當眾生需要幫助的時候，一定要肯捨己為人。存這樣的心，行這樣的事，才是與一切眾生結善緣。結緣決定不是攀緣，對自己修學障礙是攀緣，結緣決定不會產生障礙。所以結緣、隨緣、攀緣界限，一定要搞得很清楚、很明白，不能夠混為一談。

53 修行到相當程度有否具備神通？

在修行的過程中，會出現六種神通：天眼通、天耳通、宿命通、他心道、神足通、漏盡通。

六道中，除人及畜牲道外，其他四道均有神通。聲聞、緣覺、菩薩及佛也都有神通。前五種神通妖魔鬼怪都會有，第六通只有佛才有。

神通的大小不能說明學佛程度的好壞。佛教雖然不執著神通、不濫用神通，但神通頂多是佛教度化眾生的一種方便。

神通的生起有修通、報通、依通、鬼通、妖通五種。因為修行戒定慧而得的神通是修通。因為過去多生累劫的修行而這一生帶來的神通是報通。

我們看不到佛的神通，因見不到我們的自性，是由於自我的妄想，煩惱、業力阻礙住了。

　　五種神通是佛法與外道都有的共法。不論練任何功夫，得定了，或者會得一通，最高的可以得五通。通從定發，但定並非只靠打坐而得。

　　有了天眼通之後，天耳通就跟著來了。天眼通和天耳通是一種，他心通和宿命通又是一種。有他心通的人，他能知道他人心裡想的念頭，再高層次的神通，連佛在說法都聽到，但是這和悟道是兩回事。宿命通是前生的事都了解，也知道自己這一世的因果業報。

　　佛的弟子中，目連尊者神通第一，佛經常告訴他不要玩神通，神通也是有為法，所以也是無常的。

　　神通不是學佛的目標。現在許多學佛的人對神通很感興趣，學佛修行只是為了得到神通。雖然我們在學佛修行的過程中，也許會出現各種不同的神通，但佛教不提倡神通，因為妖魔鬼怪也有神通。佛教的神通只是在一些特殊的因緣情況下，度化眾生的一種方便方法而已，決不能濫用神通。學佛的人不能因為有了神通而去破壞因緣果報的宇宙規律。比如神通裡有大小搬運法，我們決不能把他人的錢財搬來。比如能懸浮，甚至能在天空中飛行，但決不能為炫耀自己而用此神通。比如：有天眼通，他心通，知道別人的隱私，我們決不能隨便說出來。如果學佛的人執著神通，修行就不會提高，更不能證得佛果。而且得到的神通也是暫時的，對我們脫離六道輪迴沒有一點實際的價值，以後千百萬世還要在六道輪迴中輪迴。

54 真心、假心如何分辨？

　　十法界眾生都有八個心識。

　　只有佛心才是真心，其他九法界眾生的心，相對佛心而言，

都是假心。

所以真心是阿賴耶識的性體,如來藏心。

假心是阿賴耶識及前七識。

真心是假心的「體」,假心是真心的「體」及「相用」的整體呈現。

每一個人,九法界眾生都有真心及假心。除佛外,大家呈現在外都是假心,假心大家都不一樣,但真心大家都一樣。

九法界眾生的假心如下:

菩薩心:已斷了煩煩障、所知障;自利利他心。

聲聞、緣覺心:已斷了煩惱障,自利自覺心。

六道眾生:仍有煩惱障、所知障。

天道:善良的心。

阿修羅:爭鬥的心。

人:善惡心均有。

畜牲:愚痴的心。

鬼:受飢餓苦的貪心。

地獄眾生:受惡果苦的瞋心

什麼是真心呢?就是妙明真心,也就是眾生的「本來面目」即:正因佛性,離言真如,空不空如來藏。

真心無形無象,不生不滅,非言語所可形容,非凡情所可測度。既不是人身的肉團心,又不是六塵緣影心,不在內,不在外,又不在中間。空空寂寂,圓圓明明。心量的廣大,包括宇宙,彌滿六合。

55 方便說、不了義說是不是佛法?

方便說與不了義說當然是佛法,不過需與外道法區別。區分

原則是三法印，即諸行無常、諸法無我、涅槃寂靜。

了義與不了義，二者如何界說？

1.總體而言：小乘是不了義，大乘是了義。

不了義是佛法修行的中途站，如二乘、三乘、五乘道及五道中的資糧道、四加行道、見道、修道。

了義是佛法修行的終點站，如一乘說。如五道修行的究竟道。

2.以宗別而言：

中國十宗之小乘宗，俱舍宗及成實宗是不了義；其他大乘八宗是了義。

印度小乘的上座部及大眾部是不了義；印度大乘三系：中觀、唯識、如來藏是了義。

3.以經論的空有義言之：

-主張畢竟空者是了義：所有的大乘經論均是了義經。

-顯示名句施設，有我法的世俗諦，或空不徹底者，是名不了義。如中觀自續派。唯識虛相派。小乘各派。

-約方便與究竟來說，方便之談是不了義；究竟理趣是了義。真常大乘主張：一切眾生皆當成佛，一乘為究竟，三乘是方便。唯識學者即相反：五性差別，其中無性、闡提、定性二乘等三者不得成佛，三乘才是究竟。

金剛般若思想，無疑是究竟了義之教理；淨土諸經即為方便不了義之說。

-約二諦辨了與不了：凡顯示勝義即了義，世俗為不了義。然而，龍樹菩薩明言：「不依世俗諦，不得第一義」；因方便入究竟，藉不了義而達了義之境。由於經教所被之機，聽法者的對象不一，了義與不了義，方便與究竟之間會有不同的解讀。同理，意志怯弱，劣根淺智，強令修學妙法，則不得其益；上根利智者，應修無上大法，使成就究竟菩提，應是契理契機的聖教。

印公導師說：「不滯於中下，亦不棄中下，圓攝向佛乘，不謗於正法。」對佛法的深淺次第，了義不了義，方便與究竟，應作如是觀。

56 忍氣吞聲與修忍辱行有何不同？

忍辱行是菩薩六度行之第三度，在布施，持戒之後。因為已有布施所具的慈悲心及守戒的定力，所以修忍辱會比較得心應手。

忍辱行與忍氣吞聲其實也是差在「三輪」有否體空。

三輪是施辱者、辱物、忍辱者。

以無緣大慈，同體大悲看待施辱者，以一心三觀，將辱物及我，觀空觀假，所謂以不變隨緣，又能隨緣可以不變，則對於辱物包括他人辱，違逆辱即不會生起瞋心；對於他人恭敬供養也不會生起貪心。

而凡夫的忍氣吞聲，若與自己無關的事，大致能夠忍受。若與切身的名利、眷屬、男女、違逆、得失等相關諸事，那就不容易忍了。

忍有生忍、法忍。

生忍是忍諸恭敬恭養眾生，及諸瞋惱淫欲之人，是名生忍。認其供養恭敬法及瞋臨欲法，是為法忍。

忍有忍他人辱、違逆辱及他人恭敬供養。

忍有三種行相：不忿怒、不抱怨、不懷惡。

忍有世間忍及出世間忍。

世間忍：忍飢、渴、寒、熱、苦、樂。

出世間忍：忍信、戒、施、聞、智慧、正見、佛、法、僧、貪、瞋、癡。

忍有耐怨害、耐苦受、無生法忍。

忍的廣義是拒受諸樂，接受諸苦。

忍是八風吹不動：利衰毀譽稱譏苦樂。

菩薩解脫的無生法忍：對內六根不著，外六塵不受，即稱法忍。

無能受的我，亦無施與的他及物，遇迫害而不瞋，受供養而不喜，即稱生忍。

最要緊是智慧的忍辱。雙方有益、對他有益，才是智慧的忍辱。若對雙方均有害，則需通過制約或教化來化解。

57 印度佛教與中國佛教有什麼不同？

印度佛教自佛陀創教至回教侵入衰滅約有一千六百多年。以每五百年為一期，分為三期：

-第一個五百年，約當西元以前，小行大隱時期：以阿育王時，四阿含經與廣律為主。西元前，大乘尚在潛流與待緣興起的階段。故此時期以小乘上座部、大眾部及介於中間的分別說等三部為主的小乘時代。

-第二個五百年，大主小從時期：佛滅後三百年或五百年，大乘經才宏佈人間。西元前二七年，中印王朝覆亡，代之而起的南方的安達羅王朝及北方的貴霜王朝大盛，大乘於此時勃興。西元三二〇年，中印的笈多王朝建立，大乘更有新發展。初朝大乘經以一切法空的般若、十地、維摩、法華經等。其後以如來藏真實不空的經如涅槃、法鼓、勝鬘、楞伽經等。論典則以安達羅王朝的龍樹（西元二世紀）的中論，成為中觀大乘的始祖。及無著與世親（西元三四〇-四四〇）生於笈多王朝的唯識宗論典。所以此期大小乘並行，但以大乘為主。

　　-第三個五百年，密主顯從時期：西元六六○年，東印的波羅王朝成立，便是密教領導的時代，不過此時，中印及南印，由於印度教的隆盛，佛教已漸漸衰落。

　　密教起初是事部（雜密）、行部（胎藏界）、瑜伽部（金剛界），其後才有無上瑜伽部。到達磨波羅王（西元七六六-八二九）建超岩寺，規模弘大，爲密教的重鎭。但自時輪金剛傳出後（西元八四八）也日漸式微。

　　1.中國佛教相當於印度第二五百年，大主小從時期，傳入中國。漢明帝，到漢桓帝（西元一四七）的安世高與支婁迦讖。此時印度正是大小並行，大乘爲主的時期。所以中國一開始，便是大乘爲主，小乘爲從的局面。主要爲印度的中期佛教（西元元年-五百年）。從支婁迦讖的傳譯，經竺法護到鳩摩羅什（西元四○一）來華，都著重於大乘經論的傳宏。所傳譯從龍樹的中論、大智度論等的性空大乘經。其後有如來藏系的經及無著、世親的唯識論，這一先性空而後眞常、唯識的經論次序，印度與中國是完全一致的。

　　2.印度後期，於唐開元四年（七一六）傳入大日經與七二一年的金剛頂經，是中國眞言宗的兩部大經。

　　但唐代衰亂，佛教傳譯也停頓。無上瑜伽不曾宏通於中國（除元代）。

　　而佛教最初傳入西藏是西元七世紀中，那時印度的密宗正是勃興時代。所以西藏的佛教傳入正值印度第三五百年密教盛行的時代，難怪西藏藏密會特別興盛。

3.中國佛教與印度佛教的不同如下：

-宗教行為的不同：

a.印度佛塔的意義已被佛像所取代。佛塔與佛像崇拜並行。

b.有些佛塔已改為寶塔被用來裝納一般人的骨灰（稱作靈骨塔），用來作為超渡祖先，是寺廟經濟的重要來源。

c.印度佛教平等施食給貧窮人的施無遮法會已演變成各種形式的法會，是寺廟興辦各種事業的主要財源。

-宗教的組織制度不同：

印度佛寺唯一目的是教育僧侶，使安心修道以達到覺悟，與世俗事務無關。走小乘自利自度的路線。

a.台灣佛寺已走入人間，大多走大乘自利利他的路線，因此擔負起更多的社會功能，演變出人間佛教的形態，從事教育事業、慈濟事業及文化傳播事業。

b.台灣佛教界較少行「犍度」。印度佛教的戒及犍度有「結界」的規定，台灣較少奉行。

c.佛寺開伙，已少見僧人托缽乞食。

-宗教經驗不同：

印度重小乘的修行法門。台灣重念佛及禪坐及密宗修行法門。

-宗教思想觀念不同

a.台灣佛教大都屬於淨土宗、禪宗、密宗。

b.華嚴宗、天台宗是中國佛教所特有。

c.專宏小乘者已很少見。

58 什麼是南傳佛教與北傳佛教？

佛教起源於西元前六世紀的中印度恒河流域。

佛滅 200 多年，佛教由印度向南傳入斯里蘭卡、緬甸等地，形成了南傳佛教。

佛滅 500-1500 年（西元前 1 世紀-西元 10 世紀）期間，大乘佛教在印度興起。其間，佛教陸續由印度往北經中亞細亞，沿著絲綢之路傳到中國漢地，稱為「漢傳佛教」。

佛滅 1100-1600 年間，印度本土的佛教發展為「大乘密教」。當時，佛教越過喜馬拉雅山傳到西藏，故稱為「藏傳佛教」。

漢傳佛教和藏傳佛教，因為是由印度往北傳播而成，故合稱為「北傳佛教」。

南傳佛教傳承的是印度佛教早期形式的上座部佛教，漢傳佛教傳承的是印度中期的大乘佛教，藏傳佛教傳承的是印度晚期的密乘佛教。

南傳佛教的特點是「保守」——保守佛陀教法的純潔性，以及上座部佛教的傳統性。在對待佛陀的教導方面，南傳佛教堅持三個原則：1.非佛所說不添加；2.佛陀所說不刪改；3.如佛所教而遵行。南傳佛教認為：作為佛陀的弟子，有義務讓佛法純正無雜地傳承下去，以令正法久住世間，讓未來的有緣眾生，也能學習和實踐純正的佛法。

北傳佛教以大乘佛教為主流，強調「圓融」、「慈悲」、「方便」，只要能隨順眾生，兼收並蓄、海納百川也無妨。北傳佛教認為：佛法的目的在於給眾生帶來利益，所以可因時、因地、因人而調整、改變和發展佛教。正因如此，佛教在中國融合了大量的漢地文化、儒道思想，形成帶有濃厚中華特色的漢傳佛教。

佛教在藏地也是一樣，吸收了苯教等當地信仰因素，形成現在所看到的藏傳佛教。

　　南傳佛教只禮敬、尊奉歷史上的佛陀，並視爲導師；不崇拜菩薩、祖師、鬼神等。

　　北傳佛教供奉諸多的佛、菩薩、羅漢、金剛、祖師、諸天鬼神等，例如阿彌陀佛、藥師佛、觀世音菩薩、地藏菩薩等等。對於人間的佛陀，北傳佛教有人尊爲導師，但許多人也視之爲「千百億化身釋迦牟尼佛」。

　　南傳佛教強調持戒、修行止觀、四念處等，修行方式以禪坐、經行爲主。多數比丘也學習經教、說法利生。大部分人希望能斷除煩惱、證悟涅槃。

　　北傳佛教的修行方法有「八萬四千法門」之說，例如參禪、念佛、誦經、持咒、禮佛、拜懺、放焰口、打水陸、放生等等。對於修行目標也多種多樣，有人發願，世世常行菩薩道；有人追求往生淨土；有人追求明心見性；有人追求即身成佛；有人追求消除業障等等。

　　現在，南傳佛教主要流傳於斯里蘭卡、緬甸、泰國、柬埔寨、老撾等南亞、東南亞國家，以及中國雲南的西雙版納、德宏等地區。北傳佛教，則主要流傳於中國漢地、韓國、日本、越南等國。藏傳佛教，主要流傳於中國藏蒙地區、尼泊爾、不丹等地。

　　佛教雖然依印度佛教向外傳播的時期及流傳的區域，而分爲南傳和北傳兩大體系，但它們卻是同根同源，皆源自印度佛教。而且，在許多基本點上都是一致的，比如皆共尊佛、法、僧三寶，皆注重戒、定、慧的修持，皆強調智慧與慈悲等等。

59 初學佛法，從何處入手，比較迅速？

從戒學學起，而後聞思修，再定慧，聞思就要去讀經。

普門品，地藏經，金剛經，這些都很好。禪宗祖師都特別注重《金剛經》，要是有齋主來打齋，求子求事業，求世俗的，念念《金剛經》回向給他們，也得到不可思議的加持。

一般修《法華經》的，要跟《金剛經》一起。歷代祖師中，念的經典最多的，應該是《法華經》和《金剛經》。這個是以禪宗和天台宗的祖師為多。許多人誤解禪宗只有打坐，其實禪宗祖師許多都以背經，念經為聞名的。其次是《阿彌陀經》，這個以淨土宗的祖師為多。而這三部經，都是鳩摩羅什翻譯的。鳩摩羅什翻譯的經典非常契合佛意，不僅在消災免難，還是在超度上。念這三部經的就非常多。

修任何一法，都需要緣分和堅持。哪怕你是應付，也要念完一部經。日子久了自然會有力量。如果沒有善知識指導，最好將每個宗派的主要經典作個簡要了解，選擇一本容易讀誦，讀後心生歡喜的經典作為入門典籍。長久讀誦，就會信解經意，得到身心方面的輕安，進入佛法大門，信、解、行、證相繼成就。

大乘八宗各有依據經典，華嚴宗主要依據經典有《華嚴經》、《普賢行願品》、《十地經論》；唯識宗主要依據經典有《解深密經》、《瑜伽師地論》；天台宗主要依據經典有《妙法蓮華經》、《摩訶止觀》；三論宗主要依據經典有《中論》、《百論》、《十二門論》；淨土宗主要依據經典有《彌陀經》、《無量壽經》；禪宗主要依據經典有《楞伽經》、《六祖壇經》；律宗主要依據經典有《四分律》、《五分律》；密宗主要依據經典有《大日經》、《金剛頂經》。另外還有大家比較熟悉的《楞嚴經》、《金剛經》、《地藏經》等經典都可以作為入門典籍。雖然每部經典的體裁、長短都不一樣，每部經典皆能讓大家悟入法性，進入佛法大海，從生死輪迴的此

岸渡到解脫成就的彼岸。

60 人從那裡來？

依據佛經說法，人是從色界的光音天而來。請參閱前文「佛教的生命觀」的解說。

61 對別人演說佛法，要具備什麼條件？

能演說佛法的人即我們所稱的善知識。

佛在《未曾有因緣經》中講到：

要須方便。令得滅罪。何謂方便。謂善知識。何謂善友。謂正見人。是為善友。常以正教。調伏其心。何謂正教。謂觀無常苦空無我十二因緣。修四聖諦，見苦斷習證滅修道。行六波羅蜜。四無量心。是為方便。

世尊在這裡講的很清楚，要想滅除業障，就要有善知識，或者說好的方法。善知識其實就是好方法。不過善知識已經由好的方法的概念演化成了能夠教授佛法有智慧的人，而成為專指人的稱謂。或者說是善友。用正教幫助別人調伏其心的人才是善知識。

那麼什麼是正教，那就是用四法印，十二因緣為綱領的方法。修行苦集滅道、行六波羅蜜、四無量心的佛法才是正教，才是善知識。

在《華手經》中講：「若有四法，當知是為善知識也，何等為四？一能令人入善法中，二能障礙諸不善法，三能令人住於正法，四者常能隨順教化。」

「華手經」中有一句話：「善知識者，謂諸佛是」。就是說諸佛世尊肯定是善知識無疑。

62 佛與菩薩有什麼不同？

1）所斷的惑不同：

菩薩初地斷了分別無明的我執、法執種子。佛斷了俱生無明的我執、法執習氣。

2）所修位階不同：

菩薩修行有五十二位階（十信、十住、十行、十迴位、十地、等覺、妙覺；唯識只取四十一位階）。別教菩薩入初地即是見道位，即禪宗的明心見性。而後從二地-等覺位均是菩薩位階。

佛是菩薩的妙覺位階。

3）所證身不同：

菩薩只證到意生身。

佛證到法身、報身、化身，而且三身一身。

4）所居依報土不同：

佛已入常寂光土，而且四土已成一土（凡聖同居土、方便有餘土、實報莊嚴土、常寂光土）。

菩薩只證實報莊嚴土以下。

5）所持功德力不同：

佛已具三十二相、八十形好、十力、四無畏、十八不共力等無量功德。

菩薩尚未具足無量功德。

6）所證智不同：

菩薩證一切道種智。

佛證一切種智。

7）所證空假程度不同：

菩薩證「中」，證「非空非假」、「亦中亦假」。

佛證「即空即假即中」。

8）所證萬法本體不同：

菩薩證空如來藏、不空如來藏。依言如實空眞如、依言如實不空眞如。緣因佛性、了因佛性。

佛證空不空如來藏。離言眞如。正因佛性，而且三因一因佛性。

9）所證涅槃不同：

菩薩證無餘依涅槃。

佛證無住涅槃。

10）等覺大喜薩如觀世音、大勢至、普賢菩薩等，皆已居「等」覺位，稱爲最後身菩薩，離佛只有一個位階。

63 世人修行，何以學道者多，得道者少？

一般而言，世人修行，由於很難破「人我」執，所以大多在人天乘的階段修行，認爲只要行善止惡就能得道。而不知行善中必須修行三輪體空的「人我空」及「法我空」，因此行善大多有所求。所以世人大多在求福而非求道，當然得道者就少。

再細究其原因，仍有多種因素參雜。以下略舉幾點供參究：

1）誤把求感應當學道，誤把求平安當學道，誤把外道當佛道，誤把邪見當正見。

2）世人道心不古，退者多進者少，恍恍惚惚，道心不穩定。

3）逢值末法時代，邪教邪法紛紜，莫衷一是，不得正法而入門，導致誤入邪教邪法。

4）善知識難求，正法難得。

5）世間迷惑，花花世界，千奇百態，定力不足，願力不堅，習氣未斷，易感召被境所轉。

6）世俗之見不能徹底革除，仍帶俗見入佛門，形成非佛非道，模稜兩可。

7）勇猛心容易發，長遠心不易持，學佛者多半如是。

64 如何才能看出修行者有沒有道行？

修行者的道行高低深淺，對凡夫而言是不容易知曉的，畢竟，佛法高深莫測，非凡夫俗情所能窺測。

具體而言，依正知見而勤修，道行不離戒定慧，戒定慧不離道行，道行之高低與戒定慧成正比，不一不二，若如此正見之，因而圓滿戒定慧，必知修行者之道行也。由於修行者的行法千變萬化，內外之行、權實之行、正反之行、隱顯不定，高低難以預測，我們倒不必費用心機試探，因為自己智慧與道行不足，焉能以井窺天。

依藏密而言，要得見明體才是夠格的上師，依顯宗而言，見明體就是禪宗的明心見性，就是其他顯宗的菩薩初地位，此時已斷分別無明的人我執及法我執。

如果依這標準，那真的是明師難求。

故而，基本上，除依三法印知見及戒定慧而行外，教授師必需已修得四無量心，慈悲為懷，而且已修得施戒忍，有耐心、忍辱心、無私心，肯教學生才行。

65 卍字代表什麼意思？

卍字是佛的三十二種大人相之一。據經說，它是第十六種大人相；位在佛的胸前。是釋迦世尊的第八十種好相，位於胸前。

在《十地經論》第十二卷說，釋迦菩薩在未成佛時，胸臆間即有功德莊嚴金剛卍字相。這就是一般所說的胸臆功德相。

但也有說佛的頭髮也有五個卍字相。或佛的腰間也有卍字相。「卍」僅是符號，而不是文字。它是表示吉祥無比，稱為吉祥海雲，又稱吉祥喜旋。因此，在《大般若經》說佛的手足及胸臆之前都有吉祥喜旋，以表佛的功德。

卍字的符號，有向右旋；有向左旋。

在近代，右旋或左旋，時有爭論。而大多數都認為右旋是對的，左旋是錯的。

總之，在佛教不論右旋、左旋，卍字均係用來表徵佛的智慧與慈悲無限。旋迴表示佛力的無限運作，向西方無限地延伸、無盡地展現，無休無止地救濟十方無量的眾生。故亦無須執著、揣摩卍字形相的表現是右旋或左旋了。

66 出家有哪些類別？

*佛門弟子有七眾：
1）比丘：是男眾出家後，受具足戒者。
2）比丘尼：是女眾出家後，受具足戒者。
3）式叉摩那：是沙彌尼之學六法者。
4）沙彌：是男眾出家後，受沙彌十戒者。
5）沙彌尼：是女眾出家後，受沙彌十戒者。
6）優婆塞：指在家男眾受過五戒者。

7）優婆夷：指在家女眾受過五戒者。
前面五眾是屬於出家佛弟子，後面二眾是屬於在家佛弟子。

*出家的類型：
1）身出家心未出家。
2）身在家心出家。
3）身心俱出家。
4）身心俱不出家。
出家簡言之，即身及心不受五欲之樂。

67 「舍利」是如何形成的？

舍利是印度人死後身體的總稱。在佛教中，僧人死後所遺留的頭髮、骨骼、骨灰等，均稱為舍利；在火化後，所產生的結晶體，則稱為舍利子或堅固子。

舍利的結晶體舍利子，其形成原因，目前在實驗研究方面沒有定論。依據佛典，舍利子是僧人生前因戒定慧的功德熏修而自然感得；大多推測則認為舍利子的形成與骨骼和其他物體共同火化所發生的化學反應有關；另有民間流傳認為，人久離淫慾，精髓充滿，就會有堅固的舍利子。

68 出家人已不重名利了，為何要蓋那麼大的佛寺？

佛寺蓋得莊嚴而廣大，若能廣度無量眾生，蓋大寺又何妨？若不度眾生，又不弘法，亦不修行，蓋雄壯的佛寺，的確有勞累十方信眾之財；出家人的出發心若能「不重名利」，蓋大佛寺，依

此而廣行度眾，弘法利生，代佛宣化，普令大地有情，因迷而悟，因悟而證，是名功德無量！

但重點是蓋大寺的出發心是無我的慈悲心，動機是宏法利生，則無妨。

但若有些微名利心，則與凡夫無異矣！

69 經中常提的善男子、善女人，是指何人？

經文講：「善男子、善女人，聞說阿彌陀佛執持名號。」

善男子善女人並非指行善守五戒的男女。只是佛對一般念佛眾生的稱呼。阿彌陀佛自己發願說要救度「十方眾生」，十方眾生包括三輩九品、一切善惡，即使下品下生，已行五逆十惡，只要臨終時有善知識助念說法，並能稱念「南無阿彌陀佛」十聲，即可生西。

所以善男子、善女人是指念佛的人。若不念佛，就是能修五戒十善，也沒有資格稱為「善男子、善女人」。

70 什麼叫三藏法師？

對於三藏十二部經典都精通者，稱三藏法師。

精通經藏者，稱為「經師」；精通律藏者，稱為「律師」；精通論藏者，稱為「論師」。

一般人都因民間小說「西遊記」，稱玄奘法師之印度取經，為「三藏取經」之誤導，而不知「三藏」乃指精通經律論三藏之法師的別名，而非僅指玄奘為三藏法師。

71 許多佛菩薩的頭上又有佛相,多手多足多身,是什麼意義?

佛菩薩的頭上還安有佛的頭,甚至安有多手多足多身的現象,這表徵佛的智慧與神通廣大,慈悲無盡,願力無窮,行門廣大無際的表率,佛的意境甚深難測,安上多手多足多眼多身,只是百千萬還不及一的形容佛境,畢竟,佛的法身是遍滿法界,無剎不現身,能夠大體大用,體用無礙,變化莫測,唯佛與佛方能究竟了知。

佛已證得法報化三身,法身超越時空,無形無相。報身及化身是意生身,可以隨類變化各種形狀的意生身。

二、小乘：72-90 （共 19 問）

72 如何出離六道，超出三界？

六道是地獄-惡鬼-畜牲-人-阿修羅-天道。

三界是欲界天（有一地，包含六天）、色界（有四地，包含十八天）、無色界（有四地即四天）。

六道的天道往上就是連接欲界天。

六道及欲界天統稱爲一地，即凡聖雜居地。

所以共有三界九地。

人是在人道，行十善可升天道。

犯五逆十惡，下降下三道。

六道眾生都是有人我執、煩惱障、見思惑。

六道的生死輪迴就是受到煩惱障所支配。

當修成聲聞初果（須陀洹），即已斷三界見惑。

當修成聲聞二果（斯陀含），即已斷欲界初地的前六品恩惑。

當修成聲聞三果（阿那含），即已斷欲界初地的九品思惑。

當修成聲聞四果（阿羅漢），即已斷三界九地的全部八十一品思惑。

故知，當修成阿羅漢即小乘第四果，才能出離六道，超出三界。

73 什麼叫非想非非想的無色界？

非想非非想是指不是「想」也不是「非想」的無色界第四天（無界色四天爲空無邊、識無邊、無所有、非想非非想）此處天人已沒有色身，只有十分細微的心識，以至於不會有「想」的行爲，所以叫「非想」；但不是不存在「想」的概念，而留下殘餘之貌，故名「非非想」。非非想的意思就是不是非想

此天為世界的頂端，是世間修道者可以到達的最高境界，天人壽長八萬四千劫。

74 證到阿羅漢，還受不受報？

有惑因，就會造業，遇緣而得果報。

阿羅漢是聲聞第四果，已斷盡三界見思惑，煩惱障及人我執。但仍有塵沙惑及無明惑未斷。而且所知障未斷，仍有法我執。因仍有惑因，若遇緣，雖然修行後，惡緣已減少許多，但還是會遇到些許的惡緣，一旦因緣俱足，果報就會產生。

故說，阿羅漢雖然已跳脫六道，出三界，但仍然會受報。

75 小乘有第八識嗎？

小乘是六識論者，雖有提到第八識的名字，但無實際上關於第八識的論述或見解。

依據唯識論，第八識阿賴耶識是六道輪迴的主體。而輪迴理論是佛教的最根本見解，小乘雖不主張八識論，但自有它一套解釋輪迴的理論說法。

1.小乘的犢子部主張「非即非離蘊我」的「勝義補特迦羅」：帶著業力輪迴，而且承受前生果報的，即是此物。

非即蘊雖成立自我，此自我便亦非常，故不違反三法印的「法無我」。非離蘊即不離開五蘊，所以非斷，因此可以承受業力因果。

而世俗的補特迦羅的輪迴本體（如常我、梵我、神我），不是

說即在身內的即蘊，就是說在身外的離蘊。

但其後的世親以大乘唯識的第八識破之。

2.有部的不失法：

有部有三派，迦濕彌羅派、西方派、中土派。前一派主張與經部論師相同，後二派各主張「不失派」及「無表色」。

龍樹大師的偈：「不失法如券，業如負財物」。不失法就像一張債券，業就像債券上的負財物，即欠債。此卷上的欠債永遠記錄著，不會流失。

有情的五蘊身雖滅，但其所犯的身口意三業仍然像債券一樣被記錄存在著。

然不失法究屬色、心、心所、心不相應行之那一類？有部將之歸屬心不相應行法。

世親問，記憶是什麼法？及無想定的人出定後心及心所又復生起，又是靠什麼法？

所以說業力與心不相應是說不過去。

3.有部的無表色：

無表色是沒有形體，但可貫通過去、現在、未來三世。

說業力像無表色，違反「法無我」的三印。認為無表色是屬於無對無見色。

經部師提出反對。

世親提出反駁，無對無見色也是一種色法，既是色法，隨著有情生命結束而消失。經部對世親提出反駁，認為三世的色法都實有。無表色的業力過去本來即有，現世只是顯現而已。

世親認為有部的三世實有說是不對的，而且也違反「諸行無常」三法印，諸法不是不滅的實體，凡法均有生住異滅之無常。

4.經部的種子：

經部提出種子，一種身心相續的業力貯存功能，很類似於唯識的種子說，但不同於

唯識將種子貯存於第八識。

本說若將種子存於色身，身會死，無色界無身。若存於第六識，則無心定及無想天無第六識，故無法解釋其過。

5.經部的色心互持種子：

若說在無心定時，種子暫無功能，當出定後第六識種子又回復，則種子是由第六識所生。

當在無想天時壽盡再回人間，則種子是由色所生，由上同一種子可以由色也可以心生，乃互相矛盾。

故此說不成。

6.經部的細心：

認為有一種細心，此細心當在無心定及無想天時，只有心識而沒有心所。

但心及心所是不可分的，而且由五遍行（作意、觸、受、想、思）知上述五種心所是遍於一切識的。

若以等無間緣來解釋，當無想天及無心定的心識的回復是靠等無間緣，但等無間緣是相續不斷的，才稱是沒有間隔。而無想天及無心定的心識回復是有間斷的。

故此說也是言理不成。

7.藏密的最細心氣：

最細心氣等於是俱生智、俱生氣，它是無形而且法爾即有。

最細心氣等同於阿賴耶識的如來藏心，故此說是了義說。

76 五蘊是什麼？

五蘊：

五蘊的「蘊」是「坎蘊」（巴利語 khandha）的簡稱，意義是積聚或者和合。五蘊分別是色蘊、受蘊、想蘊、行蘊、識蘊。在五蘊中，除了第一個色蘊是屬物質性的事物現象之外，其餘四蘊都屬五蘊裡的精神現象。

色蘊即色法，有 11 種：眼耳鼻舌身等五根，及色聲香味觸等五境，及法處所攝色。

受蘊：三受（苦、樂、不苦不樂）及五受（三受加憂、喜），即五遍行（作意、觸、受、想、思）之受。

想蘊：想像、思想，即百法中五遍行之想位。

行蘊：有 51 心所及 24 心不相應行，意志及決定，行為之意。

識蘊：即八識（前五識、意識、末那識、阿賴耶識）

77 三科是什麼？

三科，即五蘊、十二處（入）、十八界。以前已談過，不再重複。

78 十二因緣是什麼？

在原始佛教的教理中，除了三法印和四聖諦外，尚有十二緣起論。十二緣起論就是十二因緣觀。

所謂十二緣起的流轉門，謂人生死流轉，皆不出這十二有支，就是無明緣行，行緣識，識緣名色，名色緣六入，六入緣

觸，觸緣受，受緣愛，愛緣取，取緣有，有緣生，生緣老死。這
十二支，皆由因緣生果，因生故果生。一切有情，三世輪迴，皆
不出這十二有支。

　　十二有支，是生死流轉的根本，若斷絕生死流轉，須於還滅
門中覺悟。既知十二因緣，三世因果，皆起於根本無明，然無明
性空，無常無我，如是觀之則無明滅，無明滅則行滅，行滅則識
滅，識滅則名色滅，名色滅則六入滅，六入滅則觸滅，觸滅則受
滅，受滅則愛滅，愛滅則取滅，取滅則有滅，有滅則生滅，生滅
則老死滅。這還滅過程即是修道者出三界的因緣。

　　十二因緣和四聖諦，皆是以三法印為基礎，說明宇宙人生的
緣起，和世出世間雙重因果。十二因緣可攝入四聖諦中，即過去
的無明、行二因，和現在的愛、取、有三因，皆是集諦，現在的
識、名色、六入、觸、受等是五果，和未來的生、老死二果，皆
是苦諦。若行者感於苦集而修道，因修道而無明滅而至老死滅，
便是滅、道二諦了。

79 四聖諦是什麼？

　　什麼是四諦十六行相？

一、四諦的分析
　-苦諦：
　　「苦」有逼迫、缺陷、痛苦等意義。在此第一聖諦，佛陀指
出聖者如實了知，世界上一切事物都是有缺陷的，是含藏了敗壞
和痛苦的種子。但是眾生為無明愚癡所障蔽，視苦為樂，以苦為
樂，不見苦為苦，對於有缺陷及終歸會敗壞的五蘊身心和世界，
生起依戀及貪著。不見快樂的短暫、痛苦的漫長，心無厭足，不

見有求皆苦，結果帶來無了期的束縛、無奈和痛苦。「苦」可以從三方面來審察，即苦苦、壞苦、行苦。苦苦是逼惱身心的苦，例如：老、病、死、求不得、愛別離、怨憎會等等。壞苦即當快樂或喜愛的時刻與事物消散而引生的苦楚。行苦即身心世界行行不息、遷流變化、無有安寧的苦。

-集諦：

「集」有招引、積聚、滋長的含意。眾生因為無明，不了解世間真相，於五蘊身心世界上生起「這是我」、「這是我所」的邪見執著，繼而在「我」、「我所」及感官享受上又生起了「渴愛」和「依戀」。由於有渴愛及依戀的煩惱和習慣，便會造出與煩惱相應的行為，招感、繁衍和積集種種業力。有了業力的束縛，我們便無奈地流轉於生死輪迴的苦海。聖者如實了知，有無明，有渴愛，就有苦的積集，這就是苦集聖諦。

-滅諦：

「滅」是指「渴愛」及「苦」的息滅。當苦的「因」得以息滅，渴愛與煩惱得以斷除，眾生便能從「苦」解脫過來，了斷生死的束縛，從此不再受三界煩惱所支配，得證涅槃寂靜的大解脫。聖者如實了知，無明滅、渴愛煩惱滅、生死束縛的解除，這就是苦滅聖諦。

-道諦：

「道」以能通達為義。若欲滅苦及證涅槃的解脫，必須要通過修行之道。這解脫之道又名「中道」，這就是在見解上不生起「生、滅」，「人、我」，「常、斷」等二邊的執著，及在修行上不落入極苦或極樂的窠臼。亦即是從正知正見的觀察，培養出解脫的智慧，而達至寧靜內證的涅槃。這種能令我們得解脫的方法，

就是「八正道」，即正見、正思維、正語、正業、正命、正精進、正念、正定。簡而言之，即「戒（正語、正業、正命）、定（正念、正定）、慧」（正見、正思惟）三無漏學，三學均需正精進。

二、四諦十六行相

-苦諦：

苦：觀此身是苦。

空：觀因緣所生故空。

無常：觀因緣假成，故生滅無常。

無我：觀因緣假成，故無我體。

-集諦：

集：觀招集苦果。

因：觀苦果之因。

生：觀苦果生，相繼存在。

緣：觀諸緣成就苦果。

-滅諦：

滅：觀諸漏已盡，生死斷滅。

靜：觀三毒皆無，此心不亂，有明照作用，故靜相。

妙：觀出離三界，無諸憂患，故妙。

離：觀一切災害，皆已遠離。

-道諦：

道：觀八正道，可至涅槃。

如：道契正理，故如。

行：由此萬行，以趣涅槃。

出：由此聖道，以出生死。

三、十六心行

四諦的十六行相,簡稱十六行,又叫做十六諦觀,即苦法等十六種觀法。

類是指三界之上二界,即色、無色界。

法是指三界之下界欲界。

忍是斷見惑之智。

智是斷惑已,而正證理之智。

一、苦法忍,即斷欲界苦諦下見惑之智;

二、苦法智,即斷苦惑已,而正證理之智;

三、集法忍,即斷欲界集諦下見惑之智;

四、集法智,即斷集惑已,而正證理之智;

五、滅法忍,即斷欲界滅諦下見惑之智;

六、滅法智,即斷滅惑已,而正證理之智;

七、道法忍,即斷欲界道諦下見惑之智;

八、道法智,即斷道惑已,而正證理之智;

九、苦類忍,即斷上二界(色界和無色界)苦諦下見惑之智;

十、苦類智,即斷上二界苦惑已,而正證理之智;

十一、集類忍,即斷上二界集諦下見惑之智;

十二、集類智,即斷上二界集惑已,而正證理之智;

十三、滅類忍,即斷上二界滅諦下見惑之智;

十四、滅類智,即斷上二界滅惑已,而正證理之智;

十五、道類智忍,即斷上二界道諦下見惑之智;

十六、道類智,即斷道惑已,而正證理之智。

此十六心中,前十五心是見道,最後道類智一心,是攝於修道。

80 八正道是什麼？

八聖道分，又譯爲八正道、八聖道、八支正道、八支聖道、八聖支道，是指佛教徒修行達到最高理想境地涅槃的八種方法和途徑，故又稱八船、八筏。包括：正見、正語、正業（身口意三業）正命（職業）正念、正定、正思惟、正精進。

梵語「正」也有「圓、全面」的意思。一般都將八正道作爲戒、定、慧三學的展開，和三十七菩提分法之總結。

81 五停心觀是什麼？

五停心觀：

能使五種過失停止於心的觀法，亦即聲聞乘人在最初入道時所修的五種觀法，小乘三賢之第一。

五停心觀有二種：

第一種：

一、不淨觀，是觀察一切身器境界皆屬不淨之相，以停止貪欲之法。貪著心多之人修之。

二、慈悲觀，是觀察一切眾生痛苦可憐之相，以停止瞋恚之法。瞋恚多之人修之。

三、因緣觀，是觀察一切法皆因緣生（觀十二因緣），前因後果，三世相續之理，以停止愚痴之法。愚痴多之人修之。

四、界分別觀，向諸法而分別六界或十八界，停止我見之法。我見多之人修之。

五、數息觀，是觀察呼吸出入之相，每一出入，皆暗數自一至十，計呼吸數以停止散亂之法。散心多之人修之。

第二種：

以第四之界分別觀與第三之因緣觀相似，省之而加觀佛（念佛觀）。

念佛觀：是觀察佛身相好，功德莊嚴，以停止業障。

因觀佛之相好，能治一切之煩惱故也。業障多之人修之。

淨影於大乘義章十二正明第一種，傍示第二種。日：「問日：有人諸患等分何以爲治？成實法中十六特勝能爲對治，依如觀佛三昧經中觀佛三昧能爲對治，毘曇法中義亦同此，以佛相好非三毒境界故爾。」

82 四念處是什麼？

四念處：舊日四念處，新云四念住。念，即能觀之觀；處，即所觀之境也。釋迦牟尼佛臨入涅槃時，告訴阿難陀及弟子說：「我入滅後，汝等比丘，應依四念處安住。」在廣大的佛法中，爲何佛只說安住於四念處？這是因眾生有四種顛倒妄見：1.緣身執淨，2.緣受執樂，3.緣心執常，4.緣法執我。

如果不將此四顛倒妄見消除，則煩惱重重，隨俗流轉。因此在三十七道品中，首要的道品，即是對治此四顛倒妄見的四念處。此四念處即是：身念處、受念處、心念處、法念處。四念處的四種觀法即爲：觀身不淨、觀受是苦、觀心無常、觀法無我。

一、身念處，觀身爲不淨也。身爲父母所生之肉身，身之內外，污穢充滿，無些淨處，故觀身爲不淨。又身有內外，己身名內身，他人之身名外身。此內外身，皆攬父母遺體而成。從頭至足，一一觀之，純是穢物。眾生顛倒，執之爲淨，而生貪著，故令觀身不淨也。以修不淨觀之慧力，對治「緣身執淨」的顛倒妄見。試想我們的身體是否乾淨？任你打扮得如何美觀，當妳滿身

大汗時，便會覺得臭氣難堪，何況唾涕便溺等，皆是不淨。當人死後，大家更怕看死人。人到死後，屍體腐爛，遍體生蛆，穿筋嚙骨，最後成為白骨一堆，這個身體的生存，實在不淨。故能觀身不淨，則貪愛渴想，戀慕豔麗色相等煩惱，自可消除，才能把心念安住於道法中。

　　二、受念處，觀受為苦也。受為苦樂之感，樂從苦之因緣而生，又生苦樂，世間無實樂，故觀受苦也。又領納名受，有內受外受。意根受名內受，五根受名外受，一一根有順受、違受、不違不順受。於順情之境，則生樂受。於違情之境，則生苦受。於不違不順之境，則受不苦不樂受。樂受是壞苦，苦受是苦苦，不苦不樂受是行苦。眾生顛倒，以苦為樂，故令觀受是苦也。是以觀苦之慧力，對治「緣受執樂」的顛倒妄見。受，乃領納為義，也即感受外界的印象。當我們與境界接觸時，所領納的不論是苦、樂、捨的感覺，在無常的法理上看來，苦受固然是苦，而樂受以至於樂極生悲，仍是逃不了苦。捨是捨受，即不苦不樂的感覺。因眾生外有生住異滅四相遷流，內有意念中的諸想不斷，到底也是苦（即行苦）。故人生是苦，這世界充滿著苦。苦既是由「受」而有，那麼，如苦而不貪戀欲樂，就不為境界所轉移，則「緣受執樂」的錯見，便不能存在了。

　　三、心念處，觀心為無常也。心為眼等之心識，念念生滅，更無常住之時，故觀無常也。又心即第六識也，謂此識心，體性流動，若麤若細，若內若外，念念生滅，皆悉無常。眾生顛倒，計以為常，故令觀心無常也。以觀心無常之慧力，對治「緣心執常」的顛倒妄見。「心」是生命的本質，同時是眾生的中心，但心不是固定獨存物，而是因緣和合而有的。因緣和合的心物世界，即是五蘊（色、受、想、行、識）世界，五蘊的身心世界是無常的，會壞滅的，故我們的心是無實體的，不過是心理或思惟之因緣關係的發展而已，絕無實體可提取；而且心的現象，是念念生

滅、剎那不住。怎麼可執它為常？由此觀心無常之慧力，能使心念遠離執常妄見的過患。

四、法念處，觀法為無我也。法除上之三所餘之一切法，無自主自在之性，故觀無我也。又法有善法惡法，人皆約法計我，謂我能行善行惡也。善惡法中，本無有我。若善法是我，惡法名無我；若惡法是我，善法應無我。眾生顛倒，妄計有我，故令觀法無我也。以觀法無我之慧力，對治「緣法執我」的顛倒妄見。宇宙萬法，都是因緣互相依存，我們的身體是五蘊四大（地、水、火、風）組合的軀體，一旦四大不調，五蘊離散，生命便死亡。佛說五蘊的我是「假我」，不可執為真我。但眾生無知，於無我法中，妄執有我，這種妄執叫做「我見」，有了我見，則有種種偏執煩惱，便不能接受正法。故要使心念安住於道法中，便要以「觀法無我」之慧力，消除「緣法執我」的錯誤。

修此身、受、心、法四種觀想（四念處），皆是重在智慧，以慧為體──用慧觀的力量，把心安住在道法上，使之正而不邪。謂諸眾生，於色受想行識五陰，起四顛倒。於色多起淨倒，於受多起樂倒，於想行多起我倒，於心多起常倒。若眾生常修此四觀，可除四倒，故名四念處也。在修此四念處階段上，已經趣向真實智慧，此後更加精進，智慧增多，再修其他道品，就能步步走上八正道！

83 三十七道品是什麼？

菩提分法是佛陀自覺證道之法和最後付囑之法，三十七菩提分法分為七種：

-四念住：
身念住，觀身是不淨。
受念住，觀受是苦。
心念住，觀心是無常。
法念住，觀法是無我。

-四正勤：精進的重點在於行善去惡。
未生惡法令不生；
已生惡法恆令滅；
未生善法令出生；
已生善法令增長。

-四神足：意為產生精進的基礎。
欲神足，欲得見道；
勤神足，精勤習禪；
心神足，心神專一；
觀神足，正確觀想。

-五根：修習佛法的根本所在。
信根，深信三寶。
勤根，修行不懈，指四正勤。
念根，憶念正法，指四念處。
定根，修習禪定。
慧根，開發智慧。

-五力：由五根產生的五種力量。
信力，堅信真理。
勤力，修四正勤的力量。

念力，破邪、念正的力量。
定力，置心一處的能力。
慧力，產生智慧的能力。

-七覺支：修習止觀的注意事項和感受。
憶念覺支，憶念集中而念念分明；
擇法覺支，選擇正確、適宜的修法；
精進覺支，任何階段都不能懈怠；
喜悅覺支，修禪定得到的喜悅；
輕安覺支，得到的輕鬆安適感覺；
禪定覺支，攝心不散深入禪定；
等捨覺支，捨一切念，不即不離。

-八正道：
1.正見：正確的見解，就是對緣起論、四聖諦等佛教教義理解信服，並堅定不移地信奉。
2.正思惟：正確的意識或觀念，斷除邪惡的欲念，生起正當的欲念。正思惟主要有三方面的內容：捨棄執著或自私之心、慈善仁愛、無害，這些是修行的意志決心。
3.正語：純正清淨的語言，合乎佛法的言論，也就是不說謊、不謾罵、不誹謗、不惡語、不暴語，而使用友善純潔的詞句。
4.正業：正當的活動、行為及工作，也就是不殺生、不偷盜、不邪淫，不作一切惡行。
5.正命：正當的謀生手段，就是按照佛教的標准來謀求生存的必需品，遠離一切不正當的職業。
6.正精進：正確的修行，無論衣食住行、工作休息，都能毫不松懈地按照佛法行動，從而達到了至善至美的境界。
7.正念：正確的思維，牢記佛法，念念不忘佛教真理。

8.正定：對佛法有堅定不疑的定見，專心一志精進的修行，身心寂靜地修行。

84 小乘如何修行佛法？

小乘主要修行方法有聲聞觀四聖諦、四聖聖諦十六行相、十六心法，觀十二因緣，五停心觀，四念處，三十七道品。

以下就印度及中國小乘分別說之：

一、南傳小乘（上座部）的修行方法

主修戒、定、慧。

（一）戒：有思戒（捨殺生等的七業道）、心所戒（無貪、無瞋、正見）、律儀戒（解脫、念、智、忍、精進）、不犯戒（不犯身口意戒律）。

（二）定：修四十業處，內容如下：

1、食厭想：食有四種：段、觸、意、識。此處指段食。觀想九種不淨的段食。

2、四界差別：地水火風四界。觀想身體內四界及外四界，洞察空性，滅有情想。克服恐怖、苦樂、善惡，成大慧者。

3、十遍處：

a.八解脫：通過八種定力，捨棄對色和無色的貪欲。

八解脫：一、內有色想觀諸色解脫。二、內無色想，觀外諸色解脫。三、淨解脫。身作證。觀青、黃等八種淨色，於禪定之中除去不淨之相，對淨色亦不貪，稱淨解脫。身上證得了這種解脫以後，稱為身作證。四、空無邊處解脫。五、識無邊處解脫。六、無所有處解脫。七、非想非非想處解脫。八、滅受想解脫。

b.八勝處：八種能引發勝知勝見以便捨棄「貪愛」的禪定，因它是引發勝知勝見的依處，所以叫做勝處，即：

內有色想觀外色少勝處：通過觀外界色系少部分，以求得斷滅對色的貪愛。

內有色想觀外色多勝處：觀一死屍乃至十百千萬死屍。

內無色想觀外色少勝處：內心色想已捨離，但未成熟，先觀外少色相。

內無色想觀外色多勝處：觀內色身相已滅，已能觀外多色相，由一死屍觀起，擴及全世界。

內無色想觀外界青勝處、黃勝處、赤勝處、白勝處：由上內已無色相，外觀青黃赤白等色光明如幻色，本無有所，不生愛染。

c.十遍處：通過勝解作意、觀色等十種方法，各周遍一切處所而無間隙。

地相、水相、火相、風相、青色（花或布）、黃色、赤色、白色、光明遍（觀想日光或月光在地上所現的曼陀羅（圓輪）、限定虛空遍（觀想壁隙、鍵孔的虛空相）。

4、十不淨業：觀想死屍十種不淨相：膨脹、青瘀、膿爛、斷壞、食殘、散亂、斬斫離散、血塗、蟲聚、骸骨。

5、十隨念：數數起念，隨適而念：佛、法、僧、戒、捨、天、死、身至念（四大種所成汙穢之身）、安般念（念出息及入息：數、隨、觸、安住）、寂止隨念（隨念寂止一切苦的涅槃之德）。

6、四梵住即持慈悲喜捨之心。

7、四無色：空無邊、識無邊、無所有、非想非非想：入以上四無色定。

（三）慧：由定生慧，九種智慧：5 種隨觀智（生滅、壞、過患、厭離、審察）、怖畏現起智、欲解脫智、行捨智（觀空。包括

我、我所空、四空、六行相空、八行相空、十行相空、十二行相、四十二行相空）、隨順智。

二、中國小乘之修行方法俱舍宗

-三賢四善根

1.小乘三賢：指植育順解脫分之善根（即修有漏善根）三位，即五停心觀、別相念住、總相念住三位。此是七方便中的前三位；相對於四善根稱為內凡，此三位則稱外凡，又總此七位而稱七賢。（1）五停心觀，謂相應修定者不同的根機，依五種禪定方便統一精神。（2）別相念住，指個別觀察身、受、心、法等四念住。（3）總相念住，即總觀四念住。

2.四善根：煖、頂、忍、世第一

一煖法：煖者，聖火之前相，聖火譬見道之無漏智。其聖火將生之前相，略兆暖意之位也。

二頂法：依上品後念所生之善根名頂法。亦有下中上三品，皆俱觀四諦修十六行相也。頂者譬之山頂，山頂在進退之兩際，在如是進退之中間，故譬以山頂，名為頂法。又頂者人之頂也，如人身中最高勝者，以此頂位為退位中最高處故也。

三忍法：生於頂之後念之善根，名為忍法。亦有三品，忍可決定四聖諦，為最殊勝之位，故名忍。

其下忍，具觀四諦，修十六行相，如前，至此位，則無畢竟墮於三惡趣者。

其中忍，由是漸滅所緣之諦，滅能緣之行相，至其極留屬於欲界苦諦下苦之一行相，謂之減緣減行。

其上忍之位，觀前所餘苦諦下苦之一行相也。故上忍之位，僅為一刹那之間。至此忍位，則必無退墮忍法者，又無墮於惡趣者。

四世第一法：生於上忍後念之善根也，是為一刹那。故無下

中上之三品，與上忍同，觀苦諦苦之一行相也。世者以有漏法而名，有漏法中無超於此觀智者，以之為最勝之法，故名世第一法。

此住亦為一剎那。此位無間，必生無漏智，入於見道，真正證悟勝諦，為聖者而離凡夫之生也。

俱舍二十三曰：「煖必至涅槃，頂終不斷善，忍不墮惡趣，第一入離生。」

-四諦十六行相：見前文79問。

三、成實宗：三十七助菩提法

聖賢位階：小乘四向四果：預流向、預流果、一來向、一來果、不還向、不還果、阿羅漢向、阿羅漢果（斷非想天第九品思惑）。最高阿羅漢果。共二十七位。

戒定慧。慧有粗、妙二種。粗即聞慧、思慧。妙慧即修慧。

正語、正業、正命是戒學。正念正定是定學。正見、正思惟是慧學。正精進遍三學。

一心勤修諸定，生正智慧，滅三心（假心、法心、空心），入無餘涅槃。

假心：實無眾生，說言實有。即假名心。

法心：實有五陰心。

空心：若緣涅槃。

85 什麼是三法印？

「三法印」：諸行無常、諸法無我、涅槃寂靜。

三法印是識別真佛法與假佛法的標準：一切法若與三法印相違的，即使是佛陀親口所說，也是不了義；若與三法印相契合

的，縱然不是佛陀親口所說，也可視同佛說。因為三法印是「印」證佛法真偽的標準，如同世間的印鑑，因此稱為「三法印」。

-諸行無常：世間上的一切有為法都是因緣和合而生起，因緣所生的諸法，空無自性，隨著緣聚而生，緣散而滅，是三世遷流不住的，所以說「無常」。

無常有「念念無常」與「一期無常」兩種。佛法中的無常，並非「斷滅」，而是「變滅」，這種「變滅」是前滅後生，相續不斷的，這就是宇宙人生一切現象的真理。

-諸法無我：一切有為、無為法並無獨立的，不變的「我」的實體，一切法都是依因緣而生，彼此相互依存，並無「我」的恆常不變的實體與自我主宰的功能，所以說「無我」。

無我有「人無我」、「法無我」二種。因為一切法「無我」，所以「無自性」，無自性即「緣起性空」，無我係佛教的根本教義之一，所以要正確的瞭解佛法，必須徹知諸法無我。

-涅槃寂靜：這是滅除貪、瞋、癡三毒煩惱，達到身心俱寂的一種解脫境界。「涅槃」就是四聖諦中的「滅諦」。「寂靜」是遠離煩惱，斷絕苦患，也是涅槃的代名詞。

涅槃佛性是人人本自具足的，佛陀成道之初曾說：「大地眾生皆有如來智慧德相，但因妄想執著，不能證得；若離妄想，一切智、自然智即得顯現。」眾生從無始以來，因為「我執」之故，起「惑」造「業」，受「報」，於是流轉生死；「我執」若除，則惑、業不起，當下即能證得涅槃實相。佛陀宣說三法印，就是為了破除眾生的我執，以引導眾生出離生死之苦，而得涅槃之樂。

86 什麼是四加行？

　　四加行有三種：

　　（一）指小乘之暖、頂、忍、世第一法。聲聞乘行人修五停心觀及四念處觀已，次須修四聖諦觀，作準備進入見道位，則稱爲四善根位，由於該位所修之有漏善根，能生無漏聖道，若見道以後則稱聖者位。

　　四善根位者：

　　1）暖位又作暖法，係以光明之暖性爲譬喻，此位可消除煩惱，接近見道無漏慧，而生有漏之善根，並以此位觀欲界、色界、無色界之四諦與十六行相，而生有漏之觀慧，修至此位，即使退卻而斷善根，造惡業，乃至墮入惡趣，然而終必能得聖道而入涅槃。

　　2）頂位：又作頂法，於動搖不安定之善根中，生最上善根之絕頂位，乃不進則退之境界，於此修四諦，十六行相。修至此位，即使退墮地獄，也不至於斷善根。

　　3）忍位：又作忍法，爲確認四諦之理，善根已定，不再動搖之位，不再墮落惡趣。

　　4）世第一法位：爲有漏世間法中能生最上善根之位，此位與上忍位相同，觀修欲界苦諦下之一行相，於次一刹那入見道位而成爲聖者。以上暖、頂、忍、世第一法等四種善根，以能生見道無漏之善，而成爲其根本，故稱善根。

　　（二）唯識宗修行五位階：資糧道、修道、四加行、通達位、修習位、究竟道。

　　四加行：四尋思觀（名、事、自性、差別）引生四如實智觀，在這兩種四觀中，得煖、頂、忍、世界第一法四善根，而入於見道位，通達於眞理之方便加行。

（三）四加行藏文原義爲「序曲」，是金剛乘法門的前行。當然，金剛乘不是佛教修行的第一個階段，而是第三階段，在它之前還有小乘和大乘。但修持金剛乘的人，必須先修四加行：

1）修持四皈依，即皈依上師、佛、法、僧的意思，修此法時，是要唸誦四皈依眞言。「喃嘸咕嚕啤、喃嘸勃吋也、喃嘸吋爾嗎也、喃嘸生加也。」

2）大禮拜：要五體投地，去禮拜上師及諸佛。

3）供曼達：供養整個宇宙予功德資糧田（即上師、本尊等眾）。

4）金剛薩懺罪法：念誦懺罪本尊金剛薩百字明咒。

87 什麼是十念法門？

十念法門是：念佛，念法，念僧，念戒，念施，念天，念休息，念安般（呼吸與息，也稱安那般那），念身，念死。

（1）念佛：專精繫想如來之相好功德。

（2）念法：專精繫想修行軌則及諸佛教法。

（3）念僧：專精繫想四雙八輩之聖眾。

（4）念戒：專精繫想持戒能止諸惡、成就道品。

（5）念施：又作念捨。專精繫想布施能破慳貪，生長福果，利益一切，而無後悔心及求報心。

（6）念天：專精繫想諸天成就善業，感得勝身，眾福具足；我亦如是修善業，感得如是身。

（7）念休息：專念意入止息、不亂心，專精繫想於寂靜之處閑居，屛息一切緣務，修習聖道。

（8）念安般：又作念入出息。安般，爲安那般那之略稱，指入出息。念安般，即專精繫想，攝心靜慮，數出入息，覺知其長

短，除諸妄想。

（9）念身非常：專精繫想此身爲因緣假和合，髮毛、爪齒等無一爲眞實常住者。

（10）念死：專精繫想人生如夢幻，不久即將散壞。

88 如何觀呼吸？

觀呼吸的基本功」不是「客觀地觀察呼吸」而是「主觀地引導（調整）並評量呼吸」。

第一階段：先自然呼吸。

第二階段：

1.打坐比較習慣後，建議開始練習數息法門：

2.讓呼吸又細又長（粗呼吸變成細呼吸）

3.進入「忘息」（要求把呼吸忘了）

4.達到止息（這時候肺部活動會停止，呼吸會轉移到腹部）

5.讓息止的越來越乾淨（呼吸會轉移到腳心，甚至全身的皮膚，腹部久久才會動一下），這樣息的問題就徹底解決（止）。

89 如何去身見？

初果須陀洹是徹底根除了身見結的人。

如果期待體證初果須陀洹，就應該好好學習如何根除身見結。

身見結，即錯誤地認爲名色（身心或五蘊）是眞正的「我」、「我的」。因此，如果期待斷除對於名色（身心）的邪見，就有必要深入了解自己的名色（身心），而非另尋他途。我們必須努力地

精進學習自己的名色（身心），直至生起正確的領悟——我是自性空，五蘊我是假有法。

90 人體的三界是什麼？

世間有三災：水災、火災、風災。

火災可以燒到色界的第一禪天。水災可以淹到色界的第二禪天。風災可以吹到色界的第三禪天。色界的四禪天即可免除三災之苦。

人體的三災，火災就是欲，男女的愛欲，貪瞋癡都是火。所以欲念重的人沒有禪定，不得解脫。火欲燒身，某些人會血壓高，或精神分裂，或身體發炎。火代表脾氣，所以初禪禪師有時脾氣越大。

水災就是貪愛。愛和欲程度不同，愛水滋生，很嚴重，二禪都抵不住。

風災就是氣。若氣脈不能歸元，三禪是靠不住的。要修到脈住，才能不漏丹。四禪雖已捨念清淨，但此是意識空，尚未證到自性空。

人身就是一個小宇宙，身體也可分成欲界、色界、無色界三部。人身的下段是欲界。欲界的樂由精生，精要下降但不漏才能引發樂。

人體的中部是色界。氣修到充滿了，光明一定來，但魔境也會跟著來。

眉間以上是無色界範圍，沒有一點妄念是無色界。

守無念墮無色界，守光明墮色界，守快樂墮欲界，所以密宗提出樂、明、無念必需均衡平等。

三、大乘：91-114（共 24 問）

91 加持的功用是真的嗎？

除淨土宗的自力他力並用外，佛教可以說是無神論及自力修行的宗教。

佛教主張四不依：

-依法不依人：以教法為依，不依人。

-依義不依語：以義理為依，不依文句。

-依智不依識：以眞智為依，不依心識。

-依了義經不依不了義經：以決定諦實的了義經句為依，不依化導世俗而仍有餘義未了的不了義經句。

但是眾生根器不一，所處環境也各不相同，故佛是逗機施教，設了很多方便法門。加持便是其中一種。

當凡夫遇到身心病障、家人災難、事業不順、破財損名、感情不順等等逆境惡緣時，就會自然而然期待外力的支援，神力的加持，佛菩薩的救濟。所以加持也是一種接引方便。

加持的功能來自加持者的咒力、願力及心力。

若加持者持咒功力深厚，利用咒的感應力也許可以感通鬼神的協助。

利用強大的願力感通諸佛菩薩及護法龍天的護持。

利用強大的心力可以直接影響被加持者的心向，加強他們的意志，轉變他們的觀念而達到精神力量的協助。

不過，話說回來，不管大悲咒水、加持念珠、法物等，都是短暫方便的作用，因為個人的定業無法超越，所以仍以自力修行最為緊要。

92 大乘如何修行佛法？

大乘主要修行方法是六度（施、戒、忍、進、定、慧）及四攝（布施、愛語、同事、利行）及四無量心（慈、悲、喜、捨）。

*大乘各宗之修行方及位階如下：

一、律宗：修戒定慧

修行位階：四位：

願樂位：願樂信解。十信、十住、十行、十迴向。爲第一阿僧祇劫所修。

見位：見道位，此當初地。

修位：修道位，此當二地至七地。見位及修位爲第二阿僧祇劫所修。

究竟位：漸進至佛地。此當八地至妙覺。爲第三阿僧祇劫所修。

二、華嚴宗：行證階位，有行布門及圓融門

-行布門：三生證道。

初、見聞生：凡位。

次、解行生：十信、十住、十行、十迴向、十地。聖位。

三、證入生：當來證入妙覺佛果。

-圓融門：一斷一切斷，一證一切證。行行相即，位位相入，因果不二，行滿成佛。

三、天台宗

十種位階，六種即佛。

1）凡夫位：聞信全無。理即佛。

2）凡夫位：有聞有信。名字即。

3）五品弟子位：外凡位。觀行即佛。

4）十信位：內凡位。相似即佛。

5）-9）：十住位、十行位、十迴向位、十地位、等覺位……菩薩位。分證即佛。

10）妙覺位：佛位。究竟即佛。

四、三論宗：五十二位聖賢程序

十信：伏見一切住地。

十住：斷見一切住地、伏特欲愛住地。

十行：伏色愛住地。

十迴向：伏有愛住地。

十地：初地初心、斷四住地盡，初地至十地，斷十重無明。

等覺

妙覺

五、法相宗

-伏斷二障；煩惱障及所知障。

-修行五位：

資糧位：十住、十行、十迴向。

加行位：修四尋思觀（名、事、自性、差別），得四如實智。

通達位：見道。入初地入心位。

修道位：由初地住心位至十地滿心位。

究竟位：妙覺，佛果。

-四十一階；十信併入初住，等覺併入十地。

-轉八識成四智：六、七因中轉，五、八果上圓。前五識成「成所作智」。第六識成「妙觀察智」。第七識成「平等性智」。第八識成「大圓鏡智」。

-五重唯識觀。

六、真言宗

-三種成佛：見 300-2 問。

理具成佛

加持成佛

顯得成佛

-十住心：異生羝羊心等。

-六種無畏：善、身、無我、法、法無我、平等。

-五類法身：自性、受用、變化、等流、法界。

七、禪宗

-見性成佛：見 182 問。

-直透三關：本參、重關、牢關。見 198 問。203 問。

八、淨土宗

-三輩九品：見 272 問。

-一心不亂：見 248 問。

-念佛三味：見 247 問。

-三資糧、三種念佛、五正行、五念門、四修

三資糧：信願行。

三種念佛：稱名念佛、觀想念佛、實相念佛。

五正行：讀頌經、禮拜佛、觀想佛、稱名、讚嘆供養佛。

五念門：身，禮拜。口，念佛。意，一心發願。觀想佛。迴向門。

四修：恭敬修、無餘修、無間修，長時修。

第十八願：至心信樂，乃至十念。

第十九願：至心發願，發菩提心，修諸功德。

第二十願：至心迴向，植眾德本。

下品下生：五逆十惡者，應墮地獄，臨終遇善知識，說法教令念佛，具足十念，稱南無阿彌陀佛，命終即得往生。

-中品下生、下品上生、下品中生、下品下生，臨終前都需善知識講經助念，才能往生極樂世界。

93 如何發菩提心與四弘誓願？

*菩提者梵文稱為bodhi，意譯為覺者，乃斷絕世間煩惱法而成就涅槃之聲聞、緣覺及佛等，故菩提有三種：阿羅漢菩提、辟支佛菩提、佛菩提。何以無菩薩菩提？菩薩雖有大智慧，諸煩惱習氣未盡，故不名菩提，若菩薩能修至八地的阿羅漢菩薩位即等於阿羅漢菩提。而佛菩提最高，是無上究竟，稱為阿耨多羅三藐三菩提，意即無上正等正覺。

一、菩提路上有五種不同的體悟菩提道者：

一者發心菩提：於無量生死海中發心為求阿耨多羅三藐三菩提。

二者伏心菩提：能折諸煩惱，降伏其心，行諸波羅蜜多（度到彼岸法門）。

三者明心菩提：能觀三世諸法的本末、總相、別相，能分別籌量，得諸法實相，畢竟清淨，是為得般若波羅蜜多行相。

四者出道菩提：於般若波羅蜜中得方便力故，亦不著般若波羅蜜，滅一切煩惱，見一切十方諸佛，得無生法忍，出三界到薩婆若（一切智）。

五者無上菩提：坐道場中斷盡煩惱習氣，得阿耨多羅三藐三菩提，即佛菩提。

二、四弘誓願是：（一）眾生無邊誓願度。（二）煩惱無盡誓

願斷。（三）法門無量誓願學。〔四〕佛道無上誓願成。

其中「眾生無邊誓願度」，是以無邊際喻眾生數之多，表示菩薩發誓願以平等心度眾生，不會有所揀擇。既然不會揀擇，所度的眾生當然包括天、人、阿修羅、地獄、餓鬼、畜生等六道眾生。

94 如何用四攝及六和敬度眾生？

1.四攝法為菩薩所修行的道。四攝包括四種，分別是布施、愛語、利行、同事。

菩薩外行四攝法，內則以四無量心為根本，希望在迷的眾生能一同了悟真諦，同就佛道。所以利用四種攝受方便之門令眾生產生一種好感和依附之心，當獲得眾生的信任，便可更容易使其親近佛法。

華嚴經提到：「若能成就四攝法，則與眾生無限利」。

維摩經則說：「先以欲鉤牽，後令入佛智」，兩者均說明四攝法的重要性。

2.六和敬，又稱六慰勞法、六可喜法。為追求菩薩道的修行者在團體生活中要遵循的六種生活態度，也是佛教僧團共住時需遵循的六種生活方法：

-見和同解：在思想見解上，建立共識
-戒和同修：在法制戒律上，人人平等
-身和同住：在身體行為上，不侵犯人
-口和無諍：在言語上，和諧無諍
-意和同悅：在精神意念上，志同道合
-利和同均：在經濟利益上，均衡分配

95 菩薩如何行六度萬行？

六度及四攝是菩薩的修行方法。
六度是施、戒、忍、進、定、慧。

-布施：對治貪。有財施、法施、無畏施。以法施功德最大。布施應三輪體空：無施者、施物、受施者。

全剛經：菩薩於法，應無所住，行於布施。

-守戒：戒是止惡修善，以淨化身口意三業。對治瞋。

在家守三歸五戒、八關齋戒。出家守出家戒包括沙彌十戒、比丘二百五十戒、比丘尼三百四十八戒、菩薩十重四十八輕戒。

-忍辱：對治慢、瞋。忍是能忍的心，辱是所辱的境。

忍辱有三種：耐怨害忍、安受苦忍、無生法忍。

忍辱」有六個層次，即力忍（用力忍受）、忘忍（將辱忘掉）、反忍（反檢討自己過）、觀忍（將辱觀空）、喜忍（歡喜承受）、慈忍（慈悲以對）。

-精進：對治懈怠及退墮。即末生之善心令速生；已生之善心令增長；未生之惡令不生；已生之惡令速斷。有三種：披甲精進、攝善精進、利樂精進。

-禪定：對治散亂。分事理二種。事定者依心攝境。理定者，不依見聞覺知，一切諸想，隨令皆除，亦遣除想，以一切法，本來無相，念念不生。有世間定（四禪八定）及出世間定（四諦、十二因緣、空性慧）。有相定及無相定。

-智慧：對治癡、疑。由戒生定，由定生慧。此慧非世智辨聰，而是能照破一切客塵煩惱，顯露真如本性。斷絕煩惱，得般若智慧，見到佛性及本來面目。

般若有三種：實相般若、觀照般若、文字般若。

96 什麼是人我執、法我執、人我空、法我空？

-人我執：執五蘊和合身的我爲實有。
-法我執：執萬法之自體爲實有乃至萬法爲實有。

1.楞伽經：「云何人無我？謂離我、我所、陰、界、入聚。無知業愛生，眼色等攝受計著生識，一切諸根自心現器身藏，自妄想相施設顯示。如河流、如種子、如燈、如風、如雲、刹那展轉壞，躁動如猿猴，樂不淨處如飛蠅、無厭足如風火。無始虛偽習氣因如汲水輪，生死趣有輪，種種色身如幻術神咒，機發像起，善彼相知，是名人無我智。」

-解說：遠離我、我所、五蘊、十八界、十二入等。無知即無明生業及愛欲，眼根攝受色境，並計著而生眼識，所有六根、都是從八識心變現，也是從八識變現出色身及器世界，這些都是自己的妄想及假名施設而顯現。就像河流、種子、燈、風、雲等會刹那之間即變化而變壞，這種變壞之快，就如同猿猴的躁動，蒼蠅喜歡沾連不乾淨處，風火不停地吹大。無始虛偽習氣因即無始無明，無始無明即俱生無明，人生而即有，無始無明就像汲水輪般，在生死輪迴的六道中一直輪轉，六道的種種色身就像幻術神咒一樣虛幻不實，就像機器所發起的假象，如果能善知這些幻相都是虛幻的，就稱爲人無我智。

整句的意思是我及我所都是陰界入所聚集和合而成，我這個色身及六根，及我所的器世界都是無明業愛所生，都是從自心所變現的妄想像及假名施設而已，並非實有。而且這色身很容易變壞，且會在六道輪回，如果知道色身六根這個我相是虛幻不實，就是人無我智。

2.云何法無我智？謂陰、界、入妄想相，自性如，陰界入離我我所，陰界入積聚，因業愛繩縛，展轉相緣生，無動搖。諸法亦爾，離自共相，不實妄想相，妄想力，是凡夫生，非聖賢也，心意識五法自性離故。大慧！菩薩摩訶薩當善分別一切無我。

-解說：整句意思是，諸法包括陰界入，心意識，五法（相、名、分別、如如、智）等法都是妄想相，如陰界入都是和合積聚的假相，凡夫都是被業愛的繩子所綁住。其實這些法的自性都是「自性離」、「自性如」、「離自共相」，意即都是空無自性。如果能善知一切法都是自性空，即是法無我智。

3.聲聞緣覺只能斷人我執，證人無我智。菩薩才能斷法我執，證法無我智。

4.楞伽經卷一：「善法無我菩薩摩訶薩，不久當得初地菩薩無所有觀光。地相觀察，開覺歡喜。」

-解說：這段經文說明進入菩薩初地已證得人無我及法無我，即證得我法二空的真如，當然這真如非離言真如，而是依言的如實空真如。而真如即是佛性。

從此段經文可以證明入菩薩初地可以見性。

5.楞伽經卷四：「大慧！菩薩摩訶薩住如如者：，得無所有境界故，得菩薩歡喜地。」

-此段經文亦證明菩薩入初地可以見性。

6.十地經卷二：「入一切菩薩真如法，故生歡喜心」

-足證，入菩薩初地入三世真如。

7.十地經卷二：「菩薩生如是心，……，入三世眞如法中，如來種中，菩薩住如是法，名住菩薩歡喜地中」

-足證，住菩薩歡喜地，入三世眞如。

97 煩惱如何轉化？

學佛四弘誓願中有一願是煩惱無邊誓願斷，斷煩惱可以說是學佛的最重要目的，即離苦得樂。煩惱是所有苦的根源，斷了煩惱才能離苦，離了苦才能得樂，也才能上求佛道，下度眾生。

所有佛法的修行方法幾乎都是爲斷煩惱而修。

首先要先了解到底會碰到「那些煩惱」，已整理如下。

然後用靜定及動定的「止」功夫，去面對煩惱而能內心安定面對而不受影響。而後同時將煩惱用一心三觀（觀）去觀煩惱的自性空（觀空），觀煩惱是虛假法，是虛幻不實（觀假），之後再進一步觀空本身也是假法（非空），假法本身也是自性空（非假），即觀非空非假。這能觀的八識心及所觀的境都是空，都是假。

最後觀能觀的八識心體-如來藏，也是空也是假也是中。

修動定比靜定重要。

個人覺得修動定最有效的方法如下：實相念佛；看話頭；一心三觀；一心不亂稱名念佛；六妙門；五停心觀；四念處。

靜定的有效方法；禪坐、十六特勝、觀呼吸。

修福德：布施、守戒、忍辱、精進、供養、拜佛、頌經、迴向。

除了定力，也要有慧力及福德，三者功夫到家才能明心見性，才能成佛。

此外，平常遇到煩惱後一定要「懺悔」，令己心能舉發自己的

煩惱或過失而能發覺面對，而思慚愧悔過。然後再行以上「止觀」的功夫去化解煩惱。其實煩惱的本體也是佛性（法性），煩惱與菩提，在佛看起來是同一法，因為它們的本體都是佛性，他們的相用也是佛性的呈現，因為佛已是體相用一如，所以煩惱即菩提。

一、煩惱有哪些？

1.六種根本煩惱：貪瞋痴慢疑不正見。

五欲：色聲香味觸

五蓋：貪、瞋、掉悔、睡眠、疑

十境：陰界入、煩惱、病患、業相、魔事、禪定、諸見、增上慢、二乘、菩薩

2.二十種隨煩惱：

大煩惱：不信、昏沉、掉舉、散亂、放逸、怠惰、失念、不正心

中煩惱：不慚、不愧

小煩惱：忿恨惱覆憍害誑諂嫉慳

3.見思惑：

見惑：邊見、邪見、身見、戒取見、見取見

思惑：貪瞋痴慢疑

4.天台宗三惑：見思惑、塵沙惑、無明惑。

5.勝蔓經五住地：見一切住地、欲愛住地、色愛住地、有愛住地、無明住地。

6.三論宗四執：外道邪見、小乘毘曇執有、小乘成實執空、大乘執有所得見。

7.唯識宗：人我見（煩惱障：現行、種子、習氣）；法我見（所知障：現行、種子、習氣）

8.淨土宗：五逆、十惡

五逆：殺父、母、僧、出佛身血、破和合僧

十惡：殺、盜、淫酒、惡口、兩舌、妄語、綺語、貪、瞋、癡

其他：謗大乘；無有慚愧；毀犯五戒、八戒、具足戒；偷僧祇物；盜現前僧物；不淨說法；作不善業；不信因果。

二、如何斷煩惱？

1.小乘修法：四念處、五停心觀、三十七道品、四諦十六行觀、十二因緣觀

2.小乘止觀：欲界定、未到地定、四禪八定

3.大乘止觀：六妙門、修禪法要止觀、廣論止觀、圓覺經二十五種修行止觀、解深密經止觀、十六特勝、八背捨、八勝處、四無量心。

4.天台宗一心空假中三觀。

5.華嚴宗的法界三觀及十玄緣起觀。

6.唯識宗的五法及轉八識成四智，五重唯識觀。

7.律宗的守持戒律。

8.三論宗的破邪顯正。

9.禪宗的看話頭、參話頭。

10.淨土宗的持名念佛、實相念佛、觀想念佛。

11.藏密宗喀巴的三士道、止觀。九乘次第。三密加持與觀想、念咒。拙火修持。藏密六成就法。大圓滿修持。大手印。花教道果。宗喀巴密宗道次第。

*以下是密宗大師的修心七要全文供參考。

修心七要全文：

先學諸加行　思諸法如夢　觀心性無生　對治亦自解　道體住賴耶　中間修幻化　雜修二取捨　彼二乘風息　三境毒善　諸

威儀誦持　取次從自　報應皆歸我　修一切大恩亂境觀四身　空護爲最上　四行勝方便　隨現遇而修　總攝教授心　應修習五力諸法攝一要　二證取上首　恆當依歡喜　散能住即成　修心不違戒　恆學三種義　轉欲住本位　不應說殘支　全莫思他過　先淨重煩惱　斷一切果求　棄捨毒食　莫學直報　莫發惡言　勿候險阻　莫刺心處　聲載莫移牛　不爭先得　不作經懺　天莫成魔樂因莫求苦　諸瑜伽修　諸倒覆修初後作二事　二境皆應忍　二事捨命護　當學三種難　取三主要因　修三無失壞　成就三無離於境無黨修　遍徹底善習　於怨敵恆修　不依賴餘緣　今當修主要　不應顛倒　不應間輟　應堅決修　觀擇令脫　不應自恃　不應暴戾　不輕喜怒　莫著聲譽　將此五濁世　轉爲菩提道　教授甘露藏　從金洲傳來　由醒夙習業　多勝解爲因　能輕苦譏謗請調執教授　今死亦無悔。

98 佛的境界是什麼？

一、中國各宗的佛的境界

　　-俱舍宗：小乘的果是無爲法，是無餘依涅槃。大乘的果是無住涅槃，有爲即無爲。

　　-成實宗：分別無明的人法兩空，但法空不落實。大乘是俱生無明的人法兩空。

　　-唯識宗：離言中道。第四重勝義勝義諦。二無我空理所顯眞如。一眞法界圓成實性者。

　　-華嚴宗：佛的世界是一眞法界。世界是一個「整體的」，「無盡緣起的」，「法界緣起的」的「絕對一」世界。

　　-天台宗：佛是即空即假即中的三諦圓融。斷三惑（見思、塵沙、無明）。證三諦（空假中），證三德（法身德、般若德、解脫

德）。證三智（一切智、一切道種智、一切種智）。六即位之究竟即。五十二位階之妙覺位。三身（法報化）一身。

-三論宗：四重二諦之第四重，言亡慮絕諦。中道實相（非有非空，非中非不中之無名相法）。五十二位階之妙覺。絕能所四句百非之涅槃，世間即涅槃，涅槃即世間。

-禪宗：直指人心，見性成佛，頓悟漸修。本來無一物，何處惹塵埃。

二、印度大乘三系的佛的境界

-中觀：佛的空是畢竟空，徹底空，連空也空。佛的中道是第四重中道即離言絕慮中道。

-唯識：唯識性所顯眞如。

-眞常：佛就是空不空如來藏。

三、佛的功德

32 大人相、80 隨形好、四智圓明、十力、十智、十八不共法、四無所畏、四種清淨、三德：法身德、解脫德、般若德、三無礙：辯才無礙、溝通無礙、說法無礙、八音（八聲）、四無礙智（四無閡智、四無礙解）、盡智、無生智、三意止、大慈、大悲、三十七道品，悉知一切諸法總相別相、語功德六十四支妙音，意功德二十一種無漏慧，並有二十七事、三明六通，三身成就，四種涅槃，三種淨土，究竟的圓滿。

破一切障礙，即究竟覺；

破三假：相對假、因緣假、相續假。

得念失念，無非解脫；成法破法，皆名涅槃；智慧愚癡，通爲般若；菩薩外道所成就法，同是菩提；無明眞如，無異境界；諸戒定慧及淫怒癡，俱是梵行；眾生國土，同一法性；地獄天宮，皆爲淨土；有性無性，齊成佛道；一切煩惱，畢竟解脫；法

界海慧，照了諸相，猶如虛空。此名如來隨順覺性。

99 各宗的修行位階有不同？

請參閱《佛性辨正》第四章之「佛性的修行位階」。

一、律宗
四位：
-願樂位
-見位
-修位
-究竟位

二、華嚴宗
A.行布門：三生證道。
-見聞生：凡位
-解行生：聖位：十信、十住、十行、十迴向、十地、等覺。
-證入生：證入妙覺佛果位。
B.圓融門：事事無礙，主伴具如，一斷一切斷，一證一切證。
行行相即、位位相入，因果不二，行滿成為佛。

三、天台宗
-凡夫位：理即。對於佛法聞信全無。
-凡夫位：名字即。對於佛法有聞有信。
-五品弟子位：觀行即。外凡位。
-十信位：相似即。內凡位。
-十住位、十行位、十迴向位、十地位、等覺位：菩薩位。分

證即。

　　-妙覺位：佛位。究竟即。

四、三論宗

　　五十二位聖賢程序。

　　-十信：伏見一切住地。

　　-十住：斷見一切住地盡，伏欲愛住地。

　　-十行：伏色愛住地。

　　-十迴向：伏有愛住地。

　　-十地：初地初心，斷四住地盡，初地至十地，斷十重無明。

　　-等覺

　　-妙覺

五、法相宗

　　五位：資糧位、加行位，見道位、修習位，究竟位。

　　*伏斷煩惱障、所知障。二障各有「分別起」及「俱生起」二種。

　　*三賢指十住、十行、十迴向

　　四善根指煖、頂、忍、世第一。

　　（1）分別起二障：

　　現行：地前伏（三賢漸伏，四善根頓伏）

　　種子：初地頓斷

　　習氣：地地漸捨，至十地盡

　　（2）俱生起二障．

　　1.煩惱障：

　　現行：與前六識俱起者，地前漸伏，初地頓伏。與七識俱，

初地漸伏，七地頓伏。

　　種子：十地頓斷

　　習氣：佛果永捨

　　2.所知障：

　　現行：前六識，地前漸伏，八地永伏。七識俱，十地之住位永伏。

　　種子：十地永斷

　　習氣：佛果永捨

六、禪宗

　　-直指人心，見性成佛。

　　-直透三關（本參，重關、牢關）。

七、淨土宗

　　-第十八願：至心信樂，乃至十念。

　　-第十九願：發菩提心，修諸功德，至心發願。

　　-第二十願：植眾德本，至心迴向。

　　-三輩：信願行。

　　-九品：見 272 問。

100 佛法中有權實二教，是什麼意思？

　　權實二教，就是權教與實教的結合稱謂。

　　所謂權，是指因宜而變，因時制宜，適宜於一時的教法。所謂權教，就是權宜之教，也就是設個方便，讓眾生可以親近佛法，再慢慢引導你走向成佛之路。眾生根機未成熟，由淺入深，逐漸使人覺悟的教法，種種權宜、權巧方便，稱之為權教。即今

天所講原則性和靈活性的統一。

權教之法，就是一種暫時採用的法，是不究竟的，不了義的。說得更明白一些，權不是終點站，不是最終的歸宿。利用這權巧方便之法，卻能令眾生生起求解脫的堅固心，而到達終點站。

究竟而不變的教法，叫做實，就是真實、實實在在的教你，直暢本懷不設方便的。修行的根機能成就無上大法，即直說究竟妙理，告訴你要怎麼持戒，怎麼斷欲，怎麼修行，立刻就能使人覺悟的教法，稱之為實教。

彌陀經是權教之法，乃佛因實施權的大方便法門，娑婆五濁惡世，眾生魯鈍，福薄慧淺，不能堪受頓教大法，道心不堅，昇者少墮者多，佛大興慈悲，廣說淨土法門，普利群迷，往生極樂蓮邦，彼處正報與依報莊嚴，皆可得不退轉，直至成佛，殊勝甚殊勝，阿彌陀佛悲願所成就的淨土世界，為化育眾生成佛而設立，可謂殊勝又莊嚴的權教大法，真是功德無量無邊，窮劫讚歎莫能盡。

權教菩薩的修行，是處處著相。著相之修、叫做染修。以其不瞭解三輪體空的道理，所以只能稱菩薩，不能稱菩薩摩訶薩（大菩薩）。

實教菩薩、在因地修行。是依實相理，修離相行。譬如發心修行布施波羅密，以自性本具的般若智慧，來觀照了知三輪體空，一切無著，不住於相。什麼叫做三輪體空呢？三輪就是沒有能布施的我相，沒有受布施的人相，也沒有所布施的東西的物相。唯有實教菩薩，才能夠稱為菩薩摩訶薩。菩薩所修之行，稱六波羅密。波羅密，意譯到彼岸。實教菩薩能夠離相妙修，不著於相，所以從生死此岸，渡過煩惱的中流，得證不生不滅涅槃的彼岸。

權教菩薩的智慧淺陋，沒有實教菩薩智慧深，所以容易生輕

慢的心。如果生輕慢想，便會墮落。

權教菩薩不能以空無自性的智慧，來泯除分別知見，來忘掉成度功勳，如是發心，雖則度生成佛，名之為偏。在這裡，偏是偏執于一邊而不歸中道之義。

菩薩共分 52 階位（含圓教佛）隨著證悟的程度不一而有不同的階位

總括為<權教>與<實教>菩薩

權教菩薩是指還未明心見性的菩薩（地前菩薩）

（阿羅漢、辟支佛雖已證得小乘最高果位，卻仍未見性，故仍屬權教菩薩）

實教菩薩則已明心見性（地上菩薩）已無隔陰之迷可以化身千百億隨類應現，妙覺實教菩薩可以稱為佛了

101 不執著是不是表示清淨？

不執著是不執著於相、名、分別，即五法（相、名、分別、如、智）之前三法，即有「淨」的作用。

一般凡夫的不執著只是不去介意，只是一種修養，還談不上清淨。

清淨的修件是不執著「人我」，及不執著「法我」，所以善也不執著，惡也不執著。

即施的三輪體空的三條件：不執著施者，施物，受者。認為三物皆是空假，如此才叫清淨。

102 靈魂出竅與法身超脫有何不同？

　　佛法不談靈魂，只談人往生後，依業力在投選六道前的那段識身叫中陰身，它的壽命只有 6 小時到四十九天。

　　生前除有大福報及大惡作二者直升天道及地獄道之外，一般都有中陰身。

　　而投身鬼道後，中陰身會變成鬼道身，也不叫靈魂。

　　人死後，第八識是最後離開身體，會帶著業力種子，依業力不同從身體的不同部位離開，如頭頂、腰、足底等。並不一定從頭頂離開。

　　人雖有第八識及第七識二種潛意識，但在生前這兩種識是絕對不會離開身體的，只有當死後，第七識才會縮入第八識而最後離開身體。

　　因此並無所謂的靈魂出竅。

　　至於法身超脫，人都有佛性，但要經相當程度及長時的修行才能證得佛果。

　　十法界眾生，只有佛證得法身、報身、化身，而且是三身一身。

　　菩薩要到三地才能證得三味樂正受意生身，但只是一種意生身，具五神通，仍未得漏盡通，所以仍然不是法身。

　　法身是無形無相，超時空，已無所謂超脫。法身已是法報化三身一身了，超而不超，不超而超。

　　-靈魂出竅又稱出體經驗，是神祕學中，靈魂離開了生物的肉體，在肉體外活動的行為及經驗。很多人聲稱擁有出體經驗，也有人聲稱任何人透過訓練也可獲得出體能力，但至目前為止尚沒有止式科學埋據支持。

　　-瀕死經驗

出體經驗的另一種形式發生在人瀕死的時候。瀕死經驗的現

象包括生理、心理、及超自然因素。例如出體的主觀印象,目睹已故親人或宗教人物,超越自我與時空邊界及其他超然經驗。這種經驗通常跟隨一個特定模式或過程,首先會感覺到懸浮於自己的肉體之上,看見四周事物,然後會感覺到穿越一條隧道,遇見已故親人,在終結時感受到光等。

103 煩惱如何對治,何謂煩惱即菩提?轉煩惱與斷煩惱不同嗎?

煩惱如何對治,請參閱 97 問:「煩惱如何轉化」一文。

轉煩惱的轉字是「不斷斷」,與「斷」當然有所不同。

煩惱與菩提是對立的二法,而其實以佛觀之,兩法的法性都是一樣,都是正因佛性,兩法其實是一法,而煩惱與菩提只是同一本體的不同「體相用」的整體表現,因為佛性除正因外尚有緣因及了因二性,緣因可藉外緣的善惡而呈現善惡不同的作用,了因則可了解緣因的善惡所呈現的染淨相,故雖同一正因,卻可藉不同的緣因及了因而表現成不同的煩惱或菩提。

故修行不是硬斷煩惱而去另找菩提,而是現觀煩惱為空、假、中而呈現其自性空的菩提,是謂不斷斷。

104 什麼叫忍?無生法忍是什麼意思?

忍是認的意思,有認可、認許、認證之意。

無生法忍即是對無生法的認可或認證。

無生法是不生不滅法,超越因緣生滅法,是諸法的空性自性,不生不滅。

105 修行法門那麼多，持咒、唸佛、觀想、止觀、禪坐、靜坐、觀呼吸等等，要如何選擇？

1.持咒、手印及觀想是密宗的三密加持。

2.念佛及觀想是淨土宗的修持法門。

3.禪坐是禪宗的修行法門。

4.止觀及觀呼吸是天台宗，密宗的修行法門。

各宗的修行方法及觀法均不太一樣，宜依自己的根器、喜好、環境加以選擇，抉擇之後最好能一門深入。不過禪淨雙修，禪密雙修，也都有人提倡。

106 各宗的中道有不同嗎？

-唯識宗的中道：

1）言詮中道：以言語來詮顯者：

1.三法對望中道：

偏計所執性是非有

依他起性及圓成實性兩者是非空

非有非空故是中道。

2.三法各具中道：

-遍計所執性：情有-非空。理無-非有。

-依他起性：假有-非空。實無-非有。

-圓成實性：真實-非空。無相：非有。

2）離言中道：言亡慮絕，以無分別智自內所證，非言詮之所及。

-三論宗的四重二諦

-四中：

對偏中：對治「偏」的中道。

盡偏中：盡除「偏」的中道。

絕待中：非偏非中的中道。

成假中：成於「假」的中道。

-天台中的圓融三諦與中道實相

圓融三諦：空、假、中，三諦相即相入，圓融成一諦，即「絕對中」諦。

「絕對中」就是「即空即假即中」，就是中道實相。

-成實宗的真俗二諦

有兩種二諦：

第一種：

俗諦：四大五根人我……假名有

真諦：五陰及極微……實法有

第二種：

世諦：五陰及極微……實法有

第一義諦：涅槃……真實空

*成實宗的二諦評論：凡是萬法都是「假名有」叫俗諦。所以五陰及極微也是假名有而不是實法有。

凡是萬法都是自性空。所以五陰及極微是自性空，所以說實法有是不對的。涅槃也是自性空。所以涅槃是真實空的立論是對的。

-中觀的中道

又得中論觀四諦品，眾因緣生法，我說即是無，亦為是假名，亦是中道義之意。

解說：因緣生法是緣起性空，所以是空，因緣所成法都是假法，所以是假。

非空非假即是中道。

107 各宗描述的佛境界有不同嗎？

　　-先前 98 問中已介紹各宗的佛境界，請參閱。

　　-凡大乘佛法包括中國大乘八宗及印度大乘三系，藏密、東密等所描述的佛的境界都是相同的。

　　佛已斷了所有的煩惱包括煩惱障及所知障。已證了法我二空，無住涅槃及法報化三身一身，而且有無量功德力，不但已自覺還有能力覺他。

　　至於小乘只證人我空及無餘依涅槃，尚未證法我空及無住涅槃，僅走到中途站，尚未到達佛的終點站。

108 應用什麼觀念面對善知識？可以依法不依人嗎？

　　佛法浩翰，而且佛法極重實踐，即使解悟而不能證悟，也無濟於事。所以亟需善知識從旁引導。

　　善知識不但可以教導我們佛法的正知見，更重要的是可以傳授他們身體力行的實際體驗經驗。所以不但依法也要依人。

　　佛在《未曾有因緣經》中講到：

　　要須方便。令得滅罪。何謂方便。謂善知識。何謂善友。謂正見人。是爲善友。常以正教。調伏其心。何謂正教。謂觀無常苦空無我十二因緣。纏著生死。修四眞諦見苦斷習證滅修道。行六波羅蜜。四無量心。是爲方便。

　　世尊在這裡講的很清楚，要想滅除業障，就要有善知識，或者說好的方法。善知識其實就是好方法。不過善知識已經由好的方法的概念演化成了能夠教授佛法有智慧的人，而成爲專指人的稱謂。或者說是善友。那麼什麼是善知識，或者說是善友，即可以用正教幫助別人調伏其心的人才是善知識。

那麼什麼是正教,那就是用四法印,十二因緣爲綱領的方法。修行苦集滅道、行六波羅蜜、四無量心的佛法才是正教,才是善知識。所以我們在聽聞佛法的時候一定要看看講法者所宣講的內容是否符合佛講的十二因緣和四法印。符合的才是善知識。

在《華手經》中講:「若有四法,當知是爲善知識也,何等爲四?一能令人入善法中,二能障礙諸不善法,三能令人住於正法,四者常能隨順教化。」

第一,就是能夠引導人入善法,不能引人入邪。所言善法不是我們普通人認爲的善,世俗的善。而是佛法中的標準。即:不殺生、不偷盜、不邪淫、不妄語、不綺語、不兩舌、不惡口、不貪慾、不嗔恚、不邪見。這是善的標準。

第二,能夠障礙阻止他人入不善法。能夠引導大家遠離不善。何爲不善呢?就是十善的反面:遠離殺生、偷盜、邪淫、妄語、綺語、兩舌、惡口、貪慾、嗔恚、邪見。遠離這些不善之法。

第三,能夠教導人學習修證正法。這一點就是上面所提,以正教幫助他人調伏其心、修證佛法,這也是善知識的必要條件。

第四,能夠始終致力於按照其情況適當地引導教化眾生,這也是善知識的必要條件。

當然《華手經》中有一句話:「善知識者,謂諸佛是」。就是說諸佛世尊肯定是善知識無疑。我們如果按照世尊的教導來奉行,是不會走錯路的。

109 經律論三藏,在內涵上有何差別?

佛教三寶中的法寶就是指的佛教典籍,分爲經、律、論三藏,這是按照其所載內容來分的。

　　經、律、論可以粗略地說，律是講戒；經是講定；論是講慧。所載內容分別是：

　　一、經，一般被認為是佛說過的話的彙編，它是佛教教義的基本依據。

　　二、律，是佛教組織為教徒或信眾制定的紀律或行為規範，它的基本原則一般被認為是佛所確定的，而系統化的佛教戒律是後來才逐步形成的。

　　三、論，是對經、律等佛典中教義的解釋或重要思想的闡述。它在佛教中一般被認為是菩薩或各派的論師所做，但也有一些極少數的論被認為是佛自己做的。

　　通達佛法能為人講說的人稱為法師，精通經藏的稱為經師，精通律藏的稱為律師，精通論藏的稱為論師，遍通經、律、論三藏的稱為三藏法師，如唐三藏法師玄奘。

　　佛法三藏十二部，大藏經有八千多卷。窮一生只有少數人能夠閱畢大藏經。

　　因此必須選擇一些重要的經律論研讀。

　　以下提出一些重要的經律論供參考：

　　大乘八宗各有依據經典，華嚴宗主要依據經典有《華嚴經》、《普賢行願品》、《十地經論》；唯識宗主要依據經典有《解深密經》、《瑜伽師地論》；天台宗主要依據經典有《妙法蓮華經》、《摩訶止觀》；三論宗主要依據經典有《中論》、《百論》、《十二門論》；淨土宗主要依據經典有《彌陀經》、《無量壽經》；禪宗主要依據經典有《楞伽經》、《六祖壇經》；律宗主要依據經典有《四分律》、《五分律》；密宗主要依據經典有《大日經》、《金剛頂經》；藏密：菩提道次第廣論、密宗道次第論。另外還有大家比較熟悉的《楞嚴經》、《金剛經》、《地藏經》等經典。

110 佛還會起心動念嗎？

如果在往生前即證得佛果，外觀上佛看起來與凡夫一樣，如釋迦摩尼佛出家修行六年後即證得佛果，而後四十九年都起心動念，開了無數的法會，教導度化眾生。

成佛後的起心動念與凡夫的起心動念完全不同。

佛持的心是真心、佛心。一般人是持假心，以「緣起」法起心動念。佛是以「性起」法起心動念。

凡夫的假心是人我執及法我執，所以起心動念都是為己為法。人的假心是自利的自私心。

佛的真心是人我空及法我空，所以起心動念都是無我、無法。佛的真心只有利人的大慈悲心。

所以同樣是起心動念，卻是千差萬別。

111 何謂念念菩提，步步無生？

菩提是覺悟，念念菩提是念都從覺悟的心所生起。覺悟的心是智悲雙運心，所以念念都是自覺覺他，度生利他的念頭。

步步無生，步步是表現在外的身口意的行為，佛覺悟的境界是不生不滅的無生境界，所以從菩提覺悟的心念所生的身口意行為必然是無生而空假的行為，是無我無法的行為，是自覺覺他的利生事業。

112 何謂三德、三智？

-三德：法身德、般若德、解脫德，是名三德。法身德：佛常

住不生不滅的法性身無不周遍。

般若德：佛的智慧無量無邊，了知人生宇宙的實相，無所障礙。

解脫德：佛所證得的最勝妙法，能夠化度一切眾生而自在無礙。

三德亦有三種：即是智德、恩德、斷德是也，何謂三德呢？敘述如下：

智德：佛的智慧深廣，無所不知，無所不見，號稱一切智人。

恩德：佛的慈悲廣大，誓度一切眾生，無偏無失，三界六道眾生，有緣者莫不蒙度。

斷德：佛將一切的煩惱斷除，清淨無爲，解脫自在。

-三智：

一切智、道種智、一切種智、是名三智。

一切智是聲聞緣覺知一切法總相的智慧，總相就是空相。

道種智是菩薩知一切道法差別的智慧。

一切種智是佛通達諸法總相別相，化道斷惑的智慧，合一切智及道種智二者，故名一切種智。

三德、三智與空假中、三因佛性、三般若、如來藏、眞如、體相用、禪宗破三關等之對應關係：

-法身德、一切智、中、正因佛性、實相般若、空不空如來藏、離言眞如、體、破牢關。

-般若德、一切道種智、空、了因佛性、觀照般若、空如來藏、依言如實空眞如、相、破本參。

-解脫德、一切種智、假、緣因佛性、文字般若、不空如來藏、依言如實不空眞如、用、破重關。

113 什麼是「無緣大慈」、「同體大悲」？

-無緣大慈：無緣是對於沒有什麼關係或沒有什麼緣分的眾生，也一樣對他們生起大慈心，慈是予樂之意。即諸佛菩薩利益眾生是不需要任何外在的條件，雖與眾生無緣，但是也發大慈心而救渡之。佛菩薩隨時隨地開放慈悲心，只要眾生接觸到他，眾生就得度，接觸不到他，菩薩還是在度眾生。

-同體大悲：同體是諸佛菩薩將眾生看作和自己是一體的。其實眾生的體都是佛性，所以的確也是同體。悲是拔苦之意。視他人的痛苦為自己的痛苦，而生起拔苦與樂、平等對待之大悲心。

114 六根清淨，如何解釋？

眼根、耳根、鼻根、舌根、身根、意根，是名六根。根為能生之意，譬如眼對色而生眼識，乃至意對法而生意識，故名為六根。

清淨即離惡行之過失，離煩惱之垢染，是名清淨。進一步言，離我執就是清淨。

六根不受五欲六塵所染污，而得六根清淨自得，名之為六根清淨。

眼、耳、鼻、舌、身、意六種感官，如果能夠清淨，會有輕安愉快的覺受。

修六根清淨的不二法門就是止觀，尤其統懾意根，六根都攝，自能清淨其他五根。

四、業報：115-135（共21問）

115 業力與善惡業是什麼？

業力是佛教的重要信念，得因種果，六道輪迴，就是業力的表現。

惑業苦，惑（煩惱、無明）為因，會招引業力的作用，形成苦果。

（一）三重因緣：果從因生、事待理成、有依空立

-果從因生：法的生起，不是自生，一定從因而生，有因才有果，所以對治無因生。

-事待理成：生了必會死，因為生是眾緣和合而生，當緣散，則必然壞滅而死。所以「生一定會死」這種「事」的成立，是因「生住異滅，成住壞空」這樣的「理」才成立的。

-有依空立：「有」是依「空性自體」加上眾緣而成立，所以依「空」而立，而不是依自體實有或實無而立。因為是空性自體，可以再遇緣而緣起再生。

（二）二大理則：緣起支性、聖道支性

-緣起支性

1.即性空緣起，由「性空」成立「緣起」的生死流轉的「世間」。

2.從十二因緣形成生死流轉的「世間」。

由無明-行-識-名色-六入-觸-愛-取-有-生-老死。

3.由四聖諦的生死流轉的「苦」世間，是由「集」這個苦因所造成。

-聖道支性：

1.是緣起的「世間」回到性空的「出世間」，由假入空。

2.從十二因緣，由生死流轉的「世間」，回到還滅的「出世

間」。即無明滅則行滅，行滅則識滅，識滅則名色滅，……，生滅則老死滅。

3.由四聖諦的「道」-世間的修道，證入「滅」-出世間的證滅。

換句話說，緣起支性就是性空緣起，由性空形成緣起世間。

聖道支性就是緣起性空，由緣起還滅爲性空「出世間」。

*六道輪迴是由念力、習氣、業力、願力所決定。最後臨終前的念力非常重要。如下品下生者只要臨終十念佛號，即可往生淨土。願力也是很重要，入西方淨土三資糧即信願行。可見願力的重要。習氣及業力即是唯識所謂的有支種子。

116 請問因果有幾類？

所謂惑業苦，惑是業因，引發業，由業（如種子）招致苦果。俱舍論對於業的分類：

*業分思業及思已業。
-思業-思心所-意業。
-思已業-思所作-身業及語業。
身業-身表業及身無表業。
語業-語表業及語無表業。
思是令心去造作身語業。
思已業是思業發爲行動所產生的業，包括身體及語言兩方面的行爲。
表業是我們所看到的外在行爲。
無表業是行動後所產生的潛在勢力。

意業沒有無表業。也就是說，一個意念若沒有表現成外在的行為，只是在心中想像，那就沒有潛在勢力。

*十不善業道：身惡業道、語惡業道、意惡業道。
-身惡業道：殺生、不與取（盜）、欲邪行（淫）
-語惡業道：妄言、兩舌、惡口、綺語
-意惡業道：貪、瞋、邪見
意惡業道即屬「惑」。
身、語惡業道即屬「業」。
如何從業生果，有二種說法：一是已完成的業，在將來會有果報產生。另一是果報是由「業」相續不斷，慢慢有所轉變、差別而產生。
業如同唯識阿賴耶識中的種子。由業種子遇緣即起現行果。
種子由其所具三性（善、惡、無記）決定現行之善或惡。

*種子有三種：名言種子及有支種子。
名言種子有兩種：了義名言及顯境名言（我見種子）。兩種都可以熏習阿賴耶識中的種子成新熏種子，而後待緣起現行。名言種子是無記種子。力微弱，需有支種子的推動才能起現行。
有支種子為善或惡種子，有支即十二因緣中之「有」支，所以是決定六道輪迴的業習氣種子。

*因果報應有三種：現世報、生報（來生）或後報（生報之後）、不定報（受報時間不定，越慢受害愈大。有定業、不定業二種。明知故犯或不知悔過是定業，意向不明是不定業。
定業一定發生，不定業可能重業輕報）。

117 要相信三世因果嗎？

十二因緣（無明、行、識、名色、六入、觸、受、愛、取、有、生、老死），是佛教的重要思想，它可以說明三世的因果關係，所以當然有三世因果，而且要絕對相信它。

但因果論不是一般宿命論，雖有前世因，但「因」尚需「緣」才能結「果」。

一方面修行就是將「緣」利用修行盡量製造成「善緣」，讓存在阿賴耶識的「惡因種子」因沒有惡緣的搭配而不能結果。

另一方面，修行也是修善，使善的現行不再熏習阿賴耶識而製造新增的惡因種子，因善現行只能熏習成善因種子。

何況業有定業及不定業，也可以藉修行將不定業轉成善業，將定業轉成重業輕報。就是因為沒有宿命論，我們才能修行成五乘各自的果實。

以下說明三世因果：

-前世的惑因：無明，即前世所造的迷惑及煩惱。

無明緣行：無明起了業力。行是決定的意思，決定了業力。

行緣識：這些前世的業力以種子形式藏在第八識阿賴耶識中。

識緣名色：名是六識，色是胚胎。第八識帶著業力種子，在男女交合之時進入受精卵，形成胚胎及其他七個心識。

名色緣六入：胚胎再形成六根。

六入緣觸：六根對外界的六境產生了接觸。

觸緣受：六根接觸六境後即產生了感受即三受或五受。

受緣愛：有了感受即起貪愛的心。

愛緣取：開始執著認取貪愛的心。

愛取有：執取愛後，這個現行即熏習阿賴耶識而產生後世的業種子。造了後世的「業」。「有」就是有了後世的業。

所謂惑業苦，有了業就會造苦果。

有緣生：有了後世的業，會造成後世的「生」果。

生緣老死：即後世的生老病死。

總之，三世惑業苦如下：

-惑：前世惑：無明，今世惑：愛、取。

-業：前世業：行。

今世業：有。

-苦：今世苦：識、名色、六入、觸、受。

後世苦：生、老死。

118 真有六道輪迴嗎？

六道輪迴是佛教的重要思想及理論基礎。

它是因果論的實際表現。

六道是下三道：地獄、惡鬼、畜牲。

上三道是人、阿修羅、天道。

阿修羅道於五道中都有。

六道輪迴是根據中陰身中阿賴耶識中的異熟種子所產生的業力來決定引業及滿業。

種子共有三種：名言種子、我執種子及異熟種子。我執也是異熟種子。名言種子是等流種子。

引業是業力決定牽引到六道中那一道。

滿業是在那一道中如人道中，個別的身體健康、吉凶禍福、富貴貧賤。

六道輪迴，在諸佛菩薩，歷代祖師高僧大德，皆一一有所敘述，如法華經、觀佛三味經、佛說輪轉五道罪福報應經。

佛教相信，任何人若嚴格遵守五戒，來世可得六根整然的人

身。若在五戒上，再加行十善，即可生到天界。若要出輪迴，也需要以五戒十善為基礎，按四聖諦、八聖道、七覺分、十二因緣等佛法修行，最終取阿羅漢果及成就登地菩薩乃至佛陀果，便能不受後有，脫離輪迴。取阿羅漢果即脫離輪迴。

目前物理界的超弦論已談及有 6 個額外緯度（卡拉比邱空間）因太小，我們肉眼看不到。另也有「平行宇宙」的理論出現。

所以六道也許是額外緯度的空間，也許是平行宇宙的世界。

119 捨報是什麼意思？

捨是捨棄，報是報身，捨報意指，捨棄這一期生命中報身，也就是死亡之意。

120 證到阿羅漢還會受報嗎？

惑業苦，有惑因就會造業而受苦果。

嚴格而言，只有佛才能斷盡所有的惑因，包括斷二障（煩惱障、所知障），斷四惑（見惑、思惑、塵沙惑、無明惑），離二種生死（分段生死、不易生死），斷盡所有無明（分別無明及俱生無明）。

聲聞四果的第一果，預流果、須頭洹果，只斷三界見惑，尚會來人間。

第二果，一來果、斯陀含果，只斷欲界前六品思惑，還會來人間一次。

第三果,不還果,阿那含果,只斷欲界前九品思惑,已不再來人間,但仍有惑,仍會受報。

第四果,阿羅漢果,已斷色界及無色界另七十二品思惑,即見惑八十八結使及思惑八十一品都已斷盡,但仍有塵沙惑及無明住地惑尚未斷,仍會受報。

121 什麼是牽業?

牽業就是因為你的牽引而使別人造業。

所以要及時注意及照顧好自己的身口意三業,不要因為自己的三業而去影響別人造業。尤其在宣傳佛法時,要宣傳正見,不要宣傳邪見去影響到別人身口意的修行。

自己的身口意三業是自己所作的業,盡量及於己身,不要再去影響到別人為宜。

122 什麼是現報及花報?

現報:現在世所造作之善惡業,於現在世受果報

花報:眾生植善惡之業因,由此業因正得之果為果報,果報之前所兼得者,則稱為花報。如以不殺為業因,遠感涅槃之果報,但先得長壽之花報。

一又如以念佛修善為業因,往生極樂世界為花報,後證大菩提則為果報。

123 不落因果與不昧因果有什麼不同？

不落因果是不落入因果的規範，意即不受因果影響。

不昧因果是不會抹煞因果，意即仍會受因果影響。

是一個公案：有一老人，在百丈禪師處聽法，謂百丈曰：昔我住此山，有人問我：「大修行人，還落因果也無？」我對曰：「不落因果」，以此錯誤，五百世墮野狐身，請和尚爲我下一轉語，百丈曰：「不昧因果」，老人大悟曰：「今已脫野狐身」。

124 定業可不可以轉？

業有兩種：定業及不定業。

犯五逆十惡罪，或造業時有明知故犯或犯過不悔之心意者，會形成定業，即此業一定會招致果報。

若犯意不明或不是出自意願者，會形成不定業，即不一定會受報。

善、惡之業所招感之果報有定與不定之別。又分爲「招感結果」之定與不定、招感結果之「時間」的定與不定、「時與果」之定與不定等三種。

1.果之定與不定。據瑜伽師地論卷九以下、俱舍論卷十五等載，受異熟果之業爲定業，受果不定之業爲不定業。其間有輕、重之分，由三因緣而成者爲重業，即：（1）由意樂而成者，謂造業之動機爲強烈之煩惱；或以善心深思惟者，其業必重。（2）由加行而成者，謂行爲無間斷而鄭重造作者，是爲重業。（3）由功德田而成者，謂造業之對象爲有恩之父母、有功德之佛法僧等，此必爲重業。具有上記三因緣之任一種業，必屬重業、定業，否則即爲輕業、不定業。

2.時之定與不定。時之定者有三種，稱三時業、三時報業或三報業，即：（1）順現法受業，略稱順現業。乃現在世作業，現在世引生果報。如入慈無量心定、四靜慮或滅盡定者，由其功德出定時，於身具備無量功德。或對以佛為上首之僧眾作善惡業，或以猛利之意樂方便作善惡業者即是。（2）順生受業，又作順次生受業，略作順生業。即此生所作業於次生招感果報，如五無間業於次無間之生受果。（3）順後受業，又作順後次受業、順後業。指此生所作之業於次生以後感果。

3.時與果之定與不定。依瑜伽師地論卷六十載，業有四種，即：（1）異熟定，謂「果」已定而「時」不定。（2）時分定，謂時已定，而果不定。（3）俱定，謂受果、受時皆定。（4）俱不定，謂受果、受時皆不定。

-唯識論了義燈卷五，以「俱定」為定業，其他三者為不定業。

綜上，不定業可轉。定業可重業輕報。

125 根據金剛經，先世罪業可以消除嗎？

-佛說：複次。須菩提。善男子。善女人。受持讀誦此經。若為人輕賤。是人先世罪業。應墮惡道。以今世人輕賤故。先世罪業。即為消滅。當得阿耨多羅三藐三菩提。

此句並不是說讀金剛經，先世罪業即可消除。

而是說，你已讀了金剛經，假若你先世的罪業，應墮惡道，但讀了這部經，又被人輕賤，而這個輕賤本身就是對你先世罪業的一種惡報呈現了，換句話說，你讀金剛經而被輕賤，是一種惡報，先世的罪業因，已以「讀金剛經被人輕賤」的果報呈現了，因已化成果被消除了。而且只消除「應墮惡道」這個罪因，並不

是你讀金剛經就可以消除先世所有的罪業。

　　不過，因金剛經是一部聖典，有無量功德，在讀它的時候剛好有別人去做輕賤的業，造成這個被輕賤的果也是重果，剛好可抵消「應墮惡道」的罪因。

　　而且輕賤你這果是別人造成的，不是自己所造功去抵消自己的過，功過是不能抵消的。

126 佛度眾生與佛度有緣，有否矛盾？

　　佛的境界是已完成「上求佛道、下度眾生」的願行，因此凡九法界（地獄、鬼、畜生、人、阿修羅、天、聲聞、緣覺、菩薩）之眾生，他會以化身（如釋邊摩尼佛化度人間）；報身（如阿彌陀佛化度西方極樂世界、藥師佛化度東方琉璃世界）去化度九法界眾生。

　　所說佛度有緣眾生並非指只度有緣眾些，無緣眾生則不化度。

　　只是有緣時先予化度，目前無緣者，因該等眾生可能已經犯五逆十惡而且本身又無向佛心願，但即使如一闡提也能成佛，只是需假以時日。

　　故佛不會放棄任何一位眾生，只是在等待機緣的到來。

　　佛度眾生是隨眾生根機以適用的各種不同佛法來度眾生，但眾生平等，佛是以無緣大慈，同體大悲的四無量心（慈悲喜捨）來度化眾生，因此，不但無緣的眾生同樣，只是稍待時機、等待受教緣分及時機的到來。

127 因果律是自作自受，云何超度可使亡者業債減輕或上昇？

　　每個人在死後都已將這一生所造的業連同累劫尚未受報的業，一起以種子貯存在中陰身的阿賴耶識中，中陰身只能存在死後六小時至四十九天間。當然中陰身中的業有定業及不定業兩種，已如上述。所以超度的效用端賴如下因素而定：

　　1.對不定業可能有效，對定業無效。

　　2.本人臨終前的善惡念頭的強弱。

　　3.業罪的輕重，對輕業可能有效。對五逆十惡無效。

　　4.本人的願力，肯懺悔業障。

　　5.超度者本身的修行功德及誠心、悲心。

128 自殺也有殺生的因果嗎？

　　十惡如下：身：殺、盜、淫。口：惡口、綺語、妄語、兩舌。意：貪、瞋、痴。

　　「殺」為十惡業中身體之犯業。殺是殺死所有有情眾生，屬十惡罪。如果是殺父、母、阿羅漢、出佛身血都是算五逆大罪。五逆十惡均屬定業，必得果報，只是受報時間先後有不同而已。

　　殺，不管殺別人，或殺自己或其他眾生，都犯殺業。

　　所以殺自己也是犯了殺業。

　　殺眾生或自己，於犯業時的動機會影響定或不定業的果報。譬如忠臣寧死不屈而自殺殉身，為救人而溺死，凡自殺的動機是為了救人或利他，則可能可逃避定業的果報，變成不定業。

　　若自殺是為了感情、財務、去官、生病、拂逆、不順等原因，則是犯了殺業。

故平時多修佛法，就是教導我們如何面對病痛逆境等苦境時，而能轉化放下。這轉化需要平常守戒，有定力及智慧才能達成，也就是戒定慧的修行功夫。

129 成佛以後也受業力支配嗎？

所謂惑業苦，先有惑「因」，才能形成「業」（阿賴耶識中的異熟種子），再加上「緣」而形成苦果。

所以，一旦仍有「惑因」，就會形成業果，就會受果報。

十法界眾生：地獄、餓鬼、畜牲、人、阿修羅、天道、聲聞、緣覺、菩薩、佛。

人道守五戒行十善，可上天道，犯五逆十惡則下地獄。人若非常貪，死後成惡鬼；非常瞋成阿修羅；非常痴成畜牲。

六道輪迴的眾生都有見惑（身、邊、邪、見取、戒取）及思惑（貪、瞋、痴、慢、疑）；我執（認為五蘊和合身是實我）及法執（認為我所有及器世界是實有）；塵沙惑（對形形色色的世事認為實有所造成的煩惱）；無明住地惑（俱生無明及分別無明）。

聲聞、緣覺：雖已斷見思惑，人我執，煩惱障。但尚有塵沙、無明惑、法我執、所知障。

菩薩：雖已斷分別無明的種子。然尚有分別無明的習氣及俱生無明未斷。

佛：分別及俱生無明的種子、習氣均已斷盡。所以成佛後不再有業及受報。

佛以「化身」的釋迦摩尼佛降臨人間示現，所以在人世間仍展示有業力受報的情形。

若佛的法身即無所不在，不再受報矣！

130 消災、延生是可能的嗎？

業有定業及不定業兩種。

一、消災只對不定業有功效

不定業因果報的種類尚未決定，受報的時間是現世報、來生報或次次生報也尚未決定，所以尚有機會消除或減輕。

定業報大多是犯了重罪如五逆十惡罪，雖然受報的種類及時間已決定，但受報種類的強度輕重仍可減輕，受報的時間仍可拖延。

定業的種子藏在阿賴耶識中，它們也要等到相配相應的緣出現，才能完成現行果。我們修行就是盡量將「緣」修成善緣、或無漏緣，則惡種子因沒有惡緣匹配，惡種子沒有機會形成惡現行（種子有性決定的特色即惡種成惡行，善種成善行），如此讓惡種子找不到惡緣搭配，惡果就不易發生了。

其次是要真誠懺悔。佛陀在世時會令弟子每月二次聚集誦戒及發露懺悔，即所謂「布薩」。懺悔可以重業輕報。

本來前世殺人致死，今世應該也要被殺償命，但因為修行及懺悔，也可能導致只是被殺受傷。

二、大力菩薩到底能否保佑我們免除災難？

記得在某本書上（那本書忘了）有提及觀世音菩薩可以免除我們七分一的災難？

面對困厄災難病痛危逆，都要先坦誠的面對它，因為它既已發生，表示之前所做的罪業已成報，我們千萬不能因心生痛苦而再造新業，而且必需一心三觀，將這業報觀假、觀空、觀中，要能面對接受，然後放下執著。並誠心唸佛名號或觀世音菩薩名號，一方面可以藉此修定，同時可以協助一心三觀的觀行力量，

應也算是一種有力的助行。

131 大修行者能代眾生消業嗎？

大修行者為救人利他所受的個人災難或善行，最終仍會以他自己的別業或共業而受報。

有些大修行者其實是佛菩薩示現凡夫相來人間救濟世人的。如耶穌、釋迦牟尼佛。有些是最後身的佛及羅漢還要受報而來人間的。

大修行者能夠代受果報，代消業障，已違反因果自作自受的鐵律，是不可能的，頂多可以協助你消除不定業，或幫忙你重業輕報。

有些修行人具有神通，但真正有功德的修行人只會以法提供協助，不會亂用神通的。

最主要還是要以自力修行，並依法、依義、依智、依了義經，根據五乘的修行方法循序修行才是如法的。

132 六道中的天與神不同嗎？

天是六道中的一道，神有天神及鬼神。

神是道教或民間信仰的一種稱呼，正統的佛教只講天道。在台灣的宗教中，有三個宗教容易搞混；那是佛教、道教、民間信仰。現在談一談三者之不同：

1.起源不同：
-佛教：起源於印度。

-道教：起源於中國。

-民間信仰：起源於民間各地。

2.教主不同：

-佛教：教主釋迦牟尼佛。

-道教：沒有特定的教主，包含各個道法之結合。

-民間信仰：沒有教主。以眾神爲祭拜對象，各神明皆有其歷史起源。其實，神明是用另一種方式而救度眾生之苦難。當神明者，經常是做人時，由於貢獻社會優異，因此死後被奉爲神明。

3.主要經典不同：

-佛教：以三藏十二部，經、律、論爲經典。

-道教：以《道藏》爲經典。

-民間信仰：沒有特定經典。有各種善書。

4.教義不同：

-佛教：以釋迦牟尼佛所覺悟之宇宙人生道理爲主。主要是修行、解脫、成佛之法。

-道教：包含了各種道法，他們或出於儒家、道家、墨家之傳，或本於陰陽、煉丹求仙、符咒治病、齋戒祈福、養氣煉神等之法。

-民間信仰：信徒在廟宇求籤，而神明以出籤回答信徒，就如佛信徒向人間的善知識請教問題一般。

133 中陰身與鬼道有何不同？

中陰身是人往生後，帶著第八識的異熟業種子，至投生到六道前的一種身。壽命約 6 時-49 天。

鬼是六道中的鬼道。

所以中陰身的業力支配若投生到鬼道，中陰身即變成鬼身。鬼的特色是最主要是反應生前的貪業，所以稱為餓鬼，非常飢餓想尋食物吃，但又吃不下，所以受著飢餓的大折磨。

134 如何轉業力為願力？

阿賴耶識中含有本有及新薰的很多累劫及現世所積的有漏種子及無漏種子。無漏種子有先天的也有少數後天修行所形成。大多數多為有漏種子，其中善惡種子都有。但惡種子也要有惡緣來匹配才能形成現行果。

所以我們要盡量止惡行善，甚至修行去我執的無漏有為法，才能將阿賴耶識中的惡種子冰凍起來，讓它找不到惡緣來成果。或讓去我執的出世間修行形成新的無漏有為法種子，種下日後脫六道輪迴的種因。

以下為可以轉業力為願力的方法：

1.可以依彌陀第十九願，至誠發願，發菩提心，修諸功德。往生可以生極樂世界，跳脫六道輪迴，轉到極樂世界去修行消業。

2.可以發願止惡行善，讓業力的惡不定業不一定發生，或讓惡的定業可以重業輕報。

3.努力修行去人我執，即可脫離六道輪迴。人我執就是三界的見思惑。

135 成佛以後還會變為眾生嗎？還有因果嗎？

因果是要有惑因，遇緣才能造業，有了業才有果。所以是惑因-造業-生果。

佛已斷十二因緣的無明惑因，所以是無明滅，不會再有十二因緣的循環，所以不會再入六道輪迴。不會再依業力落入人道。但佛已證得法報化三身，它可以應化身穿梭於九法界度化九法界的眾生，如釋迦摩尼佛就是化身佛來人間示現，度化眾生的。

佛也會以智慧報身化現西方極樂世界及東方淨琉球世界等一些淨土世界來接度眾生。

佛已斷盡所有煩惱包括煩惱障及所知障，所以已斷盡所有的惑因，不會再造業起果，所以已跳脫了因果。不過，若以化身示現在九法界，如釋迦摩尼佛示現在我們人間，因為是以化身「投胎」人間，所以仍然受有因果力的束縛。

而法身、報身，則已超越因果，佛是即因即果。

五、佛性、涅槃：136-146（共 11 問）

136 佛性是世間萬法的第一因嗎？

佛性是佛教最重要的理論之一。

佛教的世間法是以「性空緣起」的因緣法來解釋世間的生死流轉，即此有故彼有（十二因緣：無明緣行緣識……直至緣老死）。

又以「緣起性空」來解釋生死還滅的出世間，即此無故彼無。（此無即破十二因緣的無明支，順十二因緣而往下破……直至破老死）。

這個性空的緣起，以世間而言，就是阿賴耶識緣起，即阿賴耶識是世間因緣法的第一因。

依據大乘起信論的二重生滅因緣說，第一重是以眞如爲因，以根本無明爲緣；第二重是以根本無明爲因，以六塵外境爲緣。故眞如即佛性，是生滅因緣的依止因，而根本無明則是生滅的親因。

性空的緣起，以出世間而言，即是如來藏，也是眞如，也是佛性。如來藏是指如來「藏」在藏識內，藏識即是阿賴耶識，所以如來藏與阿賴耶識其實是「一」法，而非「二」法。如來藏是一法的體，阿賴耶識是相用（一法會有體相用）。眞如則是人我空、法我空，二空所顯之眞實、如常不變的本體，所以也相當於如來藏。而佛性是所有有情眾生的本體，凡是萬法的本體只有一種，所以佛性也相當於眞如。

眞如、佛性、如來藏都是表示本體、性體，都是一樣的東西，只是從不同角度審視而致名稱不同而已。

而除所有有情均有佛性外，無情也有佛性，但無情沒有情識，所以佛性也稱爲法性。

佛性有三因佛性：正因、緣因、了因。

如來藏有空如來藏，不空如來藏及空不空如來藏。眞如有離

言真如及依信真如，依言真如又有如實空及如實不空兩種。

以上三者，再加上「空、假、中」三中道、三德及體相用之關係如下：

　　-正因佛性＝離言真如＝空即不空如來藏＝中＝體＝法身德

　　-了因佛性＝如實空真如＝空如來藏＝空＝相＝般若德

　　-緣因佛性＝如實不空真如＝不空如來藏＝假＝用＝解脫德

因佛性是本體，所以佛性是出世間法第一因。阿賴耶識是世間法第一因。

所以出世間法其實是世間法的本體，二法其實是一法，但世俗人卻看成是二法的相對法，所以才要離世間法去找另一個出世間法。

故阿賴耶識的緣起必需依賴佛性本體來啟動，才能生起萬法。

故說佛性是萬法第一因。

137 性起與緣起有什麼不同？

緣起如前說，有如下幾種：色法的「業感緣起」，色心相對的「阿賴耶識緣起」及阿賴耶識、如來藏相對的「如來藏緣起」即真如緣起，也叫佛性性起。

緣起是因緣法，即因＋緣＝果。因、緣、果三者都不同，有六因、四緣、五果。

它的六因、四緣、五果（除離繫果）都是有漏法，只有離繫果是無漏法，所以它的因是無漏因即無漏種子，上述六因都是有漏種子。

性起由佛性本體直接生起，它不需要緣，所生起的果，其實也是即因即果。換言之，性起不是從因加緣等於果的因緣法。可

是,十法界眾生除佛外,其他九法界眾生,即使如「等覺」的大力菩薩也還是有惑,要至「妙覺」才稱佛果,才能斷盡所有惑。然一旦仍有惑,就有因,遇緣就會緣起而生。故只有佛才是純粹的性起,完全不需要緣起了。

而緣起必需要有性起的啟動,即要有如來藏的功能來啟動阿賴耶識,阿賴耶識的緣起才會發生。

故萬法的生起需「性起」加上「緣起」才能生起萬法,而佛是已跳脫緣起,直接以性起生起萬法。其實佛是「絕對一」,從一生起二而三再到多,多仍然都是一,才叫絕對一,這一即華嚴宗所謂的一真法界,法界緣起,無盡緣起,它是一即多,多即一。

阿賴耶識才是「相對一」,可以由一變成二、三、、、到多,但個個不同,一不等於二,不等於多,即是分別差異的世間世界。

所以佛是「體相用」一如。三因佛性都已成正因一因,即空即假即中的絕對中道(天台宗)。也是一真法界、事事無礙(華嚴宗)。也是離言絕慮的第四層中道(三論宗)。也是唯識性的真如展現及轉識成智(唯識宗)。也是離言真如境界(大乘起信論)。也是畢竟空及到底空(中觀、般若論)。也是如來藏空不空境界(勝鬘經)。也是文殊師利的不二法門。也是凡所有相皆是虛妄、如夢幻泡影(金剛經)。也是空即是色、色即是空(心經)。也是法住法位(法華經)。也是常樂我淨(涅槃經)。也是淨念相繼、一心不亂(淨土宗)。也是本來無一物,何處惹塵埃(六祖壇經)。也是直指人心、見性成佛(禪宗)。上面所言的境界都是佛的境界,佛的佛性也是性佛,佛是即因即果的境界。

佛也破了世間三假:相對假、因緣假、相續假。

138 佛性與法性相同嗎？

涅槃經及佛性論均指出，有情眾生悉有佛性。

湛然也提出無情也有佛性。因無情沒有情識，故此佛性或稱為法性。

有情眾生有佛性，可以藉修行成佛，而無情或器世界因無情識，本身無法修行，只得靠其依正之正者，如製造者，使用者，影響者之所有有情眾生的「共業」來一起完成。若諸有情成佛，則其依、正都能成佛。正是本身成佛，依是他的器世界，也能成佛世界。

139 所有的有情均具有佛性，無情也有佛性嗎？

涅槃經提出有情眾生悉有佛性。有情是指有情識的眾生。所以十法界（六道眾生、聲聞、緣覺、菩薩、佛）均具有佛性。

佛性是凡眾生均本具成佛的性能或性體。佛性論是中國佛教的最大特色。

天台宗湛然大師認為，無情眾生也具有佛性，但無情沒有情識，包括植物、礦物、器世界的所有物質。所以佛性也稱為法性。

有佛性者透過自己修行均能成佛，而無情雖無情識、智慧，也能成佛，只不過，有情靠自己修，而無情則需靠其所「依」的所有有情的「共業力」才能決定是否能成佛器界，亦即由佛之依正不二之理，「正」之有情若成佛，則其所「依」之器世界也能成佛世界。

140 植物、礦物有意識嗎？

植物與礦物均具佛性。而且都由基本粒子所組成如電子、夸克、微中子。

而這些基本粒當你未注入觀察時（注入觀察者的意識），他們即呈量子態的波粒二象性。尤其電子的量子糾纏現象，顯示有超遠距的即時傳輸能力，好像電子有意識。

所以植物、礦物有意識嗎？這已經變成是一個嚴肅的科學問題了，亟待時間來解答了。

141 緣生法與緣起法有何差別？

性空緣起稱為緣起法。緣起法是強調因加緣會生起萬法，是指萬法生起的方式是依緣起的。

緣生法是指緣起而生成萬法，是指緣起的「結果」，即指「緣已生成」的這個由緣起產生的世界，即叫緣生的法的世界。

換言之，緣生法就是緣起法的結果。

印順法師對緣起法和緣生法有明確的開示：「緣起是動詞；緣生是被動詞的過去格，即被生而已生的。所以緣起可解說為『為緣能起』；緣生可解說為『緣所已生』。……所以緣起是因果的必然理則，緣生是因果中的必然現象。」

緣起法是宇宙人生生起「所依循的法則」。而緣生法是宇宙和人生依緣起法「所已生成」的世界。

142 涅槃經的常樂我淨，常及我不是都已落邊見了嗎？

常樂我淨是涅槃經中所提到的「佛」的境界。

佛的境界是「絕對一」的境界，佛已破相對假及邊見。

所以常是絕對常，不是與無常相對的相對常。

樂是大樂，而不是與苦相對的相對樂。

我是大我，而不是與小我相對的相對我。

淨是極淨，而不是與不淨相對的相對淨。一般凡夫通常具有四顛倒，即所謂常樂我淨：其實世間是變化無常的，但凡夫卻顛倒認為是常。

其實世間是苦多樂少，但凡夫卻顛倒認為是樂的、所以一味追求樂。

其實世間的法是無自體我，自體我是空的，但凡夫卻顛倒認為自我是實有的。

其實世間是五濁世間（命濁、眾生濁、煩惱濁、劫濁、見濁），是不淨的，但凡夫卻顛倒認為是淨的。

所以常樂我淨恰好為世間的四種顛倒見解，也唯有去除這四顛倒之後，才能達到真正的「佛」境界的「絕對」常樂我淨。

常者，如來法身；樂者，即是涅槃；我者，即是如來；淨者，即是諸佛正法。大乘佛教認為，一旦證入「無住涅槃」，就會具有真正的常樂我淨。

143 什麼是涅槃？

涅槃有四種：

楞伽經卷三：「大慧！如我所說涅槃者，謂善覺知自心現量，不著外性，離於四句，見如實處，不墮自心現妄想二邊，攝所攝

不可得，一切度量不見所成，愚於真實不應攝受，棄捨彼已，得
自覺聖法，知二無我，離二煩惱，淨除二障，永離二死，上上地
如來地，如影幻等諸深三昧，離心、意、意識，說名涅槃。」

解說：涅槃是指善覺知法是自己的心識所顯現的，是虛幻
的。

涅槃的境界不會去執著外境的性相；遠離四句：有、無、亦
有亦無、非有非無；可以見證中道實相；不會墮二邊，因二邊都
是自心顯現的妄想；能攝心與所攝境都是不可得；一切度量都是
虛假，不見成實；對於真實也不可攝受；能夠棄捨彼岸，才能得
自覺聖法；證知人無我、法無我；遠離根本煩惱及隨煩惱；能夠
淨除煩惱障及所知障；永離分段生死及變異生死；如來已入妙覺
上上地；等持如影如幻的深三昧定；遠離第八、第七、前六識。
以上稱為涅槃。

涅槃有四種：
-自性清淨心涅槃：
菩薩明心時證得。這個涅槃是自性本心的不生不滅性、清淨
性、寂靜性。
-有餘依涅槃：三果、四果之阿羅漢所證得。即羅漢有色身存
在時，還有餘苦可依，色身還會有一些苦受，比如病苦、天熱之
苦、蚊蟲叮咬之苦等等，菩薩阿羅漢也會證得這種涅槃。
-無餘依涅槃：四果羅漢證得，命終時滅掉自己五陰，入涅
槃，灰身泯智，再也沒有任何苦受，苦沒有可以依賴的五陰身
了。菩薩阿羅漢也會證得這種涅槃，但不會入涅槃中，永遠不滅
度自己。
-無住處涅槃，是佛所證得的。佛不住涅槃，也不住生死，是
大解脫，究竟的解脫。或有解脫色，因為佛慈憫於眾生，要化現
無數色身（報身、化身），以度脫眾生，永遠不捨棄眾生。以報身

度菩薩，以應化身度二乘及凡夫。

144 什麼是菩提？

菩提是覺悟之意，又譯爲悟或道，音譯爲菩提，能了解事物的本質，是指不昧生死輪迴，從而導致涅槃的覺悟與智慧。釋迦牟尼正是因爲成就這種覺悟而成正果，世稱佛陀。遵從佛陀的經教可修成菩提果，即自覺覺他果。

按部派佛教的說法即修成爲阿羅漢，按大乘佛教的說法即修成爲佛，所以修證菩提是佛教徒的崇高理念。

145 佛性、真如、如來藏有不同嗎？

佛性是凡有情、無情，世間萬法，均具有成佛的因性性能或勢能。

真如是證得我法二空所顯現的「眞實如常」的本性。

如來藏是如來藏在阿賴耶識及其他七識中。

佛性、眞如、如來藏三者所指的境界都一樣，即是佛界。

三者均有體相用三種，以下列之：

-體：正因佛性、離言眞如、空不空如來藏。等於天台宗的「中」，三德中的「法身德」，三智中的「一切種智」，三般若的「實相般若」。

-相：了因佛性、依言如實空眞如、空如來藏。等於天台宗的「空」，三德的「般若德」，三智的「一切智」，三般若的「觀照般若」。

-用：緣因佛性、依言如實不空眞如、不空如來藏。等於是三

德的「解脫德」，三智的「一切道種智」，三般若的「文字般若」。

　　緣因佛性以外緣的善惡性「資助」了因佛性去了解善惡的染淨相。

　　了因的染淨相可以「開顯」正因的非染非淨體。

146 四種涅槃如何分別？

　　涅槃有自性清淨涅槃，這是本有具生。九法界眾生都法爾具有，不是修得，是性得。

　　有餘依涅槃是小乘所修得，仍有法執煩惱尚餘。

　　無餘依涅槃是地上菩薩所修得，雖已斷所有的分別我執及法執煩惱，八地已斷俱生我執煩惱，但仍未斷俱生法執煩惱。

　　無住涅槃是佛所證得。已斷盡所有的分別及俱生我執及法執煩惱，已無煩惱可住。

六、唯識宗：147-165（共 11 問）

147 阿賴耶識的種子是親因緣嗎？

　　唯識提出六因、四緣、五果。

　　阿賴耶識的種子是屬於四緣中的因緣。

　　但其他七識中的相續心念傳遞即是等無間緣。前五心識去緣外六塵境即是所緣緣。外六塵境的彼此增勢資助即是增上緣。

　　所謂因果即是親因，加上緣，結成果。

　　阿賴耶識中的種子，就是親因，即四緣中之因緣。

　　緣是助緣，有等流緣，所緣緣，增上緣三種。

　　親因緣本身為自性空，並無實體存在的親因，只有功能體的親因，此功能體即是真如、佛性。

　　而產生生滅現象的真正親因是根本無始無明，即是四緣之因緣，而其他三緣都是助緣。

　　故所謂性空緣起，性空是指功能體的主因，即真如。

　　而緣起才是生滅現象的生起。

　　生滅現象的緣起主因即是根本無明，即主要因緣，其餘三緣（等無間、所緣緣及增上緣）都是助緣。

　　而「緣起」則需要靠性空的「性起」啟動，才能發生。

148 什麼是四緣、六因、五果？

　　四緣：

　　-因緣：與主因有直接關係的緣。即阿賴耶識中的種子。

　　-等無間緣：由心識的前念無間斷的引發後念，即八識間心念的無間斷接續。

　　-所緣緣：後面的「緣」，即心識的能緣心；前面的「所緣」即所緣境。也就是心識「緣」外境「所緣」。

-增上緣：增加勢能的助緣。

六因：能作因、俱有因、相應因、同類因、遍行因、異熟因。

五果：等流果、增上果、士用果、異熟果、離繫果。

六因加四緣，產生五果。

六因：

-能作因：即等無間緣、所緣緣、增上緣三個非直接緣的總和。能作因會形成增上果。

-俱有因：同時具有的兩法，互相為因而生果。即也互相為果。其果為仕用果。

-同類因：又名同性因，與等無間緣相似。如前一善念引生後一善念。此因形成等流果。

-遍行因：同類因的一種，但不只限同類，可遍及於煩惱心所，它是同類不善法相續生起之因。也是其餘一切汙染法的生起之因。會形成等流果。

-異熟因：有情的六道生死流轉由此因而來。此因所生的果叫異熟果。因與果性質不同，因是善惡，果是無記。

-相應因：心王與心所相應。互相資助

相應因及遍行因只適用於心法與心所法之間。

而能作、具有、同類三種因適用於色心兩法。

同類、遍行、異熟是因果異時。

俱有、相應是因果同時。

149 什麼是阿賴耶緣起？

緣起有四種：業感緣起、阿賴耶緣起、真如緣起（即如來藏緣起）、法界緣起（即性起）。

阿賴耶緣起：阿賴耶識中的種子遇緣生起現行。種子來源：
本有種子、新熏種子。

本有種子遇緣起現行，現行再薰習成新薰種子、此稱三法。

阿賴耶緣起是一種緣起，需「性起」來啓動，然後，「緣起」
遇緣而生萬有。

150 各宗的緣起有何異同？

-華嚴宗：法界緣起、性起。

-法界緣起：也叫無盡緣起。緣生的果又復爲因，再生果。即
互爲因果。因果同時。

-性起：由性空的「性體」，不需藉緣而直接生起。性體即是眞
如、如來藏、佛性、中道實相、絕對中道。

緣起則需藉緣才能生起，而且需由「性起」啓動。

-小乘：業感緣起。

業感緣起。由色心的業力所生起者。有一部分的小乘也主張
性空緣起。

-大乘始教（唯識宗）：阿賴耶緣起：同上論。

-大乘終教：眞如緣起、如來藏緣起：萬法包括第八識，其自
體都是性空，故性空本身沒有形體，它只是一種功能或力用。

眞如緣起：由眞如所緣起，其實同於如來藏緣起或性起。

-天台宗：中道實相緣起。

中道實相：就是即空即假即中，也與性起同義。

-三論宗：

性空緣起：自性空的自體緣起。

緣起中道：即自中道緣起。中道有相對中道及絕對中道。

絕對中道就是中道實相、眞如、如來藏、佛性。

-眞言宗：

六大緣起：六大是地水火風空識。六大緣起，即以六大為緣起。

總結：性起即眞如緣起、如來藏緣起。

阿賴耶識的本體即是眞如、如來藏、佛性、中道實相。

所以阿賴耶緣起是緣起，而非性起。

萬法都是性起啓動緣起所產生。只有佛是純性起。其他九法界眾生都是性起加緣起所產生。

業感緣起也是性起加緣起所產生。

由內而外：眞如-阿賴耶識-色境，由眞如而起即是性起。由阿賴耶識即是緣起。

151 什麼是三能變？

三能變：第八識異熟能變、第七識思量能變、前六識了別能變。

-第八識異熟能變：第八識中含藏萬法的種子，有名言種子（六道輪迴外有關名字言說相關的種子，有了義及顯境二種）及有支種子（即異熟種子，即決定六道輪迴的業力種子）。

這些種子是因，若遇緣，即會起現行的果。

其中的異熟種子就是六因中的「異熟因」，若遇四緣的「因緣」，即會生「異熟果」。這叫異熟能變。

異熟的意思是異時而熟（由因至果，時間不同時）、異類而熟（由因至果，性質不同）、變異而熟（由因至果，必有變異）。

-第七識思量能變

第七識，末那識。第七識的見分永遠去恒審思量第八識的見分爲我，並執爲是實有我，而產生我見、我愛、我慢、我痴的四

種心所煩惱。

-前六識了別能變

前六識以「了境」爲性相，即了解分別外境的作用，而且前六識通於三性：善性、惡性、無記性。

前五識是以五根（眼耳鼻舌身）去緣五境（色聲香味觸），根境和合而啓動五識。

第六識所緣色，即是法處所攝色。所緣心即是 51 種心所。

前五識所緣色法，即是色聲香味觸境。所緣心法即是 34 種心所法。

152 什麼是四分、三境、三量、三性？

-四分：相分（外境投影在心識的相狀）、見分（心識對相分的了別）、自證分（證知見分的見照有否錯誤）、證自證分（證知自證分有否錯誤）。

-三境：性境（外境如其本質而被覺知）、獨影境（幻想出來的假相，免角）、帶質境（對本質的錯誤覺知，草繩看做蛇。有二種：以心緣心眞帶質，以心緣色似帶質）。

-三量：現量（緣現境而計量）、比量（經比較而推測計量）、非量（錯誤計量）。

-三性：善性、惡性、無記性（不善不惡）。

153 種子如何起現行？

種子是貯存在阿賴耶識中的一種功能或力作。它是無形體的，阿賴耶識是一種潛意識，它也是無形體的。小乘只立六識，

否認七、八識。

所以他們的業力傳播另有一套說法，不必依賴阿賴耶識。

種子說及八識是唯識宗提出的說法，目前算是較被普遍接受的說法。

這種能生起諸法的種子，是前念的種子，生後念的種子，前滅後生，自類相續，有如瀑流，晝夜不息，叫做「種子生種子」。

這種子在眾緣和合的時候，能生起各自的果法，叫做「種子生現行」。

當其生現行之際，有強盛的勢用，於生起之刹那，再熏習各自種子成為新薰的種子，叫做「現行熏種子」。

種子起現行時，種子是因，現行是果。而現行回熏阿賴耶識中的種子時，現行是因，受熏的新種子是果。這三者是「刹那生滅，與果俱有」。

種子遇緣起現行，現行又「熏習」阿賴耶識中的種子成為新熏種子，如此種子-現行-熏習，稱為三法。而種子-現行，是一層因果。現行-種子，又是另一層因果，此做二重因果。

種子有三種：名言種子（了義種子、顯境種子）及有支種子（業種子或業習氣種子）。

名言種子造成等流果，業種子造成異熟果。因果報應的生報及後報的六道輪迴，就是依據異熟種子（異熟因）加上四緣的「因緣」所產生的六道「異熟果」的果報。

而現世報及不定報則受名言種子（無記性及生等流果）或異熟種子所支配。

種子要現行的時間有現世、來生、更來生或不定時。而且也需要「四緣」的參與才能起現行即色法或心法，或身口意三業行。

四緣是因緣、等無間緣、所緣緣及增上緣。色法需因緣及增上緣的參與才能完成，心法需四緣才能完成。

154 種子-現行-熏習三法是什麼？二重因果是什麼？

阿賴耶識中的種子是因（有六因：能作因、同類因、遍行因、相應因、俱有因、異熟因），藉遇緣（有四緣：因緣、等無間緣、所緣緣、增上緣）的和合而產生果（有五果）：

-等流果：由同類因、遍行因、相應因產生。

-增上果：由能作因產生。

-士用果：由俱有因產生。

-異熟果；由異熟因產生。

-離繫果：由無漏種子產生。

六因都是有漏種子。名言及業有漏含善惡無記；無漏只有善。

種子藉緣產生現行果，現行果再回熏阿賴耶識中的種子成為新熏種子，種子-現行-熏習，叫做三法。

種子-現行：第一層因果。

現行-熏習：第二層因果，此叫二層因果。

155 八識是什麼？

一、前五識

-「性境現量通三性，眼耳身三二地居，遍行別境善十一，中二大八貪瞋痴」

解：前五識是三境中的性境；三量中的現量；惡惡無記三性都有。

三界中，色界第一界的色身尚有眼耳鼻三識，已無鼻舌二識。從色界第二界起已無眼耳鼻三識。

前五識共有 34 種心所，即 5 遍行、5 別境、11 善、隨煩惱只

有 8 個大隨煩惱及 2 個中隨煩惱。沒有小隨煩惱。根本煩惱只有 3 種：貪瞋痴。

-五識同依淨色根，九緣七八好相鄰，合三離二觀塵世，愚者難分識與根」

解：五根均有外根即扶塵根（對外境的感覺器官）及內根即淨色根（相當於腦部看不見的神經纖維細胞）。

眼識的作用完成需依賴九緣：色境、眼根、空、明、作意、分別依（第六識）、染淨依（第七識）、根本依（第八識）、種子依。

耳識則需八緣，少明。

鼻舌身識則需七緣，少明及空。

合三：鼻舌身是合中取境。離二：眼耳是離中取境。

根與識兩者有不用的作用，下患者沒辦法分辨清楚。

-「變相觀空唯後得，果中猶有不詮眞，圓明初發成無漏，三類分身息苦輪」

解：佛有三智：一切智智、一切道種智、一切種智。

前二種是後得智，後一種是根本智。

一切智是觀空智。能觀空能緣起成一切法。一切道種智是觀假智，能觀緣生的假有可以還滅爲性空。

一切種智是能觀「即空即假」的中道智。

所以觀空（觀空智）或變相（觀假智）都是後得智。後得智仍有不詮眞之處，只有觀中智根本智才能眞正表詮眞實。

八識要轉識成智是從六、七識先轉，而後第八識才能轉成大圓鏡智，只有第八識轉成大圓鏡智後（圓明初發），前五識才能轉爲「成所作智」。

二類分身是法身、報身（勝應身、劣應身）、化身。法身無所不在。

前五識變成成所作智就能展現三身。而且能息止了二種生死

的苦輪（分段生死及變異生死）。

二、第六識

-「三性三量通三境

三界輪時易可知

相應心所五十一

善惡臨時分配之」

解：第六識是通三性（善惡無記）、三量（現比非）、三境：
性、獨影、帶質）。

三界也都相通。

第六識相應的心所共有51種：遍行5、別境5、善11、根本煩
惱6、隨煩惱20、不定煩惱4。

第六識攝法處所攝色的法境之善惡而發生作用。

-「性界受三恒轉易

根隨性等總相連

動身發語獨為最

引滿能招業力牽」

解：三性、三界、三受五受，永遠一直在轉變更易地影響第
六識，根是根本煩惱，隨是隨煩惱，性是信等 11 善法，這三種心
所總是在第六識互相牽連地升起。

身語意三業，以意業最為重要。引是引業，即一個人的落入
六道或四生（胎濕卵化）的果報，就是引業。該人的個人果報如
身體、壽命、貧賤富貴等即是滿業，第六識能招牽上述的引業或
滿業。

-「發起初心歡喜地

俱生猶自現纏眠

遠行地後純無漏

觀察圓明照大千」

解：菩薩初地歡喜地的入心位雖已斷分別無明的我執及法執的種子，但俱生無明仍纏眠在第六識未斷。

一直到第七地遠行地後即第八地不動地，才斷俱生無明的我執種子，此時已經是純無漏了。

直到解脫佛果地，俱生無明的法執種子及習氣才完全斷盡，此時第六識已轉識成智，轉爲妙觀察智，可以圓滿明照三千大千世界，普度一切眾生。

三、第七識

1、「帶質有覆通情本

隨緣執我量爲非

八大遍行別境慧

貪痴我見慢相隨」

解：第七識是三境中的帶質境，因其見分會去緣第八識的見分，心緣心，所以是眞帶質境。

第七識在三性中是屬無記性，但因其帶有我見、我愛、我慢、我痴四煩惱，所以是有覆無記，即被四煩惱所覆蓋。通情本是第七識通於有情的根本即第八識。

第七識的緣境是第八識內的種子緣、根本緣及本身見分的作意緣，隨著這三緣去緣第八識的見分，並執我爲實有我，而其實是我非實我，故這種計量是錯誤的，所以是非量。

第七識的相應心所共有 18 個，即 5 遍行；別境只有一個即「慧」；8 個大隨煩惱；4 個根本煩惱，故共有 18 個。

2、「恒審思量我相隨，有情日夜鎭昏迷

四惑八大相應起，六轉呼爲染淨依」

解：第七識是永恒地審查思量第八識的見分爲實我。

第八識是永恒但不思量，第六識是思量，但不永恒，只有第

七識是又永恒又思量，叫恒審思量。

因爲第七識永恒的思量第八識的見分爲實我，而產生四根本煩惱及八的「大隨煩惱」，故使有情日夜都昏昏迷迷。

四惑即是四根本煩惱：見痴愛慢。八大是指八個大隨煩惱，這四惑八大一直與第七識相應，使得前六識稱呼第七識爲染淨依，因第七識會汙染前六識。

3、「極喜初心平等地，無功用行我恒摧
，如來現起他受用，十地菩薩所被機」

解：第七識要到菩薩初地歡喜地的入心地，才能轉識成智，轉成平等性智。入第八地不動地，此時才是無功用行，展現無相的相自在，同時也才能「我恒摧」，即俱生我執的種子習氣永恒摧斷。若能到妙覺佛果地，如來即會現起「他受用身」（即報身），爲十地的地上菩薩說法。

四、第八識

-「性唯無覆五道行，界地隨他業力生，二乘不了因迷執，由此能興論主諍」

解：第八識在三性是屬於無記性，而且是無覆無記，因爲它沒有被如第七識的四煩惱所覆蓋。

第八識的相應心所只有 5 個，即五遍行。

第八識可以存在三界九地，並以貯存的種子隨著「他」指前六識而產生業力。

二乘指聲聞、緣覺二乘。二乘因迷執，認爲只有六識，沒有七、八識。因此與大乘的論主產生諍論。

-「浩浩三藏不可窮
淵深七浪境爲風
受熏持種根身器

去後來先作主翁」

解：三藏是指第八識（因有能藏、所藏、執藏等三藏），浩瀚如大海，不可窮盡。

淵深是第八識如淵深，七浪是指前七識有如波浪，境是指一切外境。像風的六境、吹向深淵的第八識，掀起前七識的波濤洶湧。

受熏是第八識受前七識的染法所熏習。熏習成種子，這些種子可以執持「根身」及「器界」。

第八識是人死後最後離開身體。但卻是十二因緣受業時，第八識帶著業力種子最先投入胚胎。

-「不動地前才捨藏

金剛道後異熟空

大圓無垢同時發

普照十方塵刹中」

解：不動地前是第七地，要修行到第七地，才能捨去藏識即第八識。要到等覺金剛道，才能空掉捨離第八識即將異熟識。

當第八識轉成大圓鏡智時，就同時變成完全清淨的無詬識了。這菩提之光普照十方塵刹世界。

156 有六識還是八識？七、八識是潛意識嗎？

四部宗義：說一切有部（毗婆沙宗），經部宗、唯識宗（隨教行、實相派、新派；隨理行、虛相派、舊派）、中觀宗（應成派；自續派：隨瑜伽行、隨經行）。

上述四宗，除唯識宗的新派（即中國佛教的法相宗或唯識宗）外，其餘小乘及大乘中觀之應成及自續派均主張六識論。

中國的八宗如天台宗、華嚴宗是八識論。俱舍宗及成實宗均

是六識論。其他宗則很少提及心識問題。

密宗有八識說（紅派大中觀）也有六識說（黃派）。

所以小乘都持六識說。

當然目前八識說才是佛法的了義說。

第八識有二個最重要的角色。一者、執持根身、器世界。

第八識含有前七識及六根的種子，所謂阿賴耶緣起，前七識及六根都是由第八識的種子所生起，而且我們所處的依報器世界也是所有眾生阿賴耶識中的共業種子所共同生起。二者、第八識是業力的傳播者，負責三世間及六道間的業力傳播。

第八識也是五蘊我的根本依。

由於小乘只持六識，但他們也承認業力輪迴，所以就編出一些可以帶著業力輪迴，又可承受前生果報的「我」論出來，從犢子部的「非即非離蘊我或稱勝義補特伽羅我」；有部的「不失法」；有部的「無表色」法；經部的「種子說」；經部的「細心說」。

所以從上小乘的脈絡發展直至種子說，已具現代唯識宗的八識種子雛形了。

所以六識說是不了義說，八識說才是了義說。不過中觀應成派的勝義名言均自性空也是了義說，只是在心識上，它為何會採六識說，這中間的原因我日後會深入研究。

157 心識與心念如何區分？

心識是指八個心識，心念是指發起自心識的念頭。

第八識中貯存有色法、心法的所有種子。第八識中的前念種子也可生後念種子，若是心法種子，一念生起，是屬於等流種子，當一個心念升起，需加上心識間的等無間緣，從第八識傳給

第七識，再傳到第六識及前五識，若此時遇外境有「所緣緣」或「增上緣」，則可經由前五識起「現行」成身、口業表現，否則停在第六識即以意業表現，此即第六識中的心念。心念是發動自心識，所謂起心動念即是。

158 唯識學說了三自性，為何又說三無性？

三自性是遍計所執性，依他起性，圓成實性。

唯識宗最為人詬病之處有二。一者主張五性種性中有無性種性。即是說有些人沒有帶成佛的種性，永遠不會成佛。

二者，認為遍計所執是假有，而依他起性及圓成實性，兩者是實有。

所有萬法都是依起的，他是指眾緣，所以依他起是實有。而遍計所執是將所有因依他起生成的萬法，遍計為有，並執為實有。所以遍計所執是假的。而認為依他起與圓成佛是實有。

而後，又提出三無性：依他起是生無性，遍計所執是相無性；圓成實是勝義無性，。

三無性似乎與三自性互相矛盾。

三自性是在描述「世間」萬法的自性。

三無性則是在描述「出世間」萬法的自性為「無」，此處的無是指空性。唯識宗是在追求證悟「真如」即「唯識性」，真如是證我法兩空所顯之本性是真實而且如常不變，真如即是唯識性。

故而以真諦而言，三自性之性體都是一樣的，即真如本性。也就是三無性。

相無性即三台宗之「空」；生無性即是「假」；勝義無即是「中」。

有人將唯識宗歸為「有」宗，就是因為唯識宗視依他起及圓

成實爲「有」，而且又提出「百法」之法相有。

159 如何成就四智？

四智是指唯識宗的四智：大圓鏡智（第八識轉依所得）；平等性智（第七識轉依所得）；妙觀察智（第六識轉依所得）；成所作智（前五識轉依所得）。

轉依是轉捨煩惱障及所知障二障，而轉得涅槃果及菩提果。

一、大圓鏡智，轉異熟識得此智慧，如大圓鏡現諸色像。如是如來鏡智之中，能現眾生諸善惡業，以是因緣，此智名爲大圓鏡智。依大悲故恆緣眾生，依大智故常如法性，雙觀眞俗無有間斷，常能執持無漏根身，一切功德爲所依止。

在十地滿心金剛喻定現前時，大圓鏡智現起。

二、平等性智，轉我見識（末那識、第七識）得此智慧，是以能證自他平等二無我性，斷除我執，內證一切諸法平等，外緣自他有情悉無分別，如是名爲平等性智。

三、妙觀察智，轉分別識（意識）得此智慧，神用無方曰妙，善觀諸法自相共相，無礙而轉，名曰觀察。於眾會前說諸妙法，能令眾生得不退轉，以是名爲妙觀察智。

四、成所作智，轉五種識（眼耳鼻舌身五識）。成就本願力所應作事，名成所作智。得此智慧，能現一切種種化身，令諸眾生成熟善業，以是因緣，名爲成所作智。

160 惑業苦與二種生死是什麼？

一、惑業苦

-惑：

惑就是迷惑、迷妄，就是無明、煩惱，它是我們流轉生死、造諸惡業的推動力。惑主要包括貪、瞋、痴，也就是三種最根本的煩惱，我們一般稱為「三毒」。

貪是對順境的貪著、貪愛；瞋是於逆境的憎惡、排斥；痴就是愚痴，不明事理，不明因果。我們時常說：「往昔所造諸惡業，皆由無始貪瞋痴。」可見我們之所以造作種種惡業，是因為有貪、瞋、痴這三種煩惱。

-業：

就是行為造作，這裡講的由惑而起的業，是指惡業，十善業道的反面，就是十惡業；我們如果對境迷惑，就會有煩惱；在煩惱的驅使下付諸行動，就成為業；業不斷累積就會形成一種強有力的慣性作用，這叫業力。眾生就是在業力的推動下輪迴六道。

-苦：

由造業就要感果，起惑造業所感的果報就是苦。苦是人生的一種真實、一種現實，佛教叫「苦諦」。就是說我們人生從根本上講，充滿了種種缺陷、不如意、不自在，這是個現實。

苦也是我們的感受，我們對順心或不順心的事情，包括我們的身體和我們賴以生存的環境，都會有好的或不好的感受，這些都是苦。

為什麼說好的或快樂的感受也是苦呢？因為世上沒有不散的宴席，世間的快樂總是不能持久，總是短暫的，你越以為好的東西，失去時也就越痛苦。所以說苦受是苦，樂受也是苦。佛教說

人生有三苦、五苦、八苦,總之,有受皆苦。

上面講的惑、業、苦三者又是循環不息的。由惑造業,由業感苦;面對苦報如果不覺悟又會生煩惱,繼續造業,這樣便輪迴不息。

二、二種生死

-分段生死:

諸有漏善不善之業,由煩惱障助緣所感之三界六道果報也。其身果報有分分段段之差異,故曰分段。具見思惑之一切凡夫是也。

-不思議變易生死:

諸無漏之善業,依所知障助緣所感之界外淨土果報也。為斷見思惑之阿羅漢以上聖者之生死。不思議者,以業用之神妙不測而名。

161 有為法與無為法有何不同?

俱舍宗有七十五法及成實宗有八十四法,兩者均立無為法有三種:虛空無為、擇滅無為、非擇滅無為。

無為法以外其他諸法均屬有為法。

唯識宗立百法,無為法有六種,有為法有九十四種。

有為法是依因緣生滅有所造作的法,因此必具生住異滅四相。無為法是沒有因緣造作的法,因此未具生住異滅四相。

唯識宗六種無為法:虛空無為,擇滅無為,非擇滅無為,不動滅無為,想受滅無為,真如無為。

真如無為法才是真正的無為法。真如有三種,即離言真如

（眞如本身的體）、依言如實空眞如（眞如的相）、依言如實不空眞如（眞如的用）。若單指有爲法、無爲法的相對二分法，兩者是不一不異的關係，如同波浪與海水。若無爲法是意指離言眞如，則它是萬法的本體，眞如無爲法是有爲法的體，兩者是一法，眞如無爲是體，有爲法是它所顯現在外的相用。

　　無爲法也要借有爲法的心、心所、色法及不相應行法等四法來顯示。

　　大般若經云：「有爲界不見無爲界，無爲界不見有爲界，何以故？非離有爲施設無爲，非離無爲施設有爲故。」

162 無爲法爲何有六種？擇滅無爲與非擇滅無有何不同？

　　無爲法若指眞如，則有三種，即眞如本身的體：離言眞如。
　　眞如本身的相：依言如實空眞如。
　　眞如本身的用：依言如實不空眞如。
　　所以俱舍論及成實論均指出無爲法有三種：非擇滅無爲，即等於離言眞如。擇滅無爲，即等於依言如實不空眞如。虛空無爲即等於依言如實空眞如。

　　唯識宗立無爲法有六種：虛空無爲、擇滅無爲、非擇滅無爲、不動無爲、想受滅無爲。

　　前三種同俱舍、成實論；後三種乃多出之三種。

　　其實無爲只有一種，即眞如無爲，這才是眞如的體相用一體的眞如。眞如本身雖有體相用，但眞如等於是佛的境界，是體相用一體的，所以眞如只有一種。就像佛乘只有一乘即佛乘。

　　唯識宗多出不動無爲，只是在描述無爲的不動性，如同虛空無爲是在描述無爲的虛空性，兩者等於是眞如本身的相，即依言

如實空真如。

想受滅無爲不是指想受滅定，而是指無爲的想受都是斷滅的。無爲法已經照見五蘊皆空、不只想受滅，連色行識都滅。

所以想受滅無爲也是等於依言如實空真如。

擇滅無爲是指需經簡擇般若慧修行而達到煩惱障、所知障斷滅的無爲，等於是依言如實不空真如。

非擇滅無爲是指不必經簡擇智慧修行而達到的無爲，這種無爲是法爾本具的，即等於是離言真如。

故而，非擇滅無爲等於是真如本身的體，即離言真如。如同天台宗的「中」。佛性三因的正因。

虛空無爲、不動無爲、想受滅無爲等於是真如本身的相，即依言如實空真如。如同天台宗的「空」。佛性三因的了因。

擇滅無爲等於是真如的用，即依言如實不空真如，如同天台宗的「假」。佛性三因的緣因。

真如無爲等於是真如本身的體相用合一的真如，如同天台宗的即空即假即中。

所謂真如是指證得法我二空所顯現的真實如常的本性。

成唯識論第十卷舉出二種擇滅：

1.滅縛得——謂斷感生之煩惱（指煩惱障）而得者。

2.滅障得——謂斷餘障（指所知障）而證得者。

163 有漏法與無漏法有何不同？

1.有漏法：指諸漏（煩惱）互相隨增（隨順增長）之法，爲「無漏法」之對稱。亦即指四諦中苦、集二諦之法。漏，爲漏泄之義，即指諸煩惱；此諸煩惱於苦、集二諦之相應法及其所緣之境中，互相隨順，互相增長，故稱苦、集二諦之法爲有漏。

2.無漏法：意爲不會漏失功德法財，是與解脫相應的法，是能讓有情出離三界世間的法。一切法可以分爲有漏法與無漏法兩大類。

雜阿含經中佛說：「任何色受想行識諸法，如果因取而產生了貪愛與瞋恚即是有漏；色受想行識諸法有受，但不產生貪愛與瞋恚即是無漏。」

滅、道二諦所生之諸漏，因其互不隨增，故滅、道二諦之法屬無漏法。人的阿賴耶識中藏有「有漏法」及「無漏法」的種子，種子有本有及新熏兩種。我們修行就是修取「善緣」，去「新熏」及「抓取」本有的阿賴耶識中的無漏法種子，以便修成無爲法的正果。

164 何謂三業？何謂三障？

三業是身業、口業、意業。三業又分二種業：一者、三業清淨。如聲聞、緣覺、菩薩、佛等四聖，四聖皆修得三業清淨，免受生死輪迴，而以佛之三業最究竟清淨。二者、三業不清淨。如天道、人道、阿修羅道、地獄道、惡鬼道、畜牲道等六道，六道三業未得清淨，故得生死輪迴。

三障：煩惱障、業障、報障，是名三障。煩惱障者：如貪欲瞋恚愚癡等之惑是也。業障者：如五逆十惡等之業也。報障者：如地獄惡鬼畜牲等下三塗之苦報是也。眾生因有此三障所以不能開悟證果。

165 什麼是兩種生死？

兩種生死：一、凡夫境界的「分段生死」。二、聖者境界的「變易生死」。

1）分段生死：即是凡夫，以有漏業，眾緣和合，善性惡性的身、口、意活動，累積而成的因果，在生、老、病、死輪迴繫縛流轉，而當世貪瞋癡煩惱為緣，聚集感召果報，人人生命中有好壞或粗劣的分別，壽命有長短時，行報有定期，期盡則告終竭，是為一段死亡，再度投生。

2）不思議變易死：即是阿羅漢、辟支佛、大力菩薩意生身。

變異生死已脫離六道輪迴的分段生死，以上三者的意生身如聲聞、緣覺仍有分別無明的法執未斷，菩薩仍有俱生無明未斷，所以阿賴耶識中仍有無漏有為的念頭會生起，念念會變化，有念無念遷變，所以叫做變異生死，只有佛才能脫離變異生死，徹底了生脫死。

羅漢、辟支佛、在分段生死已盡，所以說是「生死已盡」，但是還有餘剩法執，無明愛執等滋潤未斷盡，尚未解脫，所以仍有變易死，在《法華經》佛陀為一部分羅漢解說，教他們迴小向大，即是轉小乘為大乘，為他們授記，得大菩提，斷滅法執，才能離變異生死。

七、中觀、三論宗：166-175（共 10 問）

166 照見五蘊皆空是什麼意思？

　　印度中觀宗、中國三論宗、般若經等都是談空的道理。中觀宗依「四部宗義」有外宗、內宗。外宗說無體性屬粗品，內宗說了義大中觀屬細品。外宗又分爲二，中觀自續派，主張勝義無自性，但世俗則有自性。中觀應成派，主張勝義及世俗均無自性。所謂空，即空無自性。了義大中觀即大圓滿法門，遮一切相對法，赤裸直證絕對。

　　佛法修行有五道：資糧道、四加行道、見道、修道、究竟道。

　　心經是整部大般若波羅蜜多經的精華，是在對菩薩開示，其層次已超越資糧道及四加行道，而是從菩薩初地的見道說起。

　　第一層：

　　-見道：照見五蘊皆空，度一切苦厄。

　　佛法修行有五道，照見五蘊皆空是見道。

　　照是觀照，見是見性，照見是觀照後得見性，即明心見性。

　　五蘊的空性即是性，見性即入菩薩初地，即五道之見道。即非空非假之第一層相對中道。

　　-修道：色不異空，空不異色。

　　修道是亦空亦假。

　　空不異色：即「性空緣起」。由性空，經緣起而生成色。故空不礙色之生起，即空不異色。由空生起假之色。

　　色不異空：即「緣起性空」。由緣起之「假有色」還滅爲「性空」，即由假入空，故色不異空。

　　-究竟道：色即是空，空即是色。

　　即「即空即色即中」之究竟階段。

　　性空與緣起已「相即」「相入」，所以空即是色（性空即是緣生），色即是空（緣生即是性空），這已是佛的階段了。

第二層：

-見道：是諸法空相，不生不滅、不垢不淨、不增不減。

諸法空相即是諸法「空性」相，已見空性即是見道。見道是非空非假。所以非生非滅，非垢非淨，非增非減。

-見道：是故空中無色，無受想行識，無眼耳鼻舌身意，無色聲香味觸法，無眼界乃至無意識界；無無明亦無無明盡，乃至無老死亦無老死盡；無苦集滅道；無智亦無得。

心經共談到五十三法：五蘊、十二處、十八界、四聖諦、十二因緣、智、得。

空中無色，空是無自性之意，即是空性。空中無色意即已見到色之空性，即已見道。其他五十三法也是同理，均已見法之空性，即是見道。

-修道：以無所得故，菩提薩埵，依般若波羅蜜多故，心無罣礙。

菩薩從初地開始起修，地地修習六度或十度即六（或十）波羅密多，當修到第八地，已斷俱生無明的我執種子，即已得「相」自由，此時已入無相、無所得階段。

-究竟道：無罣礙故，無有恐怖，遠離顛倒夢想，究竟涅槃。三世諸佛依般若波羅蜜多故，得阿耨多羅三藐三菩提。

從菩薩八地繼續修到等覺，再入妙覺，即是佛的階段。此時十波羅密多均已修竣，已得「無住究竟涅槃」，斷盡所有煩惱，沒有恐怖，並已得四無礙等無量功德，遠離顛倒夢想，得阿耨三藐三菩提之佛果境界。

167 什麼是我相、人相、眾生相、壽者相？

我相是對於五蘊和合的我（即自己）執為實我相。

人相是除我外之其他人（即為他人），執為實有相

眾生相：所有除自他之外，由眾緣合和的法，執為實法。

壽者相：一期生命的常變成時間相，執為常相。

所以我相、人相就是人我執。這是小乘的障礙，人我執是煩惱障的來源，會障礙小乘的解脫道。

眾生相及壽者相是法我執，執因緣法是實法，時間應是變化無常，卻執為常。這是所知障，是菩薩成就菩提道的障礙。

凡所有相都是虛幻，所以這四相必需破除。

破除我相、人相，可破人我執，證得人我空。

破除眾生相及壽者相，可破法我執，證得法我空。

168 色即是空，空即是色是什麼意思？與色不異空，空不異色有何不同？

已於第 166 問中解答，請參考第 166 問，不再重述。

169 什麼是三心不可得？

人是活在時空的世界裡，時間有過去、現在、未來，空間有三維的無限空間。（物理界已提出 9 維及 10 維的多緯度空間，時間是相對的，空間是會扭曲的）。

三心不可得是來自金剛經：「過去心不可得，現在心不可得，未來心不可得」。

　　聖嚴法師解釋是說過去的已經過去了，未來的還沒有來，除了過去和未來，也沒有中間，所以過去、現在、未來的心皆不可得。南懷瑾的解釋是：眾生一切的心都在變化中，像時間一樣，像物理世界一樣，永遠不會停留，永遠把握不住，永遠是過去的，所以三心不可得；我們剛說一聲未來。它已經變成現在了，正說現在的時候，已經變成過去了。這個現象是不可得的，一切感覺、知覺，都是如此。

　　中觀主張一切法的自性均是「自性空」。時間的最小單位：剎那；空間的最小單位：極微。剎那及極微都一樣是自性空。所以都是假法。

　　故而，時間的過去、現在、未來也都是假法，只是假名安立，並無真實的過去、現在、未來。

　　修行者修到別教菩薩八地的意生身是種類具生無行作意生身，此時已破俱生我執，或許能達到三心不可得，到佛地當然已一心無所得。

170 空空是什麼意思？

　　大智度論・卷三一：是故以空捨空，是名「空空」。」
　　空空是空也要空掉。空的意思是「自性空」。
　　「空」本身的自性
　　也是空的。
　　自性空即性空之意。所謂性空緣起，這個性空就是空，它並沒有形體，只有功能。
　　天台宗的三諦：空、假、中。
　　空就是真諦，假就是俗諦，中就是非真非假。
　　空也是空的，因空的自性非實體。

空也是假的，因空只是假名安立，非實法。

空也是中的，因空是非空非假。

所以空空是「中」的意思。佛的境界是畢竟空、徹底空。連「空空」也空也假，佛是即空即假即中的境界。

小乘是「空」的境界。不入假。只守空自度。

菩薩初地是非空非假。而後積極入世度眾生。

菩薩二地-等覺是亦空亦假。以出世的心（空），入世去度眾生（假），既空且假。

佛是即空即假即中。出世即入世，入世即出世。

171 智慧與般若有何不同？

智慧是指一般凡夫的世智辯聰；般若是指已證法我二空的空慧。

般若是梵語，《大智度論卷第四十三》解釋說：「般若者（秦言智慧）一切諸智慧中最為第一，無上、無比、無等，更無勝者，窮盡到邊。如一切眾生中佛為第一，一切諸法中涅槃為第一，一切眾中比丘僧為第一。」

印順導師說：「梵語般若，華語為智慧。但此所說的智慧，意義極深，指通達我法空性的真慧，不是一般智慧所可比擬的，所以《智度論》說：「般若甚深，智不足稱」。

172 修行無相要從著相開始嗎？

凡一法或一物都有其體、相、用。

體是本體。相是體的功能相或形相或現象、性質。用是作

用、力用或功能。

一法的體是要藉一法的整體之體相用才能顯示。而萬法的本體都是自性空，所以要從「有相」現觀，觀其為空、為假、為中，才能證見「無相」的自性空本體。

若直接由「無相」入手，即由斷滅或無入手，完全無所作為，當然無法抓取「有」的無相本體。

但非從「有相」著相，而是從「有相」去證其空性的自相本體。

173 空相與空性有不同嗎？

空性是法的自性空之意。

自性空所呈現在外的法叫空相。

空相的法因是自性空所成的法，所以空相又稱假有。

即指世間的萬事萬物，由多種因緣和合而生，剎那變化，無有停止，若緣散最終必滅。

空相又叫假有，假相。色相就是因緣和合所生的萬事萬物，因為無常，不能長存，只存在一定的時空中，而且還不斷變化，所以只是一個假相，只是這個假相不斷變化的一個過程，當緣散後，這個假相最終必然消失，所以只能叫「假有」。正如鏡中花、水中月、夢中境，不能說假相也不存在，但決定沒有任何真實性。

空性並不是無，它雖無形體，但具有體的功能，所以遇緣又可以生起。

而它所生起的法就是空相假有法。

174 金剛經的「應無所住而生其心」是佛境界？

-應無所住而生其心，這句話所描述的境界就是佛的境界。難怪六祖能聽到這句話而萌生頓悟。

-八個心識若能面對所有的色法、心法、心所法、心不相應法及前文第 97 問中所提及的所有煩惱，如三惑：見思惑、塵沙惑、無明惑及五住地煩惱等，簡言之就是因人我執及法我執所產生的所有煩惱，此心能面對這些所有的煩惱而能無所「住」，住即不執著、不分別、不妄想。

能面對煩惱而能「不動無住」的心，叫做佛心。

十法界的眾生中，面對煩惱而能生「無住心」，只有佛能辦到。

面對煩惱，相應心的「住」的程度，與心的證空的程度成正比。

佛是已證到斷「俱生」無明的人我空及法我空，所以能產生面對煩惱而完全無所住的心。

菩薩是已證到斷「分別」無明的人我空及法我空，所以也會生相當程度的無住心。

小乘四果已證到斷「分別」無明的人我空，所以也會生部分的無住心。

凡夫完全被人我執及法我執所縛，所以不會生無住心。

175 何謂離三心，去四相？

三心是指過去心、現在心、未來心是名三心，是出自金剛經，三心不可得。

過去心如幻如化，了不可得，因自性空性故；現在心如幻如

化，了不可得，因自性空性故；未來心如幻如化，了不可得，因自性空性故，三心皆了不可得，皆空無自性，無所得故，應當遠離，不應生心貪著自性可得，三心的自性空性不可得故，故名離三心。

何謂去四相呢？我相、人相、眾生相、壽者相，是名四相。

我相乃四大五蘊所緣起。緣起諸法乃性空，性空諸法不可得。是故，我相其實是無我，無我不可貪，是名去我相；人相是除我以外的其他人道，名為人相。

我相不可得，人相亦不可得。不可貪著人相，是名去人相；眾生相乃眾緣和合所成的所有生成相（包括六道眾生及無情器世界），六道眾生妄計色受想行識五蘊和合的五蘊生成身，名之眾生相，然而眾生相無自性，無自性亦不可得，名為去眾生相。

眾生於五蘊法中，妄計我一期壽命，或長或短，是名壽者相，然壽者相其體亦無自性可得。心不生貪著，故名去壽者相。

學道者若能離三心去四相，即能與菩提自性感應道交，當下與自性相會矣！

八、眞常系：176-180（共 5 問）

176 真如與無明均無始而有，何以真如敵不過無明，隨其輪迴？

印度真常系即是如來藏系，如來藏等同於真如，等同於中國涅槃宗之佛性。請參閱《佛性辨正》第一章第二節之「佛性的異名同義詞」。

真如與無明僅是染淨迷悟之別，眾生自性無量劫以來，我見成習，貪執五欲六塵，積弊堅深，分分秒秒不能成正覺，何況年年月月如何得解脫呢？眾生願力不堅，道心不穩定，動不動皆是無明種，我執為本，是故真如敵不過根本無明。

依據大乘起信論，根本無明是無始以來對真如的法界一相迷惑不解，所以一有真如，必有如影隨形的根本無明發生。

因為真如是無始而有，所以隨其存在的根本無明也是無始而有。但真如是不生不滅，不可破也不可立；而根本無明是一種「有」法，只是無始而有而已。既是「有」法，即可破。

佛經云：「無明為父，貪愛為母。」

真如是無明的本體，隱而難現，無明則是依真如而有，表現在外，時時皆有存在。惟有修至菩薩初地，人我兩空的「依言如實空真如」才能顯現。

真如本身也有體相用。體是離言真如，相是依言如實空真如，用是依言如實不空真如。

菩薩初地所顯現的只是真如的空相。至於真如的力用及本體，尚需依二地至等覺中間之地地修行，直至妙覺佛地，才能證到離言真如。

177 什麼叫掉舉？妄想與雜念不同嗎？

掉舉是禪坐時的一種弊病。

簡言之，掉舉就是掉了自己的定心而向上舉，而致妄想、雜念紛起，靜不下心來。與昏沉相對。

云何掉舉？謂隨憶念喜樂等事，心不寂靜為性。應知憶念先所遊戲、歡笑等事，心不寂靜，是貪之分。障奢摩他為業。

「掉舉」其實是一種向高、向外散的心，真正靜坐修定的心要平等，內心不高不低。

掉舉是思緒向高上，昏沉是向低下，這兩種都是障定的。

「舉」，高舉，心向上舉。真正修定時心要繫念一處。它是從高舉向旁邊散開來，想到別的上去，這個就是掉舉心。所以說掉舉「隨憶念喜樂等事」，而憶念到歡喜的事情上去，「心不寂靜」。

「障奢摩他為業。」「奢摩他」就是定。掉舉是障止的，有了掉舉，心就不能定下來，修止就障礙了；昏沉是障慧的，迷迷糊糊的話，還有什麼智慧呢？實際而言，真正要修定、得定，這兩種都是障礙，因為定心也是明白的，如果昏沉重的話，定也不能成就。

178 勝鬘經談惑的五住地，與見思惑、塵沙惑、無明惑如何對應？

五種住地之惑。又作五住地煩惱。即見、思、無明之煩惱。

有見一處住地、欲愛住地、色愛住地、有愛住地、無明住地等五種區別，稱為五住地惑，出於勝鬘經。此五種惑為一切煩惱之所依所住，又能生煩惱，故稱住地。

1）見一處住地：即身見等三界之見惑，入見道時，併斷於一處。

2）欲愛住地：即欲界煩惱中，除見、無明，而著於外之五欲（色、聲、香、味、觸）之煩惱。

3）色愛住地：即色界之煩惱中，除見、無明，捨外之五欲而著於一己色身之煩惱。

4）有愛住地：即無色界之煩惱中，除見、無明，捨離色貪而愛著己身之煩惱。

5）無明住地：即三界一切之無明，屬地上與心不相應之無明。

五住地惑中，唯識家主張前四種住地惑為煩惱障之種子，後一種為所知障之種子。

天台宗則以見一處住地為見惑，欲愛、色愛、有愛為三界之思惑，總稱為界內見思之惑，二乘人斷之而出三界。

*天台宗及唯識宗認為：

1）菩薩初住位：破三界一切見住地惑。二-六住破三界思惑。七-十住位：破思惑的習氣。

2）菩薩十行位：破塵沙惑。

3）菩薩十迴向位：伏無明。

4）菩薩初地位：破分別無明的我執、法執種子。

5）菩薩二地-七地：破分別無明的習氣。破俱生無明的我執現行。

6）菩薩八地：破俱生無明的我執種子。

7）菩薩八地-等覺：破俱生無明的法執種子。

8）菩薩妙覺位（佛）：破俱生無明的習氣。

179 什麼是四十六種魔？

根據沃巴活佛《現觀莊嚴論釋》，魔業有四十六種。

本體：對加行造成障礙的所斷法，應當了知，所有過失必定有四十六種。

是哪四十六種呢？分爲總所斷、別所斷與特殊所斷三種。

總所斷：一般來說，存在於自身的般若違緣：對般若不恭敬的過失有五種：

從智力的角度而言有兩種：

1、由於歷經千辛萬苦才能證悟而執爲難以證悟。

2、認爲由於智慧敏銳、才氣十足而容易證悟。

從染汙法的角度而言有三種：

3、以身的染汙法—伸懶腰等繕寫般若等。

4、以心的染汙法—貪心等繕寫般若等。

5、以語的染汙法—嬉鬧等諷誦般若等。

從大乘中退失的七種因：

6、以相似理由而退失，認爲我沒有得到授記而背離般若。

7、從因大乘道中退失，對大乘道不起信心，就像捨棄樹根而尋求樹枝一樣。

8、從品嘗果大乘之味中退失，對究竟果一切種智不起信心，如同不向主人乞討而向僕人乞討的狗一樣。

9、從體大乘法中退失，對勝乘不起信心，猶如已經得到大象而捨棄又尋找象跡一般。

10、從所爲之本體中退失，從小乘法藏中尋求所爲，如同從蹄跡水中尋覓寶珠一樣。

11、從因果之關聯中退失，希望從小乘道中獲得大乘遍智，猶如以日月宮的標準來衡量尊勝宮的比喻一樣。

12、從無上特法中退失，認爲上下乘相同而不知三身的特法，依次就像執著轉輪王與山寨的小王平等、百味佳餚與豆泥平等、如意寶珠與假寶平等一樣。

從大乘中散亂的八因：

13、趨入般若的緣，對繁多欲妙境加以分別。

相似般若的過失：

14、將單單的繕寫文字法行耽著爲般若。

15、將單單無實的所詮耽著爲般若。

16、將單單的能詮文字經函耽著爲般若。

17、將無文字耽著爲般若。

18、由般若中散亂的過失：作意城區等貪瞋之境。

19、作意名聞利養。

20、從魔所宣說的非道中尋求方便智慧。

別所斷：依於自他其中之一的二十三種講聞違緣：以聽聞者與傳講者的次第：

21、聽聞者般若的講聞等有強烈欲樂心，傳講者十分懈怠。

22、聽聞者在此地，傳講者在他境。

23、聽聞者具備知足少欲，傳講者不具備知足少欲。

24、聽聞者具足頭陀行功德，傳講者不具足頭陀行功德。

25、聽聞者具備善法，傳講者不具有善法。

26、聽聞者喜歡佈施，傳講者具大吝嗇。

27、聽聞者願意供養，傳講者不願接受。

28、聽聞者以略說能夠理解，傳講者以廣說而理解。

29、聽聞者了知經等妙法，傳講者不了知經等妙法。

30、聽聞者具備六度，傳講者不具有六度。

31、聽聞者善巧方便，傳講者不善巧方便。

32、聽聞者已獲得陀羅尼，傳講者沒有獲得陀羅尼。

33、聽聞者想繕寫般若文字，傳講者不想繕寫般若文字。

34、聽聞者遠離貪愛結等五障，傳講者沒有遠離貪愛結等五障。

35、聽聞者想獨自遠離惡趣，傳講者想結緣者都遠離惡趣。

36、聽聞者喜樂獨自趨往善趣，傳講者喜樂結緣者都趨往善趣。

與傳講者、聽聞者相聯而意樂不一：

37、傳講者喜歡自己獨處，聽聞者喜歡眷屬大眾。

38、傳講者不給隨行的機會，聽聞者卻想跟隨。

39、傳講者希求少量財物，聽聞者不想供養。

住處不一致：

40、傳講者去往有生命危險的地方，聽聞者不去有生命危險的地方。

41、傳講者去往發生饑荒的地方，聽聞者不去發生饑荒的地方。

42、傳講者去往盜匪等擾亂的地方，聽聞者不去盜匪等擾亂的地方。

43、傳講者為化緣而去看望在家人，聽聞者不去看望在家人。

以上述的外緣而導致心不悅意，由此成為講聞般若的違緣。

特別所斷的三種過失：

44、憑藉魔所宣說之經一類不該學修的非處邪教，用偽造的詞句在大乘教（與修行人之間）進行挑撥離間。

45、將不是所修的般若、不淨觀之類有緣的相似修行立為究竟的修行。

46、對於魔化為佛陀一類的幻現、不該起信的非處邪師生起歡喜。

如此一來，魔業過失總共有以上四十六種。

180 融通妄想與顛倒妄想有何不同？

　　是四大地水火風。《楞嚴經》對於五陰的論述，首先強調了，五陰本是如來藏妙真如性之法性，五陰是第八識如來藏藉由五種妄想所變生的。五種妄想有：堅固妄想、虛明妄想、融通妄想、幽隱妄想、顛倒妄想，由「堅固妄想變生色陰，虛明妄想變生受陰，融通妄想變生想陰，幽隱妄想變生行陰，顛倒妄想變生識陰」。

　　在《楞嚴經》，世尊開示了五陰的「本質」其實都只是「妄想」，說「色陰」是起於錯認色法實有、器世間真實的「堅固妄想」；「受陰」起於能知能見的覺知心，都是與四大「相織妄成」的「虛明妄想」；「想陰」起於如來藏自身雖然對六塵不知不覺，但是如來藏的見分—佛性—能了知覺知心的心想，能與覺知心互相融通的「融通妄想」；「行陰」存在的根源是基於對於行陰本質無所了知，沒有智慧來覺察出生的因由，這種愛著行陰的虛妄想極難覺察，所以叫作「幽隱妄想」；最後「識陰」則是見聞覺知中串習的種種法，這個澄湛了知的內心中（罔象虛無）相似有無的境界，就是「顛倒妄想」。

九、禪宗：181-205（共 25 問）

181 禪宗的不思善、不思惡是什麼意思？

六祖壇經：能云，汝既爲法而來，可屏息諸緣，勿生一念。吾爲汝說。良久謂明曰：不思善，不思惡，正與麼時那箇是明上座本來面目。惠明言下大悟。

能云，汝既爲法而來，可屏息諸緣，勿生一念。

當惠明爲了搶傳法衣缽，追到了六祖，並要提掇六祖的傳法衣缽時卻提不動，心中一定很震驚，此時心不定無法聽聞眞正的大道。所以惠能大師要惠明先靜下心來。故曰：屏息諸緣，勿生一念。

良久謂明曰：不思善，不思惡，正與麼時那箇是明上座本來面目。惠明言下大悟。

惠明禪坐靜心良久之後，六祖即對他說：「不思善，不思惡之時，就在這個時候，那一個東西是你本來的面目？惠明言之大悟。」

不思善，不思惡從字面上解釋很容易，但卻很容易解歪了。

比較簡單的解釋，就是善也好，惡也好，不要去執著就好。但千萬不可解成善惡不分，放肆非爲。

佛法是教導人要止惡行善，先決條件當然要能夠分別善惡，然後才止惡行善。重點是不可止惡行善後即洋洋自得，四處宣揚，而且止惡行善後之目的是希望自己能得善報。不思惡大家較能理解，而不思善，大家容易誤解。

佛法的最高境界就是佛，佛能打破世間的三假：相對假、因緣假、相續假。

這世間的萬事萬物，幾乎都是成對的，即相對而有：善惡、是非、成敗、得失、有無、生死。一般凡夫將相反或相對兩物視成「兩個不同」的法，而其實，兩法只是表面的相及用的不同，它們的本體是相同的。善及惡的本體都是「法性」，善惡只是這一

212

「本體法性」表現在外的不同「相用」而已。

所以不思善，不思惡的深層意義即在於此。

止惡行善只是人天乘的層面而已。以俗諦看來，善惡都是假法（假）。以真諦看來，善惡都是自性空（空）。以中道看來，善惡都是非善非惡（中），以佛看來，善惡其實是一法，兩者有共同的法性，所以惡即是善；煩惱即是菩提；生死即是涅槃。

182 什麼是明心見性？

明心見性的性是指佛性，明心的心，是指阿賴耶識的本體、即如來藏。

故明心與見性是同一回事。

當修行到菩薩初地位，可以少分見到佛性，如夜晚見色。

當修行到菩薩十地，可以多分見到佛性，如白晝見色。

當修行到佛果，可以完全見到佛性，了了清楚。

佛性有三因佛性：正因、了因、緣因。

正因等於是法身，了因等於是報身，緣因等於是化身。

用凡夫的肉眼及二乘的慧眼可以見到緣因佛性，即佛的化身，但仍未能見到佛性。

用菩薩的法眼可以見到了因佛性，即佛的報身。此時可少見佛性。

用佛的佛眼可以見到正因佛性，即佛的法身，而且緣因及了因都已變成正因。此時可了了見佛性。

明心的心是指第八識的本體如來藏。

如來藏即是佛性即是真如，三者都是萬法的本體。

如來藏也有三種，空不空如來藏，等於是正因佛性。

空如來藏，等於是了因佛性。

不空如來藏，等於是緣因佛性。

凡萬法或萬物都有體（本體、性體）、相（形相、色相、性質或體功能相）、用（作用、力用、功能）。

佛性是具有成佛的性體或本性或性能。所以是萬法（包括阿賴耶識）的本體或性體。所以它是屬於體，但這個體「本身」也有體相用。所以佛性本身有三因，正因是它的體，了因是相，緣因是用。

佛性從一闡提不具佛性的論述，到有情眾生悉有佛性，到無情也具有佛性，是這樣一路開展下來的。

佛性的三因是正因、了因、緣因。

以三德（法身德、般若德、解脫德）及三身（法身、報身、化身）而言，正因等於是法身德，是法身。緣因等於是解脫德，是化身。了因等於是般若德是報身。

以天台「空、假、中」而言，正因是中道，非緣非了，等於是「體」。

了因等於是「空」，是「相」。緣因等於是「假」，是「用」。

緣因會「資助」了因，了因會「開顯」正因。

緣因是佛性的作用，會以外緣的善惡為作用因，而後「資助了因」去了解善惡緣的染淨「相」；了因再「開顯」非染非淨的正因。所以正因是佛性的「非緣非了」體，了因是佛性的「染淨相」；緣因是佛性的「善惡用」。

所以正因是法身，是佛性的「體」，等於是天台宗的「中」，無形無相，不生不滅，不可見，遍時空。

緣因是化身，是佛性的力用，是佛性對外緣善惡的作用因，等於是佛性的「用」及天台宗的「假」，是「可見」的化身。

了因是報身，是智慧身，是佛性的相，可以判別緣因善惡緣的染淨相，等於是佛性的「相」及天台宗的「空」，是「不可見」的報身。

十法界眾生：六道、聲聞、緣覺、菩薩、佛。除佛是三因一因外，其他九法界眾生的佛性三因是各別不同，而且體相用是分開的。佛則是三因佛性呈現一因，三因相即相入，三因是體相用一如。即正因即了因即緣因。

十法界及無情的正因佛性彼此都是相同的，而所有有情的了因佛性及緣因佛性則各不相同，但正因佛性都相同，連無情的正因佛性（即法性）也相同。

目前佛教界有一派對佛性的看法有不同之處，於此提出解說。

*佛性必須眼見為憑：

佛性的化身，即緣因佛性是肉眼可見的。正因的法身及了因的報身以肉眼而言是不可見的。

*佛性是作用：

佛性是萬法的本體，但佛性本身也有體相用，緣因佛性就是它的作用。

*佛性是第八識的見分：

佛性是第八識的性體，也是其他七識的性體。每一識都有本身的見分及相分，佛性不是第八識的見分，是見分的體。

*眼睛見到佛性：

若有修行至菩薩初地位，此時肉眼已變成法眼，可以少分用法眼見到佛性的報身，即了因佛性。

若修行到菩薩十地，可以多分見到佛性。

*明心與見性不同：

見性的性是指性體，即佛性。

若修到三因一因時，即佛的境界，則不需再修，一悟永悟。

要視眾生的修行到什麼程度，他的了因及緣因是隨著修行而改變的。因為緣因管外緣的善惡（即假），了因管外緣染淨的空相了解（即空）。所以是不是已達俗諦，將萬有視為假（假）；是不是已達真諦，將萬有的自體視為空（空）；是不是已將空及假視為非空非假（中），是不是已達即空即假即中（佛）。

心是指八識，前六識是色法，第七、八識是潛意識，第七、八識平常是看不到的。

心是決定於佛性中的三因修行的程度而呈現的。世間法是以阿賴耶識中的種子為因，遇緣結成果而產生萬法。阿賴耶識的性體即是佛性。

佛性的正因是不變的，緣因會隨其所緣境的善惡多寡輕重而改變阿賴耶識中的種子，了因也會隨善惡緣的染淨相而改變阿賴耶識中的有漏及無漏種子。故心會隨其性體而改變。阿賴耶識的心體是佛性，阿賴耶識心則是體相用的整體表現。

所以心是指阿賴耶識時，性就是九法界眾生的三因佛性的呈現情形，尤其是緣因及了因的情況決定阿賴耶識中有漏種子及無漏種子的分佈貯存情況。心若是佛心，則性是指佛性的三因已成一因，佛是即因即果，三因一因，三身一身，多即一，一即多。

總之，明心與見性是同一回事。

*明心是觸證阿賴耶識：

阿賴耶識是潛意識，平常人是看不到的。明心時，是已入菩薩初地的修行境界（有人說是十住，待後討論）。菩薩初地的佛性三因中，正因佛性已是非空非假，了因已證空，緣因已入假，此時的阿賴耶識中的分別我執及法執的無明種子都已斷盡，但仍有

俱生我執法執的無明種子未斷。

阿賴耶識的本體中的緣因佛性所呈現的化身，是可以用肉眼見到，但見化身不等於見性，需入初地見報身才能少見佛性。若能少見佛性，當然也一定可見到阿賴耶識。初地時已可見到「非空非假」的相對中道體，問題是，在十住即可見到或初地才能見到阿賴耶識？

*涅槃經卷 27：「佛性亦爾，一切眾生雖不能見，十住菩薩見少分故，如來全見。十住菩薩所見佛性，如夜見色；如來所見，如晝見色」。
文中十住是指十住地，即十地菩薩。

*涅槃經卷八：「世尊！佛性如是微細難知，云何肉眼而能得見？佛言：迦葉善男子！如彼非想非非想天，亦非二乘所能得知；隨順契經，以信故知」。

*涅槃經卷二十七：「善男子！譬如瞎者見色不了，有善良醫而不為治目，以藥力故得了了見。十住菩薩亦復如是，雖見佛性不能明了，以首楞嚴三昧力故，能得明了。」
菩薩初住斷三界見惑，到第六住斷三界思惑，到十住斷習氣，所以菩薩十住已斷見思惑，等於是小乘四果阿羅漢及辟支佛。

阿羅漢的慧眼尚無法見佛性。菩薩的眼是法眼，佛的眼是佛眼，人的眼是肉眼。人眼、天眼、慧眼都無法見佛性，要到菩薩初地的法眼，才能「少分」見佛性。此時見到的只是少分的「正因」佛性。

要到菩薩初地才能少分見到「正因」佛性。而後地地修行，從非緣非了的初地，地地進修亦緣亦了，使正因的能見度愈增

大。菩薩三地後即具有「三味樂正受意生身」，八地具有「覺法自性性意生身」，已斷俱生我執無明，呈「相」自在。到佛地具有「種類俱生無行作」意生身，全見三因成一因佛性。

所以十住已將緣因修成「非」緣因，已證人我空，但仍未能見阿賴耶識，要到初地才可少分見到阿賴耶識的佛性本體。

*明心破本參是找到自己身中的阿賴耶識：
明心破本參相當於菩薩初地，可以見到阿賴耶識了。

*如來藏、第八識真實有：
如來藏是藏在阿賴耶識中的如來，是阿賴耶識的本體，所以也等於是佛性。
如來藏本身也有體相用三種：體是空不空如來藏。相是空如來藏。用是不空如來藏。體及相是不可見，不空如來藏的用會表現出來，故可見到功用，但要修到萬有是假有，緣因證假，才能見不空如來藏。
第八識也要修到初地才少分見佛性，十地多分見佛性，佛全見佛性。

*真如是本體，佛性是作用：
佛性論卷一：佛性者即是人法二空所顯真如。
所以真如等於是佛性，是萬法本體。佛性也是本體。
但真如本身也有體相用三種。依據大乘起信論，體是離言真如；相是依言真如的如實空真如。用是依言真如的如實不空真如。

*明心見性就是開悟嗎？
見性是見到本性，就是開悟。本性是自體空性，就是佛性。

佛性有三因，正因、了因及緣因。只有緣因佛性等於是佛三身的化身，所以凡夫肉眼或許可以看得到化身，但必須行善止惡，才能與佛的化身感應道交。一般凡夫的肉眼是看不到的，必須具有定力、慧力、福德的修行至菩薩十住位，已斷見思惑，約等於小乘四果的阿羅漢位階，才能見到佛的化身，但仍無法見佛性及佛的報身。緣因佛性的證位是已證萬有為假有，即已證到天台宗的「假」。了因佛性已證到萬法的自性空，即天台宗的「空」。

此時的肉眼已相當於阿羅漢的慧眼了，與一般未修行的凡夫肉眼是不同的。

開悟是指剎那間根塵相應引發一念相應慧的產生。菩薩初地是少分見佛性，要到菩薩十地才能多分見性，佛是了了見佛性。

-楞伽經：「大慧！菩薩摩訶薩住如如者，得無所有境界故，得菩薩歡喜地」

可見，住如如者，即證依言真如之如實空真如，即三因佛性之非緣非了，故入菩薩初地，少分見佛性。

*開悟與證悟不同嗎？

開悟有程度上的不同。若在菩薩初地的修行位階，才能少見佛性而開悟。但只是少見，仍需悟後續修，由少見而多見而了了見，即至佛地才叫證悟。

*是一悟永悟，還是悟後起修？

如上，初次開悟在菩薩初地只能少見佛性，即使在初地開悟，但仍有九地待修，仍需悟後起修。但也有極少數一悟即入佛地者，就不再悟後起修了。

*一根若見性，六根俱見性嗎？

一根若見性，入菩薩初地，尚未能六根融通，只有佛地才能

六根俱見性。

*可以看見別人的佛性在作用？

佛性之緣因及了因是人人不同。菩薩十住只能證人我空，即非了因，需非了因（空）非緣因（假）之初地才能少見佛性。

要看見別人的佛性在作用，需初地少見佛性才可能。

*開悟後會退嗎？證悟後會退嗎？

開悟是指已入初地，當然不會退。

證悟是已證得佛果，當然不會再退。

*第八識是真心還是妄心？

大乘起信論指出，第八識是真妄和合識。它的體是真心即佛性，是出世間「性起」的共同因。它的體相用是假心，是世間緣起的第一因。

*心是體，性是用？

若性指性體，則性是體，心是用。

若性指性質、特性，則性是用。

*證悟是將妄心修成真心？

真心是妄心的體，妄心是真心的用，二者是一法，而非二法。

是從妄心的相用證入真心的體，而非離妄心，另外去找真心。

*明心不一定是見性：

心與性都是指真如、佛性。明心即是見性，見性即是明心。

　　*入楞伽經說：「阿梨耶識者，名如來藏，而與無明七識共俱」：

　　上文出自入楞伽經佛性品第十一，但同品中又說：「大慧！如來藏識不在阿梨耶識中，是故七種識有生有滅，如來藏識不生不滅。」

　　因爲入楞伽經的前後說法不一，而導致地論宗有南道、北道之分。南道主張阿賴耶識就是如來藏，是純淨的；而北道及攝論宗教則認爲阿賴耶識是污染識。

　　依大乘起信論，阿賴耶識是生滅與不生滅和合。

　　如來藏是阿梨耶識的本體，而阿梨耶識是含如來藏體的體相用表現。

　　*楞嚴經卷四；「如果位中菩提、涅槃、眞如、佛性、奄摩羅識、空如來藏、大圓鏡智，是七種名，稱謂雖別，清淨圓滿，體性堅凝，如金剛王常住不壞。

　　如果以果位看，這些名稱均指佛果。

　　如果以因位看，涅槃有四種，如來藏、眞如、佛性各有三種，而菩提、奄摩羅識、大圓鏡智各只有一種

　　*從別人身上看到自己的佛性？

　　佛性有三因，只有緣因類似化身可以以肉眼見到，了因及正因佛性，無形無相，是看不到的。

　　然別人身上只有正因佛性大家都一樣，緣因及了因大家都不一樣。故菩薩十住有否此能耐，令人啓疑。

　　只有佛才能看到別人的三因佛性，何況心、佛、眾生三無差別，別人與自己也無差別，這是佛的境界。

*禪宗的開悟明心就是找到阿賴耶識？

有人主張，菩薩七住可以觸證阿賴耶識，菩薩十住可以見佛性。

禪宗的明心見性，明心與見性同樣意思，都是開悟之意，都是指菩薩初地方的少分見佛性，或菩薩十地的多分見佛性，或佛之了了全見佛性。佛即是佛性，即因即果。

*七住菩薩明心，十住菩薩見性。

性是心的體，心是性的相用。但以佛而言，心及性無別，體相用一如。

菩薩七住是阿羅漢位，已證得人我空，已見到佛性的了因，但仍有緣因未見，故尚未能見佛性。

必須入初地少見佛性，才能見阿賴耶識。

如來藏是阿賴耶識的體，阿賴耶識是如來藏的體相用整體表現。觸證阿賴耶識與觸證如來藏是不同的。開悟是悟得如來藏，亦即是見性，而非悟得阿賴耶識。

入楞伽經：「阿梨耶識者，名如來藏，而與無明七識共俱」

這句話與楞伽阿跋多羅寶經對照如下：「如來之藏是善不善因，能遍興造成一切趣生、譬如伎兒變現諸趣，離我我所。不覺彼故，三緣和合方便而生，外道不覺，計著作者，爲無始虛僞惡習所熏，名爲識藏。生無明住地，與七識俱，……」

一對照即知，名爲識藏是指阿賴耶識。全文中未見如「入楞伽經」所說「阿梨耶識者，名如來藏」

由上可知，藏有如來藏的阿賴耶識，叫識藏。

故明心與見性是同一回事。

阿賴耶識要到八地才改名叫異熟識，到佛果是無垢識。

　　*小乘阿羅漢斷一念無明的見思惑現行，仍未斷一念無明的習氣種子隨眠及無始無明隨眠嗎？

　　勝鬘經指出，惑有五種：見一切住地、欲愛住地、色愛住地、有愛住地及無明住地。

　　天台宗之惑有見思惑、塵沙惑、無明惑。

　　無明有二種：分別無明及俱生無明。

　　無明住地及無明惑均是指俱生無明。

　　菩薩初地斷分別無明的我執及法執種子。

　　二-八地斷分別無明的習氣及俱生無明的現行。

　　八地斷俱生無明的我執種子。

　　佛斷盡俱生無明的法執種子及習氣。

　　*眼見佛性與聞見佛性

　　眼見佛性是修行至菩薩初地位，以肉眼少分見非了非緣之佛性。

　　聞見佛性只是聽聞，而不是用肉眼親眼見到佛性。

　　*天眼能看見佛性嗎？

　　天眼是天道所擁有，天道只有行善，尚未修行至菩薩初地位，故不能見佛性。

　　*眼見佛性時是以什麼眼看見佛性？

　　如果是人，已修行了定、慧、福德至菩薩初地位，未往生前是用肉眼見佛性。往生後若出三界，以慧眼見佛性。

　　*二乘聖人能不能眼見佛性？

　　二乘人已斷盡見思惑，如阿羅漢，已達到菩薩七住位，尚未證非緣非了之中道佛性，故尚不能見佛性。

*沒有眼見佛性就無法入地嗎？

菩薩初地才少分見佛性，若未達菩薩初地前，尚未能見佛性。

*眼見佛性者的證量都一樣嗎？

見佛性是見到佛性三因中的非緣非了中道佛性，這是只是少見佛性。若往上修至七地即有小頓悟，菩薩十地即有大頓悟，佛地則完全了了見佛性。

*定力可以眼見佛性嗎？

眼見佛性一定要有守戒、定力、慧力及福德的修行。凡是修行至菩薩初地即可少見佛性。修行依戒定慧及福德，單靠定力，恐力有未逮。

*眼見佛性的定力需要很強嗎？

凡能修行至菩薩初地位即可少分見佛性，光是定力很強，沒有定慧等持及福德修養，恐難以湊效，

*眼見佛性的條件？

一定要修行至菩薩初地才能少分見佛性。依戒定慧及福德、智慧資糧修行即可。

*佛性會作主嗎？

見到性以後由佛性作主嗎？有人認為不是佛性作主而是第七識末那作主。第七識的本體也是佛性，佛性是萬法的本體，它是以「性起」生起萬法。佛性也是阿賴耶識的心體。而阿賴耶緣起，是這個世界的生起因。末那識則是我愛、我見、我慢、我癡的我執汙染依，末那識仍以三因佛性為本體，雖說是末那識作

主，但它也是佛性本體的緣了二因所呈現的作用。

佛性即是如來藏。

楞伽經：「佛告大慧；如來之藏是善不善因，能遍興造一切趣生。」

*看見佛性就是成佛了嗎？

看見佛性只是到達菩薩初地位。而佛是菩薩五十二階位的最高位即妙覺，所以見性後還有一段長路要走。

*佛性是從見聞覺知轉變成的嗎？

佛性是萬法的性體，是無始而有，非見聞覺知轉變而成。

183 禪與禪定、禪坐同義嗎？

禪是佛的知見，或佛的境界。

禪定是修定而達到入定的境界，不一定等同於佛的境界。

禪坐是修定的一種靜坐的方法，係採用毗盧遮那七支坐法。

184 開悟與禪定有何不同？

開悟是修行者先事修到某種程度，忽然間，當根塵和合突然產生心識的慧念閃現而一刹那間見到萬事萬法甚為明亮，卻如同虛幻，看不到自己的身心，大地沉落，叫做開悟。但開悟有初地的少見佛性，七地的小頓悟及十地的大頓悟，及佛地的了了見佛性。當修行至菩薩初地位，可以少分見到佛性。當修行至佛果，可以完全了了見到佛性。

225

所以開悟的悟境有程度上的不同。

六祖慧能是主張頓修頓悟的，而且一悟即到佛地。

禪定是修定時已進入忘我的定的境界，身心世界似已不存在，心境合一的境界。但此時不一定能見佛性，要視修行者有否修到菩薩初地、七地、十地或佛而有不同的定境。

185 什麼叫參話頭？

參話頭是先修行看話頭一段時間，等疑情升起時，即開始進入參話頭，疑情愈大愈可能見佛性。

看話頭是看住一句話如「念佛是誰」的念字的前頭，這字的前頭就是一念未生前的佛性。而且必須念念相續，不可以有其他任何念頭插入出現，換言之，即一句話一直在心內淨念相續，行住坐臥中，都不可中斷，直到疑情漸漸升起，即開始懷疑這念佛的人到底是誰？但不可自行解答，只能懷疑，懷疑愈深愈可能開悟。

宋代楊岐派的大慧宗杲爲話頭禪的大力提倡者。

出名的話頭尚有趙稔的「狗子無佛性」、「無」、「父母未生前的本來面目」等。

186 如來禪與祖師禪有什麼分別？

如來禪是如來所傳之禪。祖師禪是祖師惠能沿襲達摩初祖所傳的禪。

兩者所傳的禪，意義及境界都是相同，都是如來傳法的教法。廣義言之，禪就是指佛法中佛的境界。

祖師禪又作南宗禪，特指禪宗初祖菩提達摩傳來，而至六祖慧能以下五家七宗之禪。係主張教外別傳，不立文字，不依言語，直接由師父傳給弟子，祖祖相傳，以心印心，見性成佛，故稱祖師禪。

禪源諸詮集都序卷上，將禪由淺至深，分為五等，即外道禪、凡夫禪、小乘禪、大乘禪、最上乘禪等五種。

其最上乘禪又稱如來禪；達摩所傳之禪，即為此一最上乘禪；祖師禪之稱號或始自仰山慧寂。景德傳燈錄卷十一仰山慧寂章：師曰：「汝只得如來禪，未得祖師禪。」

「如來禪」是經教裡的禪法，因它是如來所說，後人因名之為如來禪。至於禪宗中的禪法，因它是祖師所倡，後人因名之為祖師禪。其實祖師禪也是如來所傳，並非祖師所發明，釋尊在靈山會上，把正法眼藏，涅槃妙心，咐囑摩訶迦葉，這便是祖師禪的來源。

187 禪與空或佛性不同嗎？

*禪，狹義言之，是指禪定，即靜慮，在靜定中觀察思慮，以止息妄心，啓發真實的智慧，是古印度的共法。而佛陀教導覺悟稱為「慧」；修行叫做「定」。

廣義言之，禪是指佛法的最高境界即覺，自覺覺他也就是佛的境界。

*空是指自性空，即性空。中觀應成派認為一切法不管名言或勝義都是自性空，即性空緣起的「性空」。

　　*佛性是萬法的本體。有情稱佛性，無情稱法性（慧遠所主張，但湛然則認為法性也是佛性）。

　　佛性有三因佛性：正因、了因、緣因。

　　正因是佛性的體。是非善非惡，非染非淨，非緣非了。等於是天台的「中」。

　　了因是佛性的相。能了解外緣善惡的染淨相的空性，等於是天台的「空」。

　　緣因是佛性的用。是善惡外緣的緣因，能生成外緣的善惡性，而善惡法其實都是假，等於是天台的「假」。

　　緣因的善惡性可以「資助」了因去判別善惡的染淨相。

　　了因則可以「開顯」正因。

　　萬法的正因都一樣，緣因、了因則各自有別。

　　佛是緣、了、正三因都是一因，即正因即緣因即了因；體相用也一如，即體即相即用。

　　其他九法界眾生是三因及體相用各自都不同。

　　修行就是在修正三因之緣因及了因。使它們與正因合一。

　　空性只是空假中的空。而佛性是即空即假即中。

　　禪廣義而言，即是佛的禪定境界。

188 解悟與證悟有什麼不同？

　　解悟是對於佛法的教理三藏十二部的精髓能通達，包括十法界眾生，天台的藏通別圓四教，華嚴的五教十宗，中國十宗，印度大小乘，藏密，南傳北傳佛教，五乘三乘一教等教理皆能通曉，尤其對於佛的境界及種種修行方法，以及如來藏、佛性、真如都能徹底了解。如此的程度即稱為「解悟」。換言之，對於佛法的教理及修行方法皆能通盤了解，尤其對「佛」的境界能深入了

悟，而能融通各宗、各派的不同教理及見解。

　　證悟是已明心見性，已步入別教菩薩初地（也有少數一悟即到佛地），見到佛性的緣、了因佛性，證到眞如的「依言如實空眞如」及證「空如來藏」。而後，悟後起修，從初地起，地地向上進步，直到親身體驗菩薩妙覺位階的佛境界，即叫證悟。九法界眾生，以佛眼看起來都是佛，及整個世界佛看來都是「絕對一」的佛的世界：即「一眞法界」。有情無情都如夢幻泡影，若有若無。

　　佛法的最終目的是在追求自覺覺他，即自己證悟了，也幫助別人證悟。

　　已證悟一定會解悟，但解悟不一定會證悟。解悟只是解行並重中的「解」方，還有「行」的長路要走。開悟的瞬間是頓悟，但頓悟之前一定要有相當功夫的事修及理悟。

　　像六祖聞金剛經：「應無所住而生其心」即證悟，六祖應是前世高僧或大力菩薩的再來人。

　　修行通常是需經年累世的不斷修行，像密宗的「即身即生成佛」，這一世及這個身體要馬上成佛，是相當困難的。

189 狗有沒有意念？

　　狗是動物，也是有情眾生，凡是有情眾生都具有情識，都有八個識。有識就有意念，只是狗是六道之畜牲道，大抵因前幾世太愚癡才會得業報入畜牲道。六道中，以人身最為難得，而且也最容易修行成佛。但狗也有佛性，也可以藉修行業報先轉修為人，才能繼續修持成佛。

190 是先修後悟？或是先悟後修？

所謂悟就是見性，見性有如下幾個階段：

菩薩初地位的少分見佛性；菩薩七地的小頓悟；菩薩十地的大頓悟，及佛地的完全見佛性。

一悟即至佛地，這種人很少。所以若悟至菩薩初地位，後面均有修行位階還要走，故是先修後悟，悟後（初地）再修十地至佛地。

但六祖慧能卻主張頓修頓悟，修悟同時。

所以說六祖是菩薩或佛乘願力來示現，而非持業力來生的凡人。

只有到佛地才能修悟同時。

大抵悟的當下是剎那頓悟的，但悟前需經事修才能理悟。

如楞伽經：「佛告大慧：漸淨非頓。如菴羅果漸熟非頓，如來淨除一切眾生自心現流，亦復如是漸淨非頓。」

但是開悟的剎那是頓現的。

所以楞伽經接著又云：「譬如明鏡，頓現一切無相色像，如來淨除一切眾生自心現流，亦復如是頓現無相無有所有清淨境界，如日月輪，頓照顯示一切色像。」

191 禪淨應該雙修嗎？

什麼是禪淨共修？

在佛教裡，禪與淨土這兩個修行法門，就如「鳥之雙翼，人之雙臂」，兩者都很重要，必須平等看待。不管禪師也好、淨土的宗師也好，要相互容納、相互尊重，因為都是佛陀教導的殊勝法門，何必分別彼此？所以，稱「禪淨共修」。

　　說到禪門當初是起源自「佛陀的拈花、大迦葉的微笑」，意思是相互的瞭解、溝通，心意相互一致。

　　釋迦牟尼佛當時說：「我有正法眼藏，涅槃妙心，不立文字，教外別傳」的一個法門，要咐囑予大迦葉，大迦葉接受佛陀的印可，成為禪門的初祖，禪門自此發展至中國的初祖達摩直至六祖慧能。

　　禪宗是完全修心依自力而修，是依法行，是難行道，是修自性彌陀，自性淨土。

　　淨土宗是依至心願力、至心信樂而修，是自他力並用，是易行道。是依信行。

　　若完全要依禪宗的直指人心，見性成佛而修，真所謂難行道。要明心見性，需戒定慧全到家，而且需有福德，定力、慧力、福德三俱才可能見性。

　　淨土宗只要信願行即可升西。行只要守戒行善，一心念佛，念到一心不亂即可達上品上生，直接見佛來接。即使下品下生，只要臨終有善知識助念說法，自己能臨終時念完十聲「南無阿彌陀佛」即可升到極樂世界。不過並非直升，而是先到蓮花苞內長達十二大劫才能出蓮花苞。下品中生者需待蓮花苞六劫。下品上生者需待蓮花苞七七日。西方世界的一天比我們長很久。故說，即使單依淨土宗，也要認真守戒及行善，而且要持續念佛不停。中品下生者臨終也需有善知識助念及說法，中品中生以後就不需善知識助念了。

　　總結：禪淨是可以雙修。以禪為主，修明心見性，以兼修淨的「念佛」修動定。

　　或以淨為主，以禪的禪理達到上品中生的「解第一義」，並念佛至一心不亂，達到念佛三昧，則必以上品上生直升彼國。

佛法三百問

192 何謂走火入魔？

禪修、靜坐時有時會產生魔事境，來擾亂修行者，而非修行者走火入魔，然而修行者若跟著魔走，才叫走火入魔。

而且修習止觀達到一定程度，內心中三障（報障、煩惱障、業障）及四魔（陰魔、煩惱魔、死魔、天魔）等會紛紛出現。昏沉與散亂將會擾亂定境和智慧。

因為觀業相境的緣故，見到惡相發動，故欲滅惡而順於涅槃；見善相發動，故欲生善而順於菩提。魔因為畏懼修行者的滅惡生善，將會把它趕出一向盤踞的領域，便製造種種魔境進行騷擾，以破壞修行者的道業。

一、魔有四種：內心煩惱魔、五陰覆蓋魔、無常死喪魔、鬼神幻化魔。前三種都是世間常有之事，也隨著修行者自心所產生，只要從心念端正就可排除，不再分別說明。修行者須知道的是鬼神魔。

二、鬼神魔有三種：

-妖精鬼魅：會在與它的形類相應的十二時辰到來，如寅時（屬虎）必定是虎精猛獸類；卯時（屬兔）必有定是兔精鹿精類等等。所以修行者只要看見精魅在什麼時候來，叫出牠的名字，最屬責罵牠，就會消失。

-堆剔鬼：會做出各種形相擾亂修行者。修行者察覺知道，專心一致緊閉雙目，在心中責罵牠們是吉支鬼，喜歡破戒之類的鬼魅，我現在嚴持戒律，終究不怕你們。出家只要誦念梵網四分五分等戒律；在家誦念三歸五戒，鬼魅就會退走。

-風魔惱：魔惱就是能傷身命的殺者，也叫花箭。乃是專門射人的五情弱點，而且在各種情況下做各種境界的變化來迷惑擾亂修行者。如美女、虎狼、羅刹等，讓人心神不定，失去禪定。以色聲香味觸各種五塵的奇形怪狀來擾亂人。使人產生貪欲、憂

愁、怨怒、睡眠等阻礙修道的行為。

對付魔事，即當卻之。修止及修觀卻之。止心不憂不怖，不取不捨。觀能見之心，不見處所，彼何所惱。觀其幻化，不驚怖，不貪著。當誦大乘方等諸經治魔咒，默念誦之，存念三寶。出禪定，亦當誦咒自防，懺悔慚愧，及誦波羅提木叉（戒律）。邪不干正，魔久久自滅。魔入人心，能令行者心神狂亂，或成患致死或得諸邪定、邪慧、神通，也在說法教化，人皆信伏，然後破壞人出世善事及破壞正法。

*總結：若欲遣邪歸正，當觀諸法實相，善修止觀，無邪不破。除諸法實相，其餘一切皆是魔事。

193 什麼叫自性？

在印度諸宗教中，自性，又稱自體、法體、體、實性。指所有事物自身擁有、自體形成、自身決定存在的「性質」（非指形相）。是常住的、不變的、獨立的，不依緣起而變化的；其外在特徵，則為自相。

自性依一般凡夫是指有形的自體，自體是構成萬法的基本組成，物理學稱為基本粒子。

佛法的中觀應成派認為，不管從勝義或名言，自性都是空的，所謂空是指無體而有相用，相是自體功能相，用是作用、力用、功能。即自性並無形體而有功能、力用。

佛法認為「極微」是空性的，而現代量子力學已認定基本粒子並非純是粒子。當沒有觀察者時，是波動能量，當有觀察者介入時，則呈粒子像。物理學與佛法的見解已非常貼近。

自性空及性空緣起可以說是佛法的最重要核心概念。

194 什麼是自相、共相？

-自相：獨自個別的體相，與其他諸法不共通者，稱為自相。

-共相：與自相相對，不侷限于自相，諸法共通之相，稱為共相。《成唯識論述記》卷二稱：「諸法之自體，唯證智可知而不可言喻者，是為自相；而諸法之體性，為假智所緣，且可藉言語可解者，是為共相。」意思是自相係現量所得，必須依證智證知，非由分別之假智能得知。

195 明心見性是不是悟道？

悟道有二個層次，一個是見道，一個是證道。

明心見性有四個層次：菩薩初地位的少分見佛性；菩薩七地位的小頓悟；菩薩十地的大頓悟，佛地的完全了了見佛性。

見道是菩薩初地入心位。

證道是佛地位。

196 父母未生前的本來面目是什麼？

父母未生前的本來面目即是佛性、真如、如來藏。

以十二因緣而言，無明緣行，行緣識（第八識阿賴耶識），識緣名色，名色即相當於已入母體中的「胚胎」。故反向可知父母懷胎的源頭在無明。

而無明的體即是佛性、真如、如來藏。

所以父母未生前的本來面目即是佛性、真如、如來藏。

本來面目的原由如下：

六祖因明上座追至大庾嶺。祖見明至，即擲衣鉢於石上云：「此衣表信，可力爭耶，任君將去。」明遂舉之，如山不動，踟躕悚慄。明曰：「我來求法，非為衣也，願行者開示。」祖云：「不思善，不思惡，正與麼時，哪個是明上座本來面目？」明當下大悟，遍體汗流，泣淚作禮，問曰：「上來密語密意外，還更有意旨否？」祖曰：「我今為汝說者，即非密也。汝若返照自己面目，密卻在汝邊。」明云：「某甲雖在黃梅隨眾，實未省自己面目。今蒙指授入處，如人飲水，冷暖自知，今行者即是某甲師也。」

197 禪密可以同時雙修嗎？

藏密有四部：事部、行部、瑜伽部、無上瑜伽部。

根據法尊法師，西藏佛教有噶舉派（白教）、響巴噶舉派、薩嘉派（花教）、寧瑪派（紅教）、迦當派（黃教的新迦當派）。藏密的特色是儀軌非常多，尤其是事部及行部，而且修行方法繁複，各派頗有差異，如寧瑪派的九乘次第及大圓滿。薩嘉派的道果教授；噶舉派的大手印；黃派的密宗道次第等。

以下為千佛山白雲禪師的看法，謹供參考：

薩嘉密宗有談禪密的話，可以這麼說，以密宗的最高行法——大圓滿法、大手印法來說是同於禪的境界，我只能這麼說，能不能雙修，我認為沒有太大的衝突。為什麼？不要把時間放在一起就好，像有些人對禪的認識，往往造成比較偏的看法，幾乎都不能雙修。如果明了其中的意義，那就可以雙修，怎麼說呢？如只是盤著腿在靜坐、持咒、念佛，說之為禪密雙修或禪淨雙修的話，是不正確的說法。如果把靜坐的姿態調理好，使自己清淨下來好好念佛，這是念佛法門，與禪沒有關係；同樣把靜坐的姿態

調理好，使自己清淨下來修密法，這也是修密，但並不是禪密雙修。如能分辨這一點，無所謂雙修不雙修，所以對一些事情不要要求可以或不可以，問題是眞正在做什麼？任何法門皆要求制心一處，不要一心二用，如果瞭解佛陀所要求的基本道理，能制心一處，不一心二用的話，怎麼做都是對的。

198 何謂「破三關」？有必要閉關嗎？

禪宗除了參話頭之外，其次是破三關，破三關也是一種參究的方法，也是由參話頭的演變所形成的。三關的第一關是破本參；第二關是破重關；第三關是破牢關。

禪宗本來是主張頓悟的，但學人根機有利鈍，智慧有深淺，爲了適應學人的根性，所以有破三關的辦法，除了上上根機之外，一般禪宗行人，都要經過三關的階段，其中以破本參爲最重要。

太虛大師云：「不破本參，則根本談不上二關，然破本參而不知有重關須破，則易落於天然外道；破重關而不知悟透末後牢關，亦易安於小乘涅槃。所以，必須透過三關，始能眞實達到佛的境地。」

現在將教理配合宗門之修法，劃出表格，有個漸次可參究，分別如下：

生死煩惱→修三觀→破三惑→證三智→成三德→破三關→菩提涅槃

-修三觀：修空觀、修假觀、修中觀

-破三惑：破見思惑、破塵沙惑、破無明惑

-證三智：證一切智、證道種智、證一切種智

-成三德：成般若德、成解脫德、成法身德

-破三關：破本參、重關、牢關

199 禪定可分幾種？有何差別？

禪定的分類有很多種：

1）六地定：欲界定、未到地定、四禪定。

2）九次第定：四禪定、四空定、滅盡定。

3）世間禪味定、世間禪淨定。

4）如來禪、祖師禪。

5）世間禪、四禪八定、出世間禪。

6）禪宗的話頭禪、默照禪。

7）有相禪及無相禪。有相就是小乘，修不淨觀、慈氏觀；還有呼氣、吸氣觀；還有聲聞乘的四諦、十六行相；還有緣覺的十二緣起；大乘的三十七菩提分法。這些都屬於是有相的禪定。無相的禪定主要就是無我、空性智慧。

8）禪定還可以分為凡夫行靜慮、義分別靜慮、緣真如靜慮。

9）九住心定：有二種：

1.彌勒菩薩開示九住心：最初住、正念住、覆審住、後別住、調柔住、寂靜住、降伏住、功用住以及任運住。

2.九住心：內住、等住、安住、近住、調順、寂靜、最極寂靜、專注一趣、等持。

*定的近似語：禪那、靜慮；三味、三摩地、正定、三摩鉢提。

止的近似語：奢摩他。

觀的近似語：毘鉢舍那。

*以下是第五種分類：

1）世間禪：就是一般民間或修心養性之士，讓身體得到健康安泰為主，如社會上的瑜珈術、靜坐、數息調氣、打坐、冥觀、或於大樹下吸取樹之靈氣之說，乃至於日月之下靜觀打坐。達到身心的安康與舒適，甚至有療治與感應之事跡，如此的行法，佛門稱之為世間禪，這些與開悟見性毫無相關。

2）四禪八定及四空定：四禪是色界的四種禪定，初禪、二禪、三禪、四禪等境界；八定是色界的四禪與無色界的四無色定，稱之為八定，這是三界中的色界與無色界所有的禪定，尚未出離三界，亦有生死輪迴，僅是禪定所維繫，禪定若盡，則隨業又漂流投生他道。此四禪的境界，固然遠比前面世間禪來得殊勝，勝過百千萬倍之禪悅，但尚未究竟，亦非佛門弟子所依所歸之處。

-四禪天：初禪的境界，有三天：清淨心中，諸漏不動，名為初禪。即梵眾天、梵輔天、大梵天等三天。

二禪的境界，有三天：清淨心中，粗漏已伏，名為二禪。即少光天、無量光天、光音天等三天。

三禪的境界，有三天：安穩心中，歡喜畢具，名為三禪，即少淨天、無量淨天、遍淨天等三天。

四禪的境界，有九天：前五識俱無，亦無喜受，僅有捨受，與意識相應，名為四禪。即無雲天、福生天、廣果天、無想天、無煩天、無熱天、善見天、善現天、色究竟天等九天。

-四空定，又名四無色定：

空無邊處定：是修行人心想出離患難重重的色（色蘊物質）的牢籠，於是捨色想而緣無邊的虛空，做到心與空無邊相應。

識無邊處定：是行人又厭棄外在的虛空，於是捨虛空而緣內在的識，做到心與識無邊相應。

無所有處定：是行人又厭棄其識，而觀心識無所有，做到心

與無所有相應。

　　非想非非想處定：是無粗想（非想），又非無細想（非非想），做到如癡如醉，無所愛樂清淨無爲的境界。

　　此四空處的眾生，於五蘊中無色蘊，只有受想行的四蘊，亦無物質的色身，而只有微妙的精神存在，亦無依報的國土宮殿，故名無色界，或四空處；無色界的四空天尚未解脫三界，故其禪定亦未究竟圓滿，禪定若盡，亦有墮落之日，

　　並非佛弟子所依所歸，應該更上一層樓，以求解脫，共證菩提。

　　3）出世間禪：如聲聞、緣覺、菩薩、佛、四聖皆已出世解脫的聖者，其禪名爲出世間禪，即已出三界之禪定，其中以佛之禪定最尊最上，最究竟、最圓滿。

　　第一，凡夫行靜慮。修禪定的過程中，會出現很多覺受——樂覺受、明覺受、無分別覺受等等。修行者那個時候執著於樂、明、無分別的覺受，所以是凡夫行，也可以說是一般凡夫的禪定修法。

　　樂覺受就是內心自然會顯現一些喜樂：沒有什麼可高興的事情，但心裡也很高興，感覺非常舒服、快樂，無法言喻。這些覺受叫樂覺受，這是一般的覺受。明覺受就是在禪修的過程中，能看到、感覺到外面的很多東西，如房屋、山等。無分別覺受是修禪修到一定層次的時候，就是入定的過程中，這些分別念徹底沒有了。

　　*以下是第八種分類：

　　1.凡夫行靜慮：在小乘中主要是不淨觀等修法，大乘中主要是指慈悲喜捨。這些主要是資糧道的修法。

　　2.義分別靜慮：也就是觀空性。對無我、空性也有一定的了解，但還沒有達到現量，而是比量的智慧，還會執著於空，這個

是義分別靜慮，這個時候還有分別念。凡夫行靜慮是在資糧道中修的禪，義分別靜慮是在加行道中修的禪。

3.緣真如靜慮：這個時候是現量——寂止和勝觀。寂止也就是定，如如不動；勝觀就是慧，智慧，了了分明。這兩個是同為一體，雙運的。這種禪修只相似於佛的那種寂止、勝觀，相似於佛的禪定。它也是圓滿的，但是還沒有真正達到佛的那種境界，所以它叫緣真如靜慮。

這三種靜慮，都要有正知正見的攝持一心要專注於正知正見，專注於善念不動搖。

200 禪宗有幾個派別？

我國南宗禪各派的總稱，又稱五派七流。即臨濟宗、曹洞宗、潙仰宗、雲門宗、法眼宗等五家，加上由臨濟宗分出的黃龍派和楊岐派，合稱為七宗。

201 什麼是宗鏡錄悟道十問？

設有堅執己解，不信佛言，起自障心，絕他學路，今有十問以定紀綱。

一、還得了了見性，如晝觀色，似文殊等否？

二、還逢緣對鏡，見色聞聲，舉足下足，開眼合眼，悉得明宗，與道相應否？

三、還覽一代時教，及從上祖師言句，聞深不怖，皆得諦了無疑否？

四、還因差別問難，種種征詰，能具四辯，盡決他疑否？

　　五、還於一切時一切處智照無滯，念念圓通，不見一法能爲障礙，未曾一刹那中暫令間斷否？

　　六、還於一切逆順好惡境界現前之時，不爲間隔，盡識得破否？

　　七、還於百法明門心境之內，一一得見微細體性根原起處，不爲生死根塵之所惑亂否？

　　八、還向四威儀中行住坐臥，欽承只對，著衣吃飯，執作施爲之時，——辯得眞實否？

　　九、還聞說有佛無佛，有眾生無眾生，或贊或毀，或是或非，得一心不動否？

　　十、還聞差別之智，皆能明達，性相俱通，理事無滯，無有一法不鑒其原，乃至千聖出世，得不疑否？

202 什麼是臨濟四料簡？

　　佛教禪宗臨濟宗啓悟弟子的四種方式：
　　一、奪人不奪境，謂只破我執，不破法執；
　　二、奪境不奪人，謂只破法執，不破我執；
　　三、人境俱奪，謂我執和法執一起破除；
　　四、人境俱不奪，謂不破我執也不破法執。

203 什麼是洛浦三關？

　　三關是本參、重關、牢關。
　　關於三關有幾種對應：

　　1.破參爲明心的初關；見性爲「重關，最后的證悟，爲破末后「牢關」。

　　2.雍正爲了三關之說，還特別提出唯識宗法相學來作注解，認爲破初關心，是了第六意識的事；破重關是了第七末那識的工夫；破末后牢關才是了第八阿賴耶識的事。

　　3.破本參是天台宗的「空」；重關是「假」；牢關是「中」。

　　4.破本參是見道的菩薩初地。破重關是菩薩八地。破牢關是佛。

204 修空與枯禪有何不同？

　　修空是修持「空性」。空性有四個層次：空（阿羅漢所證的人我空）。大空（菩薩初地所證的分別人我空及法我空）。極空（菩薩八地所證的俱生人我空）。

　　全體空（佛所證的俱生人我空及俱生法我空）。

　　禪坐也是修空的一種方法。不過世間禪定尚在三界內包括欲界定、未到地定及四禪八地。

　　需到出世間禪定才能出三界，包括聲聞、緣覺、菩薩的禪定。佛是遍時遍地都在定中。

　　「枯定」即是禪宗所說的「死水裡面不藏龍」。「死水」就是落入無記空當中，當中沒有大智慧，不能成就無上正等正覺。靜坐時，要清楚明白，不落入任何境界，保持覺性的存在，才是最眞實的定。

　　所以，修行不是枯坐，而是要修得空性，但此空非無記空，而是能起大用的自性空。

205 何謂定慧等持？

　　禪定與智慧，雙運並修，無先後輕重之別。慧是定之用，定是慧之體，離定無慧，離慧無定。當智慧作用時，定在慧中；當定時，慧在定中；慧中有定，定中有慧，定即是慧，慧即是定，定慧不一不異，名為定慧等持，與定慧雙修同義。！

十、天台宗：206-232 （共 27 問）

206 什麼是三昧與止觀？

　　三摩地，又譯三昧、三摩提，意譯爲等持、正心行處。

　　意指專注於所緣境，而進入心不散亂的狀態，皆可稱爲三摩地，因此又可譯爲「止」、「定」、「禪定」。最早出自婆羅門教《奧義書》中，亦爲傳統瑜伽修行方式之一，在《瑜伽經》八支瑜伽中爲第八支。在沙門傳統中也廣泛採用，爲佛教所沿用，將持戒、禪定、智慧三者合稱爲三無漏學。

207 圓覺經的奢摩他、三摩缽提、禪那有何不同？

　　一、奢摩他，即止。
　　*圓覺經：
　　「善男子，若諸菩薩悟淨圓覺，以淨覺心，取靜爲行，由澄諸念，覺識煩動，靜慧發生，身心客塵從此永滅，便能內發寂靜輕安，由寂靜故，十方世界諸如來心，於中顯現，如鏡中像，此方便者，名奢摩他。」

　　*解深密經：
　　「善男子。如我爲諸菩薩所說法假安立。所謂契經應誦記別諷誦自說因緣譬喻本事。本生方廣希法論議。菩薩於此善聽善受。言善通利。意善尋思。見善通達。即於如所善思惟法。獨處空閑作意思惟。復即於此能思惟心。內心相續作意思惟。如是正行多安住故。起身輕安及心輕安。是名奢摩他。」

二、三摩鉢提，即觀，同毗鉢舍那。

*圓覺經：

善男子，若諸菩薩悟淨圓覺，以淨覺心，知覺心性及與根塵，皆因幻化，即起諸幻，以除幻者，變化諸幻，而開幻眾，由起幻故，便能內發大悲輕安，一切菩薩從此起行，漸次增進，彼觀幻者，非同幻故，非同幻觀，皆是幻故，幻相永滅，是諸菩薩所圓妙行，如土長苗，此方便者，名三摩鉢提。

*解深密經：

善男子，若諸眾生修三摩鉢提，先當憶想十方如來十方世界一切菩薩，依種種門，漸次修行勤苦三昧，廣發大願，自薰成種，非彼所聞一切境界，終不可取。

如是菩薩能求奢摩他。彼由獲得身心輕安為所依故。即於如所善思惟法。內三摩地所行影像。觀察勝解捨離心相。即於如是三摩地影像所知義中。能正思擇最極思擇。周遍尋思周遍伺察。若忍若樂若慧若見若觀。是名毗鉢舍那

三、禪那，即非止非觀。

*圓覺經：善男子，若諸菩薩悟淨圓覺，以淨覺心，不取幻化及諸靜相，了知身心皆為罣礙，無知覺明，不依諸礙，永得超過礙無礙境，受用世界及與身心，相在塵域，如器中鍠，聲出於外，煩惱涅槃，不相留礙，便能內發寂滅輕安，妙覺隨順，寂滅境界，自他身心所不能及，眾生壽命，皆為浮想，此方便者，名為禪那

四、

-奢摩他即止，對境時，將思慮靜下並止於一處或一境，靜下思慮，可以不受境的干擾的寂靜狀態，可以達到「寂靜」輕安。

247

廣義言之即靜定（在境中將思慮靜下，不受境的干擾的靜止狀態），以達到靜中修定。

-三摩缽提即觀，在於動境中去觀境或事物的本質爲自性空（即觀空），事物如空幻假有（即觀假），可以將境因觀自性空而成假有，達到「大悲」輕安。廣義言之即動定（在動境中起幻觀，將動境觀成自性空的虛幻假有，以達到動中修定）。

-禪那，即非止非觀。對於境不起寂靜心（止），也不去幻觀（觀），境的礙無礙均放下，身心世界均放下，觀空假及靜心均放下，可以達到「寂滅」輕安。

五、單獨用止或單獨用觀或單獨用非止非觀；或者三者取二者兩兩併用；或先後次序倒置併用；或三者一起併用，圓覺經一共提出二十五種修行方法均可以成佛。

208 定與止有不同嗎？止與觀有何差別？

*佛家之定分爲兩種，第一種稱爲止，也叫奢摩他，第二種稱爲觀，也叫毗缽舍那。那麼這個止和觀的區別何在呢？

-止就是把心至於一處或說一境，即攝心不爲外境所動，也叫靜慮，在這個止定的境界或者稱影像可以是靜止不動的，也可以是不斷變化如同看電影一樣，定中之影像不斷變化時就稱起幻，將之觀假，這個時候的定稱爲三摩缽提。

一、止（奢摩他）

奢摩他能達到心一境性，也就是心就是境，境就是心，有什麼心起什麼境，心外無境，境外無心。

*（圓覺經）：「善男子，若諸菩薩悟淨圓覺，以淨覺心，取靜

為行，由澄諸念，覺識煩動，靜慧發生，身心客塵從此永滅，便能內發寂靜輕安，由寂靜故，十方世界諸如來心，於中顯現，如鏡中像，此方便者，名奢摩他。

*「瑜伽師地論」六十三卷：「問：何因緣故，說諸靜慮名奢摩他？答：為欲寂靜一切煩惱，正安止故。」

*「解深密經」：「善男子！是由隨彼無間心故，當知此中亦有三種，復有八種，謂初靜慮乃至非想非非想處，各有一種奢摩他。」

*可見四靜慮屬於奢摩他，四禪八定都屬於奢摩他的範疇。奢摩他共有九種住心（稱九住心）也就是九種止的境界。

二、觀（毗缽舍那）

觀從又從見，就是兩個見的意思，第一個見，所見為境，或者說影像，第二個見，就是在所見影像（境）的基礎上起的思維之見，比如在定的境裡看見一條龍，心裡思維這個龍是從心而生的，本質是空的，那麼這「空見」就是第二個見，或者你又在境界裡看見有人享樂死後下地獄，心裡思維，原來人世間都是苦的，那麼你在境界裡看見別人享樂，你心裡卻發現別人是在受苦，這「苦」就是第二個見。所以觀就是思維事物及各種現象之本質。

*解深密經：
如是菩薩能求奢摩他。彼由獲得身心輕安為所依故。即於如所善思惟法。內三摩地所行影像。觀察勝解捨離心相。即於如是三摩地影像所知義中。能正思擇最極思擇。周遍尋思周遍伺察。

若忍若樂若慧若見若觀。是名毗缽舍那。

*綜述：止（奢摩他）是繫心之法，把心繫於一處，無心不是奢摩他，止是觀（毗缽舍那）的基礎，修止到身心輕安才能修觀，觀是見空性，從而達到無我和去法執之效果。觀不是純粹的觀想，觀想也是修止之法，在觀想到心一境性後所起的「苦，空，無常，無我」之思維才是觀，觀是在定境之外另外起的一個思維佛法真實義理的念頭，禪宗只有止沒有觀，禪宗所謂的無心無念，其實是忘我而非無我，只要打他個巴掌就有我了。因為他不僅僅會感覺痛而且會起心動念，這就不是無我，無我的人就是割他的肉也不會痛，也不會起雜念。

真正的禪法在《佛說禪祕要法經》，共有三十種觀，依此能達到真正的無我無法成就羅漢果。《佛說禪祕要法經》是三乘同修之法！就是說小乘，中乘和大乘都要依此而修。

209 什麼是四禪八定？

佛教的禪定有欲界定、未到地定、色界的四禪定、無色界的四定。

四禪八定是指色界四禪和無色界四定的合稱，即初禪、二禪、三禪、四禪、空無邊處定、識無邊處定、無所有處定、非想非非想處定。四禪八定是禪定的基礎，佛陀在成佛和涅槃時，也曾修行四禪八定功夫作為助緣。

*色界四定：

1、離生喜樂：初禪是用各種方式消除種種煩惱、慾念，達到無憂無欲的境界。初禪雖然已經脫離欲界的惡不善法，但是還保

有尋和伺等原始思維。

2、定生喜樂：二禪是進一步把覺和觀都除去，不尋不伺，自然得到一種歡喜（外喜）。此時甚深禪悅油然生起，心靈朗然洞徹，如同從暗室中走出，見到日月的光明一般。

3、離喜妙樂：三禪是進一步連歡喜也不要，只有一種心平氣和，舒舒服服的樂（內樂）的境界。此時綿綿的妙樂從心中流出，遍滿全身。

4、捨念清淨：四禪是連樂也沒有了，達到安穩調適的心一境性的體（性）境界。此時心靈空明寂靜，有如明鏡離垢，淨水無波般湛然而照，萬事萬物都顯現無遺。

*無色界四定

1、空無邊處定：是調試到哪裡，哪裡便是空。此時心中明淨，無礙自在，好像飛鳥破籠而出一樣，在虛空中自由自在地翱翔。

2、識無邊處定：是連空的印象也沒有了。此時只見過去、現在、未來諸識顯現，與定相應而不分散，心中的清淨寂靜，無法用言語形容。

3、無所有處定：是舍空與識等內外二境，而緣無所有處。此時心內空無所依，諸想不起，安穩寂靜。

4、非想非非想處定：是破識無邊處的有想境界及無所有處的無想境界。此時一切有無相貌都蕩然無存，心中清靜無為，達到三界定相裡的最高境界。

210 什麼是正定、受想滅盡定、外道定？

*佛陀提醒弟子要入正定，而不要入邪定。如何入正定？必須具有正念。如何具正念？

約略地說，如經所述：「汝當先淨其戒、直其見，具足三業（身、口、意三業清淨），然後修四念處。」也即是八正道的次第。

至於「邪定」如：催眠誘導、藥物影響、或外力觸發腦部，都可能讓人產生某種定境，並有喜樂的感覺，但稍有不慎即可能造成嚴重不良後遺症。

*滅受想定即滅盡定。

說一切有部說：在滅盡定中已無一切心、心所法。只要仍有心所法存在，就不能說是寂靜。菩薩不入滅盡定。

經量部認為，在滅盡定中，只除去受、想二蘊，仍存有細微意識（細心）。

大乘佛教認為，滅盡定為學習般若波羅蜜空之後進入的定境。

*滅盡定與無想定之差別：

若依印順導師的說法，無想定是後來所演變出來的，那麼滅盡定是否就是由無想定而來呢？畢竟兩者在經典中都有些許類似的地方。早期佛教的修行者應是依空、無相、無所有而得解脫，但也有因「樂、著、住」於它們，不以正觀無常、苦、滅而修之，所以死後便生到無想天，也就是沒有粗重的身體與活躍的思惟。無想定也就是無相定的演繹，傳說此類眾生是居住在色界的廣果天的最高處。無想定與滅盡定，兩者都是屬於無心定，如《大智度論》卷 47 中言：「無心三昧者，即是滅盡定或無想定，何

以故？佛自說因緣，入是三昧中，諸心心數法不行」。那它們之間的差異到底在那裡？

以下介紹《俱舍論》中，無想定與滅盡定的迥異之處。

1.無想定：為求解脫（但非真解脫），以出離想作意為先。

滅盡定：為求靜住，以止息想作意為先。

2.無想定：即在第四靜慮非餘。

滅盡定：唯在有頂，即是非非想處。

3.無想定：招無想有情天中五蘊異熟。

滅盡定：

4.無想定：唯順生受即現世受。

滅盡定：通順生、後及不定受、或全不受。

5.無想定：唯異生得（異生指凡夫）。

滅盡定：唯聖者得。

6.無想定：欲色二界皆得初起。

滅盡定：唯在欲界人中初起。

*由上觀之，無想定是屬凡夫所修的定罷了，也是聖者所不願入的定。可是對外道而言，無想定的境界幾乎是與涅槃一樣，內心的境界比捨念清淨的四禪還要殊勝，好像離卻了一切念頭，所以他們都誤以為那就是解脫了。不過，在《長阿含經》中不也說佛入無想定，除去身體的病痛嗎？於此為何又說聖者如見深坑，不樂入呢？其思想的演變由此得見，本與滅盡定同等地位的無想定，到後期兩者的差距似乎是越來越遠了。

*外道也有四禪，佛教也有四禪，差別在於外道將四禪當做究竟，認為初禪或二禪或三禪或四禪的樂就是究竟，以為離於世間欲樂、苦痛的禪樂就是梵我合一或證得涅槃的印證，認為是我與天地合一了或我與梵我合一了，其實也只是在四禪境界而已。

佛陀只把四禪當做一種過程，即使是在證得涅槃或阿羅漢，也常住於四禪之樂，但絕不把四禪境界當做證得涅槃或真我的證明。

外道修得四禪的方式包括依地、水、火、風等助緣達到四禪，譬如一定頻率的鼓聲，或一定頻率的念咒聲，或一定頻率的音樂，達到一種平靜祥和的境界。我們常聽到一種說法，就是念佛唸到不知道自己在念佛，唸到覺得一心不亂，唸到一種喜樂的狀態，這種體驗一般被認為是一種很高的功夫，也確實能讓身心達到一種定境或喜樂，但其實不過是依於音聲而達到初禪或二禪或三禪或四禪的境界而已，死後也的確會升天當天人，但天人命終後可能會退墮為凡夫或地獄眾生。所以很多往生瑞相可能只是往生天上的證明，並非阿彌陀佛的淨土。

佛陀達到四禪的關鍵就在於「觀」，運用「觀」所達到的四禪在往生後也會升天，但命終後是導向涅槃，並非退墮人間或地獄，別於其他方式得到的四禪。

更常見的是外道基於邪見、不守戒律、或沒有正念而生的定境，這些有違於八正道而生的定境都無法導向解脫，不是佛教的正定。

211 如何修定？

修定即是修止觀，而止觀相當於定慧，止是止定，觀是觀慧。

止是不受假有之外境影響，面對外境而能夠將心止於一處。等於是天台的由假入空，將心定於空性上。

觀是觀外境其自性空，所以觀外境是假。等於以空性之觀慧，而能面對外境的紛擾，將外境觀假而不受其影響。等於是天

台的以空入假。

達到止觀之後，又非止非觀，即即天台的「中」。即不執著止也不執著觀，非止非觀就是進入菩薩初地的見道位，即見佛性。

而後修止觀雙運，從菩薩初地至成佛前，都是在修止觀雙運，即亦止亦觀。

直至佛地，而達即止即觀，止即是觀，觀即是止，定慧等持，定即是慧，慧即是定。色即是空，空即是色。一即是多，多即是一。破相對假、相續假、因緣假。

就是佛的「絕對一」的「一眞法界」的佛境界。

212 修定一定要坐禪嗎？

修定有很多方法，坐禪只是方法之一而已。

*初修禪定入門方法
1.眼色法門：分二類：系緣於物、系緣於光明。
-系緣於物者：在眼可見處，平放一物，佛、菩薩像等（或其他任何物件），以稍能發光者爲宜，但是選定一種，就不變更，若時常變，反而不好。
-系緣於光明者：如對一小燈光（限用清油燈），或香燭光、日月星光等，此爲一類。此外如觀虛空，或空中自然光色，或觀明鏡，或觀水火等物光色，亦是一類。
2.耳聲法門：有內外二種：內爲自作聲音，外則何種音聲皆可。
-自作聲音：如念佛、念各種經咒等；又分爲三；有大聲念、微聲念（經稱金剛念）、心聲念（經稱瑜伽念）。
-外則任緣何種音聲皆可，但最好以流水聲、瀑布聲、風吹鈴

聲、梵唱聲等，最易得定。

3.鼻息法門：一類。

緣呼吸之氣：進而呼吸細止，即謂是息。凡修氣修脈，練各種氣功數息隨息等法（與道相通，心念不同。）

4.身觸法門：分廣狹兩類。

-廣義者，如上所述諸法，莫不依身根而修，苟我無身，六根何附（什麼法都是我身子上的，所以很廣義。）

-狹義者，如專注想色身一處，如眉間、頂上、臍下、足心、尾閭、會陰等；或作觀想，或守氣息，修氣修脈之類，統歸於此（與冥想，靜坐又有相通之處）。

5.意識法門：統攝諸類，廣繹如八萬四千，大體如《百法明門論》之所具（即如身觸廣義，卻是以意向為系，需自行領會，最初不容易落實，可以有一定基礎再悟）。

213 禪坐與靜坐有何不同？

*靜定：直身靜坐一處，隨其喜好、舒適即可，沒有特定姿勢。

*禪坐也是一種靜坐，但有特定坐姿。以下則為毗盧遮那佛七支坐法：

1、雙足跏趺（俗名雙盤），不能者或金剛坐（右腳放在左腿上），或如意坐（左腳放右腿上）。

2、兩手結三昧印（右手掌仰放左手掌上，兩大拇指相拄）。

3、背脊直立如串銅錢（身體不健康者，初任其自然，定久自直）。

4、肩平（不可斜塌拖壓）。

5、頭正顎收（後腦略向後收，下顎收壓左右兩大動脈）。

6、舌抵上顎（使舌輕接於上齦唾腺中心點）。

7、兩目半斂（即半開半閉狀，或開而易定則開，但不可全開，稍帶斂意，或閉而易定則閉，但不可昏睡）。

214-1 如何修動定？

動定是於日常生活食衣住行坐臥及其他動態外境或心境中，於動境中修定。不同於靜定是於靜處及靜境中修定。

修動定以實相念佛及看話頭及小止觀（即修習止觀坐禪法要）等為最佳方法。

*什麼是「實相」念佛：

淨土宗流傳的念佛法門通常有四種，即實相念佛、觀想念佛、觀像念佛和持名念佛。其中以實相念佛為最徹底，但也最難修。因為實相念佛就是修習空觀，如果沒有足夠的智慧及資糧條件，一般人是無法修持的。

所謂「實相」，即一切法的真相——空性。《金剛經》中說：「離一切相，即見如來……若以色（物質性的身體）見我，以音聲求我，是人行邪道，不能見如來。」這是說真正的佛是一種精神智慧境界，是了達萬法空性的智慧，佛的自性法身就是空性，所以說修習空性就是實相念佛。

修持實相念佛法門的人，可能不需要觀想佛身和持念佛名，但必須通達緣起性空的道理，並且在定中實踐和觀修這種緣起性空的見解，這就是修空觀，也是修實相念佛。

佛教所說的空，並非普通人理解的不存在，空性是一種存在，而且是一種萬事萬物的本質性的存在。一切存在都有二諦的

性質，認證世間萬法是假法就是世俗諦；認證萬法的自性是空性就是勝義諦。佛教徒只有在通達空性的基礎上，進一步證悟空性，才能徹底斬斷輪迴之根——無明我執。

　　*如何修習空觀
　　空也不是一種空白狀態，很多人誤解什麼都不想、不起任何分別就是證悟空性，這是對修空最糟糕的誤解。對於一個想解脫生死的人，首先須思維生死流轉之苦，生起真實、不假造作的出離心，而後推己及人，引發菩提心，然後思維什麼是生死流轉的根本呢？由此而見無明是生死的根本，「我」是無明的所緣，即依教依理觀察，見無明所執的「我」根本不存在，根本就沒有所執的自性成就的「我」，只不過是無明的虛構罷了，由修此義而獲空性正見。
　　*看話頭：見先前文章 182 問「什麼是明心見性」中有詳細介紹。
　　*小止觀：見 231 問。

214-2 如何修定（一）

　　定有三種，即止（奢摩他）及觀（三摩缽提）及非止非觀（禪那），止等於是定；觀等於是慧。非止非觀等於是定慧等持，止觀可以說是佛法的最重要修持方法，因此特別另闢此專文討論。
　　止觀有靜定及動定兩種。
　　-靜定的止：於靜坐或禪坐時，如何將奔騰掉舉的心止於一處或一境，讓心靜下而入於空（即天台宗的空），心清靜無作靜慮，起「寂靜」輕安。

-靜定的觀：於靜坐或禪坐而已入定，即再提起觀察去認察色心境的「假有」即天台宗的假），幻觀心境爲幻有，起「大悲」輕安。

-靜定的禪那，非止非觀，放下幻觀及寂靜，讓心處於寂滅，達到「寂滅」輕安，而斷煩惱。

-動定的止：於日常生活的動態中，面對各種色、心境時，能將心止於一處或一境，不受外境或心緒影響，安處於至靜，生起靜慧，等於是由假入空。

-動定的觀：於行住坐臥日常生活的動態中（包括各種順逆境、病境、魔境、財色名食睡等五欲、貪瞋睡掉舉疑等五蓋、六根本煩惱、二十隨煩惱等），能觀察所面對的色心境而達到將其「觀空」及「觀假」的幻觀境界。觀也有觀行之意，幻觀內外色心境爲假，而後以空性悲心起菩薩行度眾生，起種種作用，變化世界。觀行是由觀假而入觀空，而後由空悲心起菩薩行，以變化力而作佛事，等於是由空入假。

-靜定的禪那：即非止非觀，非空非假，將「假」的幻觀及「空」的寂靜均放下，讓心處於非止非常觀的「寂滅」狀態。

-動定的禪那：即非止非觀。不執著止也不執著觀，唯斷諸幻，不起作用，以寂滅力，讓心處於寂滅狀態而斷盡煩惱，等於是非空非假的中道境界。

「觀空」即觀萬法的自性爲空性。

「觀假」即觀萬法爲假有。

所謂見到佛性是指見到的外境像有如虛幻的影像，並非指「佛性的緣因」是有形象是肉眼可見，而是看到萬法都是「虛幻的影像」，而非看到「實像」的「佛性緣因」像。

佛法經論有探討到止觀的著名經論有：圓覺經，天台四論（摩訶止觀、釋禪波羅密次第法門、六妙門、修習止觀坐禪法要），解深密經，菩提道次第廣論。

以下一一探討。

一、圓覺經論止觀

圓覺經利用奢摩他，三摩缽提，禪那三者的結合而提出二十五種修行成佛的方法。

*二十五種方法的統計如下：

-奢摩他：

唯取極靜，由靜力故，永斷煩惱，究竟成就，不起於座，便入涅槃。

-三摩缽提：

唯觀如幻，以佛力故，變化世界，種種作用，備行菩薩清淨妙行，於陀羅尼不失寂念及諸靜慧。

-禪那：

唯滅諸幻，不取作用，獨斷煩惱，煩惱斷盡，便證實相。

*圓覺經二十五種方法的用詞整理：

-奢摩他：4.先取至靜，以靜慧心，照諸幻者。5.以靜慧故，證至靜性。6.以寂靜慧。7.以至靜力，斷煩惱已。8.以至靜力，心斷煩惱。9.以至靜力，資發變化。10.以至靜力，用資寂滅。11.而取至靜。13.安住寂靜。14.安住至靜。15.至靜寂滅，二俱隨順。16.資於至靜。17.後住清淨無作靜慮。18.而起至靜，住於清淨。20.種種自性安於靜慮。21.清淨境，歸於靜慮。22.種種清淨而住靜慮。23.資於至靜。24.而起至靜清明境慧。

-三摩缽提：4.照諸幻者，便於是中，起菩薩行。6.復現幻力，種種變現，度諸眾生。7.起菩薩清淨妙行，度諸眾生。8.復度眾生，建立世界。9.資發變化。10.後起作用，變化世界。11.以變化力，種種隨順。12.以變化力，種種境界。13.以變化力而作佛事。

14.以變化力，無礙作用。15.以變化力，方便作用。16.以變化力，種種起用。17.以變化力，資於寂滅。19.以寂滅力，而起作用，於一切境，寂用隨順。20.而起變化。21.無作自性起於作用。22.起於變化。23.而起變化。24.資於變化。

　　-禪那：5.便斷煩惱，永出生死。6.後斷煩惱而入寂滅。7.斷煩惱已。8.心斷煩惱。9.後斷煩惱。10.用資寂滅。12.而取寂滅。13.而斷煩惱。14.斷煩惱故。15.至靜寂滅，二俱隨順。16.後斷煩惱。17.資於寂滅。18.以寂滅力。19.以寂滅力。20.以寂滅力。21.以寂滅力。22.以寂滅力。23.以寂滅力。24.以寂滅力。

　　*25 種方法如下：
　　1.單修奢摩他。
　　2.單修三摩缽提。
　　3.單修禪那。
　　4.奢摩他+三摩缽提。
　　5.奢摩他+禪那。
　　6.奢摩他+三摩缽提+禪那。
　　7.奢摩他+禪那+三摩缽提。
　　8.奢摩他+（三摩缽提、禪那）。
　　9.（奢摩他、三摩缽提）、禪那。
　　10.（奢摩他、禪那）、三摩缽提。
　　11.三摩缽提、奢摩他。
　　12.三摩缽提、禪那。
　　13.三摩缽提、奢摩他、禪那。
　　14.三摩缽提、禪那、奢摩他。
　　15.三摩缽提、（奢摩他、禪那）。
　　16.（三摩缽提、奢摩他）、禪那。
　　17.（三摩缽提、禪那）、奢摩他。

18.禪那、奢摩他。

19.禪那、三摩缽提。

20.禪那、奢摩他、三摩缽提。

21.禪那、三摩缽提、奢摩他。

22.禪那、(奢摩他、三摩缽提)。

23.(禪那、奢摩他)、三摩缽提。

24.(禪那、三摩缽提)、奢摩他。

25.以圓覺慧，圓合一切，於諸性相，無離覺性，此菩薩者，名爲圓修三種自性清淨隨順。

( ) 指二法併修之意。

二、天台止觀四論

釋禪波羅密(漸次止觀):

坐禪，禪定，依六祖謂:「心念不起名爲坐，自性不動名爲禪。」又說:「外離相爲禪，內不亂爲定。」

禪有大乘禪、小乘禪、凡夫禪、外道禪、世間禪、出世間禪、出世間上上禪，還有如來禪、祖師禪之種種名稱。

世間禪有二種。一、根本味禪。二、根本淨禪。

(一) 根本味禪:

即四禪天，四無量心及四空定，名爲十二門禪，是凡夫、外道和小乘共修之禪。方法是用:「厭下苦粗障，忻上靜妙離」之六行觀去修。

*未到地定：入欲界定後，身心泯然虛豁、失於欲界之身，坐中不見頭手床敷，猶若虛空，此是未到地定。未到地者，此地能生初禪故，即是初禪方便定，亦名未來禪，亦名忽然湛心。此定有二種相，定心過明(可見日月星辰、宮殿，或1日乃至7日不出

定）及過暗（忽無所覺知，如熟睡），二者都是邪定之相。

每種禪定之前均有中間禪，即未到地定。

（1）四禪定：

**初禪名爲離生喜樂地：

離欲界之粗濁，而生初禪得喜樂，故名離生喜樂地。

初禪有五支功德。

1）覺支。有成禪覺及壞禪覺。意即正對身，心大驚悟，與十善法一時俱發。

2）觀支。粗心在緣名爲覺，細心分別名爲觀。身根身識相應名爲覺，意根意識相應名爲觀。身識外鈍，名粗；意識內利，能分別明細。即以細心分別禪中諸妙功德。

3）喜支。獲得初禪，定中所得利益甚多，如是思維，歡喜無量。

4）樂支。喜心既息，恬然寂靜，受禪定樂。粗喜名喜，踴躍心中；細喜名樂，恬靜心中。初緣得樂，心生歡喜，後緣喜情既息，以樂自娛。

5）一心支。證初禪時，心依覺觀喜樂之法，故有細微散亂，若將喜樂心息，則心與定爲一，故名一心支。

以上五支，次第而發。五支爲用，默然心爲體。

初禪定有淺深之別，或曰有九品之別。

若十六觸全發，稱爲具足。若發一二觸，稱爲不具足。

初禪有四種進退：退分、住分、進分（進得上地）、達分（達涅槃）。

初禪可離五蓋；具善心功德：信、戒、定、聞、慧。

十六觸，每觸皆有五支。

1.若得初禪，可得十種善法眷屬：定、空、明淨、喜悅、樂、善心生、知見明了、無累解脫、境界現前、心調柔軟。

2.可得十六種動觸：

八觸：動、癢、涼、暖、輕、重、澀、滑；另八觸：掉、
猗、冷、熱、浮、沉、堅、軟。

十六觸因四大（地水火風）而發，因四大生。無前後次序，
四大因緣和合，強者先發。

3.若行者已入「未到地定」，並發如是等種種觸及功德善法，
故名初禪。

4.初禪所生之喜樂為粗，障二禪內淨，初禪唯與身識相應，故
名外淨。二禪則與心識相應，故名內淨。初禪心有覺觀，名為內
垢，二禪無尋無伺，故名內淨。

既知初禪之過，障於二禪，今欲遠離，當用三種方法遣除。
一、不受不著。二、呵責過失。三、觀心窮檢。由此三法，可離
初禪覺觀之過。

**二禪名為定生喜樂地：

此定生時，與喜俱發，勇心大悅。二禪未發時，於其中間，
亦有定法，從此靜坐，加功不已，其心忽然澄靜，無有分散，即
是未到地定。如此經久，不失不退，定心與喜俱時而發，如人從
暗室出，忽見外邊光明，其心明亮內淨，十種功德俱發，具如初
禪發相。

二禪有四支功德。

1）內淨（內心清淨）：

既離覺觀，依內淨心發定，皎潔分明，無有垢穢。

3）喜（喜悅無量）：

定與喜俱時而發，行人深心自慶，內心生喜定等十種功德善
法。

3）樂（甚為快樂）：

行者享受喜中之樂，恬澹悅怡。

4）一心（一心不動）：

受樂心息，既不緣定內喜樂，又不緣外念思想，是故一心不動。

二禪定也有深淺及進退，同初禪。

二禪可離五蓋。離覺觀過。具足內淨喜心，具足生信敬慚愧及一禪之六善法。

**三禪名爲離喜妙樂地：

入此定時，離於前地之喜，而得勝妙之樂，身諸毛孔，悉皆欣悅。欲得三禪，又當呵責二禪喜悅之過，亦如捨覺觀，由愛故有苦，失喜則生憂，如人知婦是羅剎女，棄捨不生戀著，仍用三法遣除。一、不受不著。二、呵責過失。三、觀心窮檢。喜則自謝。

三禪未生，中間有定，加功不止，一心修習，其心湛然安靜，即是三禪未到地定。而後其心，泯然入定，不依內外，與樂俱發，心樂美妙，不可爲喻。

樂定初生，既未滅身，中間多有三過。一、樂定既淺，其心沉沒，少有智慧。二、樂定微少，心智勇發，不能安穩。三、樂定之心，與慧力等，綿綿美妙，多生貪著，心易迷醉，是故經說：「是樂聖人可以捨，餘人捨爲難。」

三禪欲發，有此三過，是故樂定不得增長滅身，當用三種方法調適。一、若心昏沉，當以念、精進、慧策起。二、若心勇發，當念三昧定法攝持。三、若心迷醉，當念後樂及諸勝妙法門，以自醒悟，令心不著。雖對五塵，不發五識，樂與意識相應，以識內滿，故滅身而受樂。

又者，初禪之樂，從外而發，外識相應，與意識不相應，內樂不滿。二禪之樂，雖從內發，然從喜而生，與喜根相應，樂根不相應，而樂依於喜，喜尚且不遍，何況於樂乎。今三禪之樂從內發，以樂爲主，內無喜動，念慧因緣，令樂增長。

三禪有二時樂。一、快樂樂。樂定初樂，未能滅身。二、受樂樂。樂既增長，遍身受樂。譬如石中之泉，從內湧出，盈流於外，遍滿溝渠。三禪之樂，正是如此。

三禪有五支功德：

1）捨：捨喜心不悔，並捨離前三種過失

2）念：既得三禪之樂，仍念用前三法守護，令樂增長。

3）智：善用三法，離前三過。

4）樂：快樂，樂遍身受。

5）一心：受樂心息，一心寂定。

諸經對上五支次序不同。

三禪深淺、進退同二禪。

三禪離五蓋，及喜過。具五支。

**四禪名爲捨念清淨地：

此定發時，體無苦樂，與微妙捨受俱發，樂受暫滅。欲得四禪，當應深見三禪過患，初欲得樂，一心勤求，大爲辛苦；既得復要守護愛著，是亦爲苦；一旦失壞，益加受苦。因見三禪之樂，有大苦惱，應當一心厭離，求四禪不動定。時於三禪邊地，當修六行觀法，仍用三法遣除。一、不著。二、呵責。三、觀析。行此三法，三禪之樂便謝。

行者精進不止，心無動散，於後忽然開發，定心安穩，出入息斷，定發之時，與捨俱生，無苦無樂，空明寂靜，此時心如明鏡不動，亦如靜水無波，絕諸亂想，正念堅固，猶如虛空，是名世間眞實禪定。於此禪中，若欲轉緣，學一切事，隨意成就，轉粗形爲妙質，易短壽爲長年，一切神通妙用，說法自在，莫不從此定出。

四禪有四支功德：

1）不苦不樂：此禪初發，與捨受俱發，捨受心法，不與苦樂相應。

2）捨：既得不苦不樂定，捨棄勝樂，不生厭悔，心不念著。

3）念清淨：心念清淨，禪定分明，平等智慧，照了無遺。

4）一心：定心寂靜，雖對眾緣，心無動念。

初一支，即具四支，淺深進退同上。離憂喜苦樂之過，具善心敬信慚愧及六善法，功德善根，倍勝於前。

*以上四禪，乃依尋伺喜樂，有具不具，分為四種差別，若具尋伺喜樂，名為初禪定。離尋伺但有喜樂，名為二禪定。離尋伺喜三種，但有樂一種，名為三禪定。具離尋伺喜樂四種，名為四禪定。

（2）若欲示大福德，為說四無量心。患厭色如牢獄，為說四無色定。於緣中不得自在觀所緣，說八勝處。若有遮道不得通達，為說八背捨。心不調柔，不能從禪起次第入禪，為說九次第定。

*世間禪有二種。一、根本味禪。二、根本淨禪。

一、根本味禪：

即四禪天，四無量心及四空定，名為十二門禪，是凡夫、外道和小乘共修之禪。方法是用：「厭下苦粗障，忻上靜妙離」之六行觀去修。

（3）四色界定與四無量心，皆以色法而修，只是離欲粗散，並未跳出色籠，因此稱為色界。此八門禪，悉由靜坐修得，故得禪名。無論修世間禪，或出世間禪，均以禪定為其根本，所以稱為根本禪。

214-3 如何修定（二）

前文已談及四禪定，若能再往前邁進，厭色趣空，滅身歸無，以入於空，則名爲無色界。

無色定有四種：空無邊處定、識無邊處定、無所有處定、非想非非想要處定。

無色定也叫四空定，此定初離三种障境：可見有對色、不可見有對色、不可見無對色（即色法之法處所攝色）。四空定一向永絕色相，與六地定（欲界定、未到地定、四禪定）雖也有空想，但時見色，時不見色，與四空定之永絕色相不同。

四空定的能修之心有二：訶讚及觀析修習。訶色心過罪之相。讚者讚嘆虛空無色，故無此過，虛豁安樂，無眾惱羞患。

觀析修習者，一心諦觀己身，內外相道，重重無實。

更諦心觀察，內身四微四大不異外身四微四大，可見色壞及覺壞，名滅有對相。一切色法既滅，但一心緣空，色定便謝。

**空無邊處定

行者一心念空不捨，其心明淨，與空相應，於深定中，唯見虛空，無諸色相，名滅有對相。

纓絡經立五支：「想」者想身如篩、如甑。「護」者護持，捨離三種色相。「正」者修空定爲正，念色相爲邪。「觀」者觀達正念，破三種色，達於空理。「一心」者心住虛空，無有分散。

以上恐是方便說，因其他諸經論均不立五支。

定的淺深、進退同四禪定。

**識無邊處定

空是虛無實，應捨空定，一心緣識，空定即謝，此後忽然與識相應，心定不動。而於定中，不見餘事，唯見現在心識，念念不住，定心分明。亦於定中，憶過去已滅之識及未來應起之識，悉現定中。五支同空無邊定。

**無所有處定：即不用處定。

修此定時，不用一切內境心及外境空，故名無所有處。修法有二：訶讚及觀行修習。訶責識處，依空依識，皆非寂靜。依內心不真實，唯有無心識處，心無所依，方名安穩。因此要捨識處，繫心無所有處。無所有者，即非空非識，無為法塵，無有分別，如是知已，靜息其心，而念無所有法，是時識定便謝，此時一心內淨，空無所依，不見一切內外境界，唯寂然安穩，心無動搖。得此定時，怡然寂絕，諸想不起，尚不見心相，何況其他諸法？以色空識三者，均無所有，故名無所有處定，由於不起分別，所以亦名無想定。

行者修至於此，可謂進入腹心之地，但仍不應以此為足，需更深一層修非有想非無想定。

由於前修無想定中，仍有過患，一切皆不可得，如癡如醉，如眠如睡，無明覆蔽，無所覺知，以是不可愛樂此定。

**非想非非想定：

此定名一存一亡觀。亡於粗想，存於細想。前觀識處是有想，不用處是無想，今雙除上二想，非想遣識處有想，非非想遣不用處無想。修行方法有二：訶責無想中過罪，如眠如暗，無明覆蔽，訶責識處如瘡如箭，無想處如癡。讚非想才是妙定，是處安穩。

觀行修習則諦觀前定受想行識之四陰，雖比色界細微，但也不免無常苦空等法，因此要捨前無所有定，而觀非有非無，我今此心，過去、現在、未來求之皆不可得，既無形相，亦無處所，當知非有，若果真無，誰知其無？無不自知，由此可見，言有言無，皆是戲論，故觀非有非無。如是觀時，不見有無想定，前修無所有處定，便即謝滅，進而其心任運住在緣中，於後忽然真實定發，不見有無相貌，泯然寂絕，心無動搖，怡然清淨，如涅槃相，是定微妙，於世間禪，無過其上。

外道進入此域，謂是中道，實相涅槃，常樂我淨，逐愛著此法，更不前進。又入此定，不見有無，但覺有能知非有非無之心，故即計此心，為是真神不滅。若佛弟子。知是受想行識之四陰和合，而有此定，是虛誑不實，並非有真神不滅的。凡夫之人，入此定中，陰界入細微不覺，故言非想。

聖者，即修滅盡定。滅盡定者，一切領受思想，一時滅盡，使六識心心所不能生起，都無見聞覺知，出入之息也盡。身證此定，能斷見思煩惱，而證阿羅漢果，超出三界，了脫生死。

又入初禪時，不緣五塵境界，五識暫滅。入二禪時，不能生起覺觀，尋伺暫滅。入三禪時，純受無分別樂，喜受暫滅。入四禪時，心念清淨不動，樂受暫滅。入無想定，六識暫滅。入四空定，色想暫滅。入滅盡定，第七識一分我執暫滅，而諸種子，實皆不滅。

又四禪四空定，則第六識，微細現行，亦未全滅。無想定中，第七我執現行不滅。滅盡定中第七法執，現行不滅。

（二）根本淨禪：
（1）即修六妙法門，十六特勝，通明禪等，不生愛著，故名根本淨禪。智慧多的人，修六妙法門。禪定多的人，修十六特勝。定慧均等的人，修通明禪。根本淨禪，發無漏智，生無漏慧。

六妙門（不定止觀）
天台宗之六妙法門屬於「不定止觀」。法門所以通稱為「妙」是說若人依此法門去修，不僅能超出三界輪迴，更可證得一切種智（即是成佛）。

六妙門的修持方法，主要是教人在呼吸上用功夫。且分為六個階段：一、數。二、隨。三、止。四、觀。五、還。六、淨。

A.數息：

息吐出名呼，入內名吸，一呼一吸成為一息。首從第一息數起，當出息則數一，再出息竟則數二，乃至第十息畢，再回頭從第一息數起，如是終而復始。

若未數至第十，其心於中忽想他事，忘記數目，則應停止再數，應當「回頭」更從第一數起直至第十，一一不亂，各自分明，如是乃為正當的數法。又數第一息時，不可數第二，如數第一息未竟，隨即數第二息，名為將一數二。也不可將二數一，如息已經入於第二，始數第一，此二者均為有過。應該在一數一，在二數二。又不滿十數者，則為減數，若過十數者，則為增數，總之增減之數，皆非得定之道。又應知數入息時，則不數出息，數出息時，則不數入息。如果出入俱數，則會有息遮病，生在喉中，如有草葉，吐也吐不出，咽也咽不下，令人不安，是故數單，不可數雙。

由於心息二者，相依為命，故有心則有息，無心則無息。又隨心而有差別，心粗則息粗而短，心細則息細而長。是故數息日久，逐漸純熟，心息二者，任運相依，心隨於息，息隨於心，覺心任運，從一至十，不加功力，心息自住，息既虛凝，心相漸細，遂覺數息為粗，此時可捨數息，當一心修隨息。

B.隨息：

修隨息前，首應捨掉前面數法。

息入竟時，不可數一；息出竟時，不可數二。其心時時隨息出入，息也時時隨於心，二者如影隨形，不相捨離。當息入時，從鼻、口經咽喉、胸、心至臍部，意要隨逐。當息出時，從臍、心、胸、咽喉至口、鼻，其心也要跟著，決不放鬆一步。

如此隨息日久，其心更能凝靜，息也愈微，此刻忽覺出入息與尋常不同。由於我們平時心粗，不能覺察到息之有異，而今心

271

已入精微，便知息之長短、粗細、溫寒、有無，更能感覺到呼吸從全身毛孔出入，如水入沙，也如魚網，風行無阻。這時身輕柔，心也怡然凝靜，到了這個時候，對隨息也心生厭倦，改而專心修止。

C.止：

修止可以令人妄念不起，身心泯然入定，由於定法持心，自能任運令心不散。

前面修習數、隨二門，雖能令粗念寧靜，但細念仍舊波動。止則不然，能令心閑，不需謀諸事務。平時吾人之心，一向追逐外境，從未有停止過，如今要將其收束，不准它再活動，如以鎖繫猿猴，牠自然不能亂跳；修止也是如此，如能將心念繫在一處，也就不會胡思亂想。

究竟將心繫於何處呢？其一、可以止心於自身的鼻端上，兩目一直注視鼻尖，令心不分散。其次、專心繫於肚臍，丹田之間均可。其三、或止心於出入息上，息出時知其出，息入時知其入，如守門人，站在門側，雖身未動，但能知有人出入。如此修止，久而久之，妄想活動自能停止。

若人能有恆心，以數、隨的方法，試用三五個月，功夫成熟了，屆時不僅能知何為修止，而且一修便能相應。靜坐一兩小時，身心不動，輕安愉快，非世間五欲可比。如若不實地去修習，光是談論定境，等於說食數寶，實在於己無益。

前面所說是繫心法，目的在於將諸妄念制於一處，令心不馳散，但這仍是一種很粗淺的功夫，實際上既有所著之處，必有能緣之心，因此，將諸妄念制伏之後，便要棄止修觀。

D.觀：

我人平時兩目終日注視外境，所用的都是浮心粗念，而今當

靜坐時，兩目合閉，以心眼向內看，觀察微細息出息入，如空中風，來無所從，去無所往，息既無所有，人生又從何得，以有氣息，始有人生，今觀身中之皮肉筋骨等，皆是虛妄不實，再觀內六根對外六塵，於其中所領受的一切境界，都是苦非樂，由於六塵境界，全是生滅法，經常有破壞，一旦境過情遷，則苦惱心油然而生。再觀平時所用之心識，也是生滅無常，剎那不住，一時想東，一時想西，猶如行客，投寄旅亭，暫住便去，若是主人，便會常住不動，而眾生迷而不知，認客爲主，迷妄爲眞，因此，有生死輪迴，受種種痛苦。再觀法無我，諸法雖有千差萬別，總不出於地水火風之四大種，地大種性堅，能支持萬物；水大種性濕，能收攝萬物；火大種性煖，能調熟萬物；風大種性動，能生長萬物，此四者周遍於一切色法，所以稱它爲大，又能造作一切色法，故名爲種。

吾人於出生前，全由母體攝取氧氣和營養，靠母體的四大種，來維持自己生命。一旦出生後，便靠自己呼吸以取氧氣，由自己消化以攝取營養，此則直接靠外界的四大種，來長養自己的內四大種。如進食穀米菜蔬，經腸胃消化後，則變爲皮肉筋骨等。常人妄認四大以爲我，共實，假如髮毛爪齒是我，則穀米菜蔬便爲我；若涎沫痰淚是我，則河流海水便爲我；若周身煖熱是我，則太虛溫煖應該爲我；若鼻孔呼吸是我，則空氣流動便是我。唯事實不然，外四大種既然非我，內四大種又何曾有我？因爲人生由外四大種，轉爲內四大種，人死由內四大種，變爲外四大種，其實內四大種和外四大種，並無差別，一息存在便是有情，一息不在便是無情。有情與無情，又有何異？內四大與外四大，既然均皆無我，我又處於何方，故觀諸法無我。

若人能作以上四種觀行，便可破除四種顛倒。一、人生原是幻化無常，眾生執以爲常。二、人生都要承受生老病死種種痛苦，眾生以苦爲樂。三、四大本空，五蘊非我，眾生妄認假身以

為眞我。四、人生九孔常流不淨，眾生以為清淨。上述四種顛倒，實乃眾生生死的泉源。若人洞破其眞相，自可免除生死痛苦。

修觀雖比修止為高深，但與修還比較，則仍屬浮淺，因而當修觀相應之後，應更進一步去修還。

E.還：

前修觀時，見入息覺其無所由來，觀出息也察其無所往，具見因緣和合方有，因緣別離則無。因有能觀的心智，始有所觀的息境，境智對立，不能會歸本源。此觀之心智，究從何處生？若從心生，則心與觀，應分為二，如父與子，為獨立個體，但事實不然，由於前修數和隨時，並無觀心。若說從境生，則境是色塵，色塵無知，無知色塵何能生觀？若此觀是由心境共生，則應兼心境二者，一半屬於有知，一半屬於無知，如此則無情與有情混為一談，於事實上便犯了相違過。照理能觀之心智，實從心而生，既從心生，應隨心滅，則為幻妄不實。

外在的山河大地諸有為相，尚是虛妄，何況內在的能緣之心智，自然也如夢幻泡影，無有眞實。須知心的生滅，等於水上起波，波的起落，並非水的眞面目，需待風平浪靜，始見眞水，是以生滅的心，非是眞性，眞性本自不生，不生所以不滅，不有所以即空。由於空的緣故，根本無有觀心，既無觀心，豈有觀境，既知境智俱空，便與還相應，心慧開發，任運破除粗重煩惱。至此雖能達到返本還源，但仍存有一個還相，依舊是障礙，因此需要百尺竿頭，更進一步，捨還修淨。

F.淨：

行者於靜坐修六妙門，必須要有善巧方便，否則，功夫實難進步。假如終日心猿意馬妄想紛飛，則應用數息，調伏身心。或

時昏沉散慢，則用隨門，明照息之出入，對治放蕩昏沉。若覺氣粗心散，當用止門，繫緣一處，安守一境。如有貪瞋癡煩惱頻生，可用觀門照破無明，滅除諸惡。

以上諸門，能制止種種妄想，斷除粗重煩惱，但是不能稱爲眞淨、欲得眞淨，必須了知內外諸法，皆是虛妄不實，畢竟無有自性，於一切諸法上，不生分別，即微細塵垢也不起，不僅離知覺想，也無能修所修，能淨所淨，如太虛空，也不落於有無，作是修時，心慧開發，三界垢盡，了生脫死，轉凡成聖，方爲得到眞淨。

（2）四無量心

靜坐修禪定的人，視有色相，猶如牢獄，不得自由，所以達到四禪以後，直修四種空定，期望生四空天，脫離色籠。此乃不知破色之方法，誤以爲心無憶想，便證涅槃，實則當其命終，生無想外道天，唯離粗欲，並未脫出色籠。

若佛弟子的修習方法，當四禪定相應之後，便進而修四無量心，自利利他，方爲正定。爲甚麼不在欲界進修四無量心？由於欲界和未到地定皆淺，不易修習四無量心。

初禪覺觀分別欲界，則生悲易；喜支生喜易；樂支生慈易；一心支生捨易。再者，初禪以覺觀爲主，深知欲界苦惱之相，此處修悲容易。二禪內有大喜，此處修喜則易。三禪內有宿身之樂，此處修慈容易。四禪妙捨莊嚴，此處修捨容易。無色界定，無有色相，修四無量心，不便於緣境，因此，唯「色界定」，可修四無量心。

四無量心是：一、慈無量心。二、悲無量心。三、喜無量心。四、捨無量心。

此四心通名爲無量者，是因菩薩利益眾生之心，廣大無邊，不分怨親，不別愛惡，不僅遍及人類，即蠕動含靈，凡是有知覺

者，莫不饒益。所緣眾生既無量；能緣之心也無量，利生之心既無量；培德植福也無量，所以菩薩經無量劫，難行能行，難忍能忍，修得功圓果滿，便證無上菩提。

（3）十六特勝

六妙法門，第一是「數」。行者因修習數息之故，即能生出四禪、四無量心以及四無色定，前文已略為解釋。

第二妙門是「隨」。行者因修隨息之故，能生出十六特勝。

佛說十六特勝緣起，是初說四諦法時，弟子有不能悟者，故為他們更說九想觀、八背捨等不淨法。修不淨觀雖除貪欲，其中又有生厭患心者，因此不得無漏。故佛改變方針，教其捨不淨觀，轉為修特勝法，因特勝法中，有定有慧，具足諸禪，故稱為特勝，細分為十六。

1）知息入：息入時，知其從鼻、口、經咽喉、胸、心至臍部。

2）知息出：息出時，知其從臍、心、胸、經咽喉、至口、鼻。如是一心照息，心隨於息不亂。又能知息相粗細、輕重、澀滑、冷煖。修習隨息法比數息為勝，因數息心闇，無有觀行智慧，多生愛見過患。習隨息之時，即知此息是無常，命依於息，以息為命，如果一息不還，則命亦隨之而去，息既無常，命亦無常，愛見等病，自不易生。

3）知息長短：修隨息時，忽覺入息長，出息短。因心靜住內，息隨心入故，入則知長，心不緣外境，出則知短。又心細則息亦細，息細則入息從鼻至臍，微緩而長，出息從臍至鼻，亦復如是。如人疲極，休憩歡喜，息即隨細且長。反之，心粗則息亦粗，息粗則出入急疾而短。譬如人遇恐怖，疾走上山，或擔重疲極，此則息短。

4）知息遍身：修隨息時，忽覺其身如雲似影，又覺出入息遍

身毛孔，見息入無積聚，息出亦無分散。覺身空假不實，無常生滅。亦知生滅，剎那不住。以上三事和合，方有定生，三事既空，則定亦無所依，知空亦不可得，如是了知，於定中方能不著。

5）除諸身行：行者因覺息福身，忽發得初禪定，心眼開明，見到身中三十六物，臭穢可惡，此時方知三十六物，皆由四大而有，其中一一無我，亦無我身，此時即除心行粗受。

6）受喜：照出入息，則可除卻懈怠睡眠，而覺心輕柔驚，隨著定心而受喜。

7）受樂：樂從喜生，若心得喜，身便調適，身調適後，則得盛樂，樂是喜增長故。又初心中生悅，是名為喜，後遍身喜，故名為樂。

8）受諸心行：上既受樂在懷，必有心所法相隨，依心樂境，入一心時，知此定乃虛妄不實，而不貪著，則得三昧正受，故受諸心行。

9）心作喜：前既止心一境，但未有慧解，必為沉心所覆沒，今用喜照了，令其不沉沒，故名作喜。

10）心作攝：因喜心動散，則發愈過常，攝之令還，不使馳散，返觀喜性，畢竟空寂，可使定心不動搖。

11）心住解脫：以上遍身之樂，凡夫得到，多生愛染，為其所縛，不得解脫。今以觀照智慧，破析行家身樂時，即知此樂，從因緣生，空無自性，虛妄不實，觀樂不著，其心便得自在。

12）觀無常：觀諸法空，生滅亦空，生時諸法空生，滅時諸法空滅，於其中亦無男、無女、無人、無受、無作，如是觀無常法，可得自在。

13）觀散壞：此身不久當是散壞寂滅之法，非真實有。此定亦由色受想行四陰和合而有，四陰散壞，定不可得，故心無所愛著。

14）觀離欲：凡有愛著，皆名爲欲，離外而緣內，亦未免著欲，今入此定，能觀破析，故觀離欲。

15）觀滅：是心有生住異滅四相，多諸過患，雖修至識極少之處，也是四陰和合，無常無我之法，不可染著，故觀滅法。

16）觀棄：以上處處遍捨一面，至此捨到極點，凡夫得到，以爲涅槃，不能捨離，今得此定，能觀其法，亦是無常、苦、空、無我，非眞涅槃，故觀棄捨。

此十六特勝法，其中未必盡得，或得兩三種，或得四五事，因根機不等，功夫有深淺，故所得特勝，亦因之而異。

（4）八背捨

何謂背捨呢？背是違背，捨即棄捨，意即背棄三界之五欲，捨卻諸有之著心，所以稱爲背捨。

修此觀能開發無漏智慧，斷三界見思煩惱盡，即證阿羅漢果，至此，八背捨即轉名爲八解脫。

八背捨爲：

1）內有色相外觀色：此即內外俱觀。行者以不淨心先觀自己色身不淨，如觀身體腐爛，血肉塗地，臭穢難聞，無有一處可以愛樂。由於欲界貪欲煩惱不易斷，故更要觀他人色身不淨，令心生起厭惡，俾能棄捨愛樂。

2）內無色相外觀色：此時已滅內身色相，由於行者諦觀內身骨人，虛假不實，內外空疏，漸見骨人，腐爛碎壞，猶如塵粉，散滅歸空；故名內無色相。但外四大未見壞滅，故仍以不淨心觀外色相，令生厭惡，捨棄外貪。

3）淨背捨：淨即緣於淨相。此時偏身受樂，故云身作證。行者於二背捨後，已除外色不淨之相，但於定中諦觀八色光耀，入深三昧，練此地水火風及青黃赤白之八色，極令明淨，住心緣中，即能泯然入定，與樂俱生。八色光明，清淨皎潔，如妙寶

光，遍滿諸方，照心明淨，樂漸增長，遍滿身中，舉體怡悅，既親證此法，故云身作證。又能背捨根本貪欲，心也不著其境，故名淨背捨，又名無漏三禪。

4）虛空背捨：行者於欲界定後，已除自身皮肉不淨之色；初背捨後，已滅內身白骨之色；二背捨後，又掃除外身一切不淨之色，此時唯餘八種淨色。至第四禪，

此色皆以心住，譬如幻色，依幻心住，若心捨色，色即謝滅，一心緣空，與空相應，即入無色虛空之處，故名虛空背捨。

5）識處背捨：行者若捨虛空之處，一心緣識，當入定時，即觀此定，依五陰起，悉皆苦、空、無常、無我、虛誑不實、心生厭背而不愛著，故名識處背捨。

6）無所有處背捨：行者若捨識處，一心緣無所有處，當入定時，也觀此定，依五陰起，若五陰空，定不可得，均皆苦、空、無常、無我、虛誑不實、心生厭背而不受著，故名無所有處背捨。處背捨。

7）非有想非無想處背捨：行者若捨無所有處，一心緣非有想非無想，當入定時，也觀此定，依五陰起，五陰若空，定從何有，由此觀之，悉皆苦、空、無常、無我、虛誑不實、心生厭背而不愛著，故名非有想非無想處背捨。

8）滅受想背捨：受即是領納，想即是思想，即五陰中受想二心。由於行者討厭此心，常時散亂，此時雖無粗重煩惱，但未滅除諸心數法，故欲入定休息，盡滅一切心數法，而非心數法也滅，今欲背捨受想諸心，故名滅受想背捨。

（5）八勝處

端身正坐，修八背捨之後，觀心已經成熟，這時可以運轉自如，不論淨與不淨，均能隨意破除，從而轉修八勝處了。

此八法所以均名勝處，含有二種意義：一者不論淨與不淨，

或五欲之染法，得此觀時則可隨意能破。二者能善調觀心。譬如乘馬擊賊，非但可破前陣，也能善制其馬，故名勝處。

*八勝處者：

1）內有色相外觀色少：行者或觀己身，或觀所愛之人，胖脹爛壞，膿血流溢，不可愛樂。觀欲界中色有二種，一者能生淫欲，二者能生瞋恚。能生淫欲是淨色名爲好，能生瞋恚是不淨色故名醜。至此觀心純熟，於好色心不貪愛，於醜色心不瞋恚，但觀色相由四大因緣和合而生，如水泡不堅固，智慧能深達假實之相，住是不淨門中，可以破除貪愛與瞋恚，而由於觀想仍未能成熟，若觀多色，恐難攝持，譬如鹿遊未能調服，則不敢遠放，所以要觀色少。

2）內有色相外觀色多：行者觀心既熟，骨人未滅，爾時於定中廣觀外色，外色雖多，也不妨礙。首從一死屍觀起，乃至十百千萬一國土，乃至十百千萬一世界，皆見悉是死屍，若見一切胖脹，乃至膿血爛壞亦復如是。觀象馬牛羊等六畜飛禽走獸之類，悉見爲死屍胖脹，觀飲食皆如蟲如糞，衣服絹布猶如爛皮爛肉，錢財寶物如毒蛇，穀米如臭死蟲，宅舍、田園、國土、城邑、大地、山川、林藪，皆悉爛壞臭處不淨，乃至見白骨狼籍，一切世間不淨，甚可厭患，行者於三昧中，隨觀即見回轉自在，能破一切世間好醜愛憎貪憂煩惱，故可外觀色多。

3）內無色相外觀色少：行者進入二禪，已滅內心色相，滅內色之理與前二背捨初開無異。今行者要破欲界煩惱，於二禪中，重修此二勝處，乃對治除滅下地結，使令無遺餘，又以觀心未能成熟，要觀多色，恐難攝持，是故仍觀色少，以自修持。

4）內無色相外觀色多：行者既入二禪，已滅內身色相，故名內無色相，但也要再轉變觀道，令純熟增明，牢固不失功力轉勝。由於觀內身色相既無，故外觀色相雖多，也不妨礙，仍由一

死屍觀起，乃至擴至全世界，胖脹爛壞亦如此觀，故名外觀色多。

5）青勝處：功夫用到純熟，觀見青色照耀，勝於背捨八色光明，至此八色光明雖然殊勝，諦觀此色，知從幻心而生，如幻師觀，所化幻色，本無所有，故不生愛染，名為青勝處。

6）黃勝處：見黃色如簷蔔華，加功用行小已，忽見黃色照耀，勝於背捨八色光明，八色光明雖勝，知是如幻有，故不生愛著，名為黃勝處。

7）赤勝處：見赤色如春朝霞，行者精進不住，忽見赤色照耀，勝於背捨八色光明，八色光明雖勝，知如水中月，故不起法執，名為赤勝處。

8）白勝處：見白色如珂雪，行者勇猛修觀，忽見白色照耀，勝於背捨八色光明，八色光明雖勝，知是鏡中像，故不起貪愛，名為白勝處。

行者入第四禪時，念慧已經清淨，將以上四種色，可以轉更光顯，如妙寶光，勝於前色。又用不動智慧鍊此青黃赤白四色，少能成多，多能成少，轉變自在，而且欲見即見，欲滅即滅，故名勝處。又者，以前見此勝色，煩惱未斷，法愛心生，今斷法愛，則知此色，乃從心起，故不生取著，是以將八背捨，轉名為八勝處。

（6）十一切處（十遍處）

前八勝處，但觀少色，勝八背捨，十一切處，則能遍滿緣故，又勝於八勝處。

1）青遍一切處：前背捨勝處中，雖有八色光明，但是所照非廣，末能普遍，是以不得受一切之名。今則不然，行者於禪定中，還取八背捨與八勝處之青，以成就自在勝色。首用念清淨心，取少許青色鬥相，猶如草葉之大，一心繫緣其中，當與少許

青色相應之後，次以觀心運此少許青色遍照十方，功夫純熟，則見光明隨心普照，此時見諸世界皆是青色，遍滿停住不動，猶如青色世界，故名青遍一切處。

2）黃遍一切處：行者於禪定中，仍取八背捨與八勝處中所見黃色，作為所觀之境，首從少許黃色觀起，與此黃色相應之後，進而運此黃色擴至一切處，久之即見光明，隨心普照，故名黃偏一切處。

3）赤遍一切處：行者於禪定中，仍取八背捨與八勝處中所見赤色，從少許赤色觀起，漸令遍照十方，故名赤遍一切處。

4）白遍一切處：行者攝心用念，再取八背捨與八勝處中所見白色，從少許白色觀起，漸運白色偏照十方，故名白偏一切處。

5）地位高一切處：行者心無分散，仍取八背捨與八勝處中所見地色，重新起觀，漸令地色遍照十方，故名地遍一切處。

6）水遍一切處：行者一心專注，重取八背捨與八勝處中所見水色，又復起觀，漸令水色遍一切處，故名水遍一切處。

7）火遍一切處：行者心不馳散，又取八背捨與八勝處中所見火色，重新起觀，漸令火色無不周遍，故名火遍一切處。

8）風遍一切處：行者心空一切，取八背捨與八勝處中所見風色，再起觀照，亦令風色遍照十方，故名風遍一切處。

9）空遍一切處：行者心緣一念，亦取八背捨與八勝處中所見空色，使一切處無不周遍，故名空遍一切處。

10）識遍一切處：行者於禪定中心注一境，仍取八背捨與八勝處中所見識色，使一切處無不周遍，故名識遍一切處。「大智度論」云：「八背捨為初門，八勝處為中行，遍一切處為成就。

214-4 如何修定（三）

定有兩種：奢摩他及毘缽舍那。

只有圓覺經指出定有 3 種：奢摩他、三摩缽提、禪那。

其中三摩缽提即是毘缽舍那。

我個人以為圓覺經的說法最為了義，並指出有二十五種不同的方法可以修成佛。

廣論談及止觀，引用到一些經及很多論，但從未提到圓覺經。

佛法的三學，戒定慧可以說是佛法的最重要共法。

其中定等於是止，慧等於是觀。可見止觀實在是太重要了。以下從幾部重要的經論加以研討一下止觀。

一、解深密經討論止觀

（1）奢摩他

善男子。如我為諸菩薩所說法假安立。所謂契經應誦記別諷誦自說因緣譬喻本事。本生方廣希法論議。菩薩於此善聽善受。言善通利。意善尋思。見善通達。即於如所善思惟法。獨處空閑作意思惟。復即於此能思惟心。內心相續作意思惟。如是正行多安住故。起身輕安及心輕安。是名奢摩他。

-解說：善男子，我對菩薩所說的法都是假名安立的，並沒有實有的自性，都是假法而有名字安立而已。如我以下所說的法：所謂契經、應誦、記別、諷誦、自說、因緣、譬喻、本事、本生、方廣、希法、論議等，都是假名安立的假法。菩薩們聽了這些法，要能好好領受，要能通解其實言語而能蒙受利益，仔細尋思它的意義，而能通過它們表達的正知見。然後獨處空閑幽靜之處，能詳加思惟這些法，而且以能思惟的內心一直作意持續深思細越。而能夠安住內心於一處，如此即能引發身體及內心的輕快

安適的感受。叫做奢華摩他。也就是說，將法由假入空，將假名安立的法，了解其爲假法，通達其自性空，而將心安住於一處，達到寂靜輕安的境界，叫做奢摩他。

（2）毘缽舍那

善男子，若諸眾生修三摩缽提，先當憶想十方如來十方世界一切菩薩，依種種門，漸次修行勤苦三昧，廣發大願，自薰成種，非彼所聞一切境界，終不可取。

如是菩薩能求奢摩他。彼由獲得身心輕安爲所依故。即於如所善思惟法。內三摩地所行影像。觀察勝解捨離心相。即於如是三摩地影像所知義中。能正思擇最極思擇。周遍尋思周遍伺察。若忍若樂若慧若見若觀。是名毘缽舍那。

解說：由奢摩他入三摩地定境後，而獲得身心輕安。此時即對定境中的影像，知其爲假法自性空之義，能夠做正確思惟，最深入的思惟抉擇，再三全面尋思，全面伺察，直到能認證，感到快樂，得到智慧，得到正見，深入觀察，叫做毘缽舍那。也就是，在心安定之後，再進一步觀察體認諸法的假法及自性空。

（3）四種所緣境事

1.有分別影像所緣境事：是指毘缽舍那，由空入假，由空進入有分別影像的世間去觀假及觀行。

2.無分別影像所緣境事：指奢摩他，將有分別的世間法由假入空，讓心安住於無分別的空性寂靜中。

3.事邊際所緣境事：指止觀雙運，止於事的邊際即事的空的自性，又觀於事的假有。

4.所作成辦所緣境事：也就是即止即觀的佛境界。即事事無礙，事事成辦的境界。

（4）毘缽舍那的種類：有三種

1.有相毘缽舍那：即有分別影像毘缽舍那。即觀「假」。

2.尋求毘缽舍那：由慧故，遍於彼彼未善解了一切法中，為善了故，作意思惟毘缽舍那。即觀「空」。

3.伺察毘缽舍那：由慧故，遍於彼彼已善解了一切法中，為善證得極解脫故，作意思惟毘缽舍那。即觀「中」。

（5）奢摩他的種類：有三種，復有八種，即初禪到非想非非想定，每一種定各有一種奢摩他。復有四種，即慈悲喜捨各有一種奢摩他。

二、摩訶止觀討論止觀

（1）四種三昧：常坐三昧、常行三昧、半行半坐三昧、非行非坐三昧

（2）次第三止：「止」的三止：真體止、方便隨緣止，息二邊分別止。

對望「觀」的三觀：觀空、觀假、觀中。

中是非止非觀，即禪那。

真體止對應「觀空」。方便隨緣止對應「觀假」。息二邊分別止對應「觀中」。「即空即假即中」即是佛果。

-真體止：萬法從緣起入性空，性空就是止。從性空而緣起，這個緣起就是觀。

止這個法本身也有體相用，真體止就是止的體。由真體止起觀，就是觀中。

-方便隨緣止：就是止的用。由止起觀，就是觀假。

-息二邊分別止：就是止的相，由止起觀就是觀空。

（3）次第三觀

-觀空：將萬法的「自性」觀成是空牲。即自性是空而不是無（非無），即從假入空。法只是由緣和合產生，緣散法即崩壞，回到空性的自體。

-觀假：將萬法觀成假法。假有不是實有（非有），即從空入假。萬法是從空性的自性加上助緣所形成，它本身非由自性所產生，是藉緣所產生，所以是假法。

-觀中：即觀非空非假。萬法的自性空也是假名安立，所以是非空。萬法雖是假法，但這假法也是自性空，所以是非假。

（4）一心三觀、三諦圓融

空假中，三諦同時成立，即空即假即中。

1.空也是假名安立，也是假。空也是非空非假，所以也是中。

2.假的自性也是空，所以是空。假也是非假非空，所以是中。

3.中也是自性空，所以是空。中也是假名安立，所以是假。

一心空假中同時俱觀，叫一心三觀，即是中道第一義觀。空去空假二邊邊見，叫「貫穿觀」。悟入中道，叫「觀達觀）。中道法性叫「不觀觀」。以上三層含義共同構成「中道第一義觀」的體相。

以別教而言，空是十住，假是十行，中是十地初地。

三諦其實是一諦，即中諦（絕對中）。絕對中諦是體，空諦是相，假諦是用。三諦以佛而言。是一諦，是一法，是一法之體相用。以九法界眾生而言，則是三諦，是三法。

（5）修止觀的對象

-陰界入境：五蘊、十八界、十二入（處）。

-煩惱境：有四類煩惱：欲暴流、有暴流、見暴流、無明暴流。

-病患境：地水火風引起是身病。貪瞋癡三毒是心病。

-業相境：因業受報的生死之輪或過去世的善惡因所生之善惡業報相。

-魔事境：魔會對滅惡生善的修行者，製造種種魔境進行騷擾，以破壞修行者的道業。

-禪定境：貪著禪味，陷入定縛。或過去世修禪的習因。或正在修行現起。或凡夫生起有漏善心的淨定。

-諸見境：進入初禪的觀支，生起類似悟境的偏邪智慧，而起種種顛倒見解。

-增上慢境：小乘誤色界的四禪境界爲超出三界的阿羅漢四果。大乘得魔虛假授記。從而產生增上慢心。

-二乘境：藏教菩薩容易耽溺於空寂，而退墮迴回小乘。

-菩薩境：藏教的六度菩薩，通教的方便位上，亦有不願久行六度菩薩行，而起誹謗。要到別教菩薩十住的初發心位才不會誹謗。

（6）修習止觀的方法：十乘觀法

-觀不可思議境：即空假中圓融三諦的佛境界。

-眞正發菩提心：起慈悲心及發四弘誓願。

-善巧安心：將止觀心，善良巧地安住於法界。

-破法遍：以一心三觀的智慧，徹照空假中三諦。遍破一切諸惑。藏通教用空觀破見思惑。別教用歷次空假中三觀破見思惑及塵沙惑。

圓教用一心三觀遍破見思惑、塵沙惑及無明惑。

-識通塞：因苦集、十二因緣、六蔽、三惑等法會蔽塞實相眞理，即名塞。道滅、滅因緣智、六度、一心三觀等法能顯發實相之理，名通。

-修道品：修無作三十七道品，是基於一心三觀而成立的。

-對治助開：用六度及五停心等加以對治而助開解脫。

-知次位：了知修行所歷的階位次第，以免生增上慢，未得謂得，未證謂證。

-能安忍：若已知自己修行之位次，或入五品弟子位；或入初品，為眾所圍繞，外招名利，內動宿障，應當安忍深修三昧，不為利養、名譽等外障和煩惱、業、定見、慢等內障所動。

-無法愛：已無內外二障，心生愛樂，不能真入中道，進至初地，只在四加行頂位法中，不進不退，稱為頂墮，必須破除這個法愛，才能入別教初地，圓教初住位。

三、修習止觀坐禪法要（小止觀）討論止觀

（1）具緣

第一：持戒清淨

第二：衣食具足

第三：閒居靜處

第四：息諸緣務

第五：近善知識

（2）訶欲：訶責五欲

1.色：美色的慾望。世間珍貴的物品。

2.聲：悅耳聲音的慾望。男女歌詠聲音。

3.香：男女身上體香。飲用食物的芳香。一切能發香氣的物品。

4.味：飲食美味。

5.觸：男女身體接觸快感。冷熱觸感。各種美好的接觸。

（3）棄蓋：捨棄五蓋

1.棄貪欲蓋：棄五欲。

2.棄瞋恚蓋：棄憤怒怨恨。

3.棄睡眠蓋：內心昏暗叫睡。放浪形骸而熟睡叫眠。

4.棄掉悔蓋：墮落叫掉，有身掉：到處遊蕩，做各種戲弄取笑之事，坐立不定。口掉：吟歌詠唱，說長論短，毫無益處的談笑及語言。心掉：放逸心情，任意攀緣附會，各種諸惡覺觀。

懊悔叫悔。如果墮落而不懊悔，就不會障道。悔有二種：因墮落之後產生懊悔。另一是犯了重大罪惡的人，心中常懷著恐怖畏懼，懊悔不能自拔。或應該做的善事而不去做。如果犯錯後能後悔而不再憂愁，這樣心中就會安樂，不再記掛在心。

5.棄疑蓋：疑有三種：懷疑自己的慧根，自我看輕。第二種懷疑師父。第三種懷疑佛法。虔信佛法，信三寶非常重要。

（4）調和

1.調食者：不可太飽、太少。不宜骯髒不潔或不宜之東西。

2.調睡眠者：眠寐過多，廢修聖法，喪失功夫，令心闇昧，喜根沉沒。

3.調身：以毗盧遮那七支坐法，不寬不急是身調相。

4.初入禪調息法者：呼吸有四相：風、喘、氣、息。前三種不調和。呼吸細密才能入定。三種方法：放下一切，守住意念，安定心種。放鬆身體各部。想著呼吸氣息經由全身毛孔，且暢通無阻。

入：調伏亂想，不令越逸。當令沉浮寬急得所。不沉不浮是心調相。

住：調身、息、心

出：開口放氣，想從百脈隨意而散，微微動身，次動肩膊手頭頸，次動二足。次以手遍摩諸毛孔，次摩手令煖，以掩兩眼，然後開之。

5.入定時調心者：
調身、息、心。

（5）方便：五法
1.欲：樂欲
2.精進：
3.念：憶念
4.巧慧：
5.一心分明：

（6）正修行：坐中修、歷緣對境修
（A）坐中修：
一、對治初心粗亂修止觀
-修止有三種：
1.繫緣守境止
2.制心止
3.體眞止
-修觀有二種：
1.對治觀：五停心觀。
2.正觀：觀諸法無相，並是因緣所生，因緣無性，即是實相。
所觀之境一切皆空，能觀之心自然不起。
二、對治心沉浮病修止觀
三、隨便宜修止觀：隨機應變修習止觀。
四、對治定中細心修止觀
五、爲均齊定慧修止觀
（B）歷緣外境修止觀者：
1.六種緣：行、住、坐、臥、作作（在工作中修習）、言語
（在言語中修：知言語會致煩惱及善惡即止，並將言語觀空）

2.六塵境：眼對色（止：不起貪瞋無明亂想。觀：一切色法畢竟空寂）、耳對聲、鼻對香、舌對味、身對觸、意對法

（7）善根發：二種
（1）外善根發相：布施、持戒、孝順父母尊長、供養三寶及諸聽學。
（2）內善根發根：有三種意
（A）明善根發相：
1.息道善根發相：身心調適，妄念止息，自覺入定。發欲界及未到地定。
2.不淨觀善根發相：觀不淨而悟知生死無常，厭惡五欲，不再執著人我。
3.慈心善根發相
4.因緣觀善根發相：觀十二因緣，破除人我見，遠離無常謬誤見，得到禪定安隱及五陰、十八界了不可得。
5.念佛善根發相：三味開發，身心快樂。
（B）一切法門發相應廣分別：
1.分別眞偽者：：
-辨邪偽禪發相關：邪定發而愛著，與九十五種鬼神法相應。要不接納，不理會。
-辨眞正禪發相：正覺與正定相互應合，處於空明清淨的境界中，內心充滿喜悅，沒有煩惱覆蓋，善心逐漸開發，虔信與恭敬與日俱增，智慧與鑒別力更加分別，身心柔和輕軟，微妙空虛寂然，厭惡世間俗事，無爲且無欲，出入禪定任運自在。
（C）明用止觀長養諸善根。

（8）覺知魔事
1）四種魔

1.煩惱魔

2.陰入界魔

3.死魔

4.鬼神魔：精魅、堆剔鬼、風魔惱

2）卻法有二：

修止卻之

修觀卻之

3）若見魔境不謝，不須生憂；若見滅謝，亦勿生喜。

4）取要言之：若欲遣邪歸正、當觀諸法實相，善修止觀，無邪不破。

（9）治病：有二意

（A）明病發相：

1.四大增損病相

2.五藏生患之相

3.善知因起：因內外發高動、因外發動、因內發動

4.得病因緣不同：

四大五藏增損得病、鬼神所作得病、業報得病

（B）明治病方法：

1.用止治病：安心止在病處，即能治病。止在丹田。止在足下。

知諸法空無所有，不取病相，寂然止住，多有所治。

2.用觀治病：

-用六種氣治病：吹、呼、嘻、呵、噓、呬。

-用觀想運作十二種息：

上息、下息：、滿息、焦息？增長息、滅壞息、煖息、冷息、衝息、持息、和息、補息。

-善用假想觀：如患冷，想身中火氣起。

-用止觀檢析身中，四大病不可得，心中病不可得，眾病自
差。

-鬼病用彊心加咒以助治之。業報病須修福懺悔。

-用心坐中治病有十法：信、用、勤、常住緣中、別病因法、
方便、久行、知取捨、持護、識遮打障。

（10）證果

1.體眞止。從假入空觀、一切智

2.方便隨緣止。從空入假觀。一切道種智

3.息二邊分別止。中道正觀。一切種智。定慧力等，了了見佛
性，流入薩婆若海，成就一串三味，安住首楞嚴定，以三德爲大
涅槃，入佛境界。

四、「菩提道次第廣論」討論止觀

（一）止觀的定義

（1）奢摩他

1.解深密經即於如所善思惟法。獨處空閑作意思惟。復即於此
能思惟心。內心相續作意思惟。如是正行多安住故。起身輕安及
心輕安。是名奢摩他。

2.寶雲經：奢摩他者謂心一境性

3.菩薩地：於離言說唯事唯義所緣境中繫心令住，離諸位戲
論，離心擾亂想作意古文，於諸所緣而作勝解，於諸定相令心內
住安住等住，廣說乃至一趣等持是名奢摩他。

4.修次中編：外境散亂，既止息已，於是內所緣恆常相續運
轉，安住歡喜輕安之心，是名奢摩他

5.般若波羅蜜多教授論；盡所有性如所有性無分別影像者，是
止所緣。

293

（2）毘缽舍那

1.解深密經：彼由獲得身心輕安爲所依故。即於如所善思惟法。內三摩地所行影像。觀察勝解捨離心相。即於如是三摩地影像所知義中。能正思擇最極思擇。周遍尋思周遍伺察。若忍若樂若慧若見若觀。是名毘缽舍那。

2.寶雲經：毘缽舍那者謂正觀察

3.菩薩地；由奢摩他熏修作意，即於如先所思惟法思惟其相，如果理由簡擇，最極簡擇，極簡擇法廣銳乃至覺明慧行，是名毘缽舍那。

4.修次中編；即由安住奢華摩他時，思擇眞實，是名毘缽舍那，

5.般若波羅蜜多教授論：盡所有性如所有性有分別影像音，是觀所緣。

（二）止觀所緣

四種所緣境事：

-無分別影像：奢摩他。階位：地前。內容：不起分別，明心而住。修習方式：九住心。

-有分別影像；毘缽舍那。地前。有意識之思想活動。正思擇、最極思擇、周遍尋思、周遍伺察。

-事邊際；止觀雙運，地上。盡所有性、如所有性。一切有爲事—五蘊所攝、一切所知事—四諦所攝、觀待道理、作用道理、證成道理、法爾道理。

-所作成辦：止觀雙運。佛地。證無分別智。止觀已圓滿。

（三）止觀區別

（A）止：止是內心住於無分別，不具明了力之境即奢摩他；反之，具明了力即毘缽舍那。這种說法是不對的。

奢摩他是心一境性殊勝三摩地；而毘缽舍那是正確揀擇所知義理之智慧。這種智慧是通達二無我之智慧。

（B）觀：

有四種差別：

-正思擇：分析盡所有性，以智慧簡擇淨行所緣、善巧所緣、淨惑所緣等顯現之世俗道理。

-最極思擇：分析如所有性，以智慧俱行之分別作意，檢擇上述三種所緣之真實義理。

-周遍尋思：依前述智慧所緣之如所有性與盡所有性，取其行相粗略分析。

-周遍伺察；依前所述智慧所緣之如所有性與盡所有性，取其內涵仔細分析。

三門：

-有相：純粹思惟三摩地所行有分別影像之毘缽舍那。即是天台宗之假。

-尋求：就上述有分別影像，選擇尚未通達之法義，透過智慧推求之過程。即是天台余之空。

-伺察：就上述已通達之法義，進一步細察，最終證得究竟解脫之過程。即是天台宗之中。

六類：

-尋思義：分析其言即如其義

-尋思事：分析其為內法或外法

-尋思相：分析諸法二相，其為自相、共相或共不共相

-尋思品：分析黑白二品，其為惡業過患或善業功德。

-尋思時：分析三世，過現未來世。

-尋思理：分析四種道理：觀待、作用、證成、法爾。

1.觀待：推察生果之因。

2.作用；推察法之各自作用。

3.證成：推察是由現量、比量或聖教言量所立。

4.法爾：諸法本有之法性。

（四）止觀修持次第

先修止再修觀。先修心止於一境，再行「無我」之妙慧觀察，則無我影像才能清楚明見，而且才能生起輕安。

但以上是對初修者而言，若行者已修得初禪根本地之三摩地，至此層級則可「依觀修止」。

（五）止觀之道次第

下士道守戒行善，積累人天福報。再至中士道修習聲聞緣覺乘，思惟四諦、八苦、十二緣起，解脫六道輪迴。而扼止起心動念以防產生煩惱無明，則端賴正念正知所引發之正定奢摩他；終至上士道修行菩薩道，由奢摩他之境修觀而通達空性二無我妙慧，以證得如來一切種智。奢摩他也可於中士道即修習之。

在六度中，止定在第五度，觀慧在第六度。

（六）止觀之修習

（A）修止

1.修止資糧：住隨順處、少欲、知足、斷諸雜務、清淨尸羅（守戒）、斷除貪欲等諸惡尋思。

2.加行六法：灑淨設像、莊嚴設供、入座歸依、觀想聖眾、淨障集資（修普賢七支）、三事求加，即供曼陀羅。此中尤其要求大菩提心之修持。

普賢七支：禮敬、供養、懺悔、隨喜、請轉法輪、請佛住世、迴向。

3.正行：3.1.身體威儀（足、眼、身、肩、頭、唇齒、舌、呼吸）。3.2.調伏內心之攝修次第：修持八斷行以斷除五種過失。修

六力、四種作意、九住心。

4.修止兩種方便：令心明顯，具「明顯分」、「明了分」；專注所緣無有分別具「安住分」、「專注分」，具上二分才能引生有力正念及正知，並安住之。

5.修止之最大障礙：沉掉（沉沒及掉舉）。沉沒（退弱）與昏沉（昏昧）不同：前者心於所緣執持力緩（細）或不極明（粗），而且沒有汙染相，會障礙正定之獲得。後者是對所緣境心不明了，而且有汙染相，會引發煩惱與隨煩惱。

6.修止之調心住心：

修止有五階段：加行時、勤修定時、已住定時、沉掉生時、離沉掉時。

1）修八斷行：信、欲、勤、安、正念、正知、行思、行捨。

2）滅五過失：懈怠、忘失教授、沉掉、不作行、作行（行思）

3）引生住心次第：九住心、六力、四種作意、心念活動。

九住心：內住、等住、安住、近住、調順、寂靜、最極寂靜、專注一趣、等持。

六力：聽聞力、思惟力、憶念力、正知力、精進力、串習力。

四種作意：力勵運轉作意、有間缺運轉作意、無間缺運轉作意、無功用運轉作意。

-九住心：（內住）、（聽聞力）、（力勵運轉作意）、（從一切外境中攝錄其心使不散亂）。

-九住心：（等住）、（思惟力）、（力勵運轉作意）、（相續不斷地集中心念於所緣境上）。

-九住心：（安住‧近住）‧（憶念力）、（有間缺運轉作意）、（安住：覺察心念散亂，立即收攝回來。近年住：持續令心專注於所緣境，不使散動）。

-九住心：(順調、寂靜)、(正知力)、(有間缺運轉作意)、(調順：省察諸相過患，令心不於諸相中流散。寂靜：省察諸隨煩惱過患，避免心流散)。

-九住心：(最極寂靜、專注一趣)、(精進力)、(最極寂靜：有間缺運轉作意。專注一趣：無間缺運轉作意)、(最極寂靜：諸相與諸煩惱若因失念而現起時，能即時制伏。專注一趣：有加行有功用地令心專注於所緣境)。

-九住心：(等持)、(串習力)、(無功用運轉作意)、(因數數修習緣故，而得無加行無功用任運轉道)。

（B）修觀

1）修觀資糧：

1.明了義不了義：

a.了義不了義之判分。不了義即安立顯示世俗、顯示種種字句。了義即有安立顯示勝義，顯示甚深難見。

b.二諦圓融

2.理解龍樹菩薩意趣：以佛護、月稱莫屬。闡明抉擇眞如實義之理法。明瞭生死輪迴根本導源於俱生我執之薩迦耶見，是故滅除我執得以永斷貪瞋癡，遮止輪迴之因，進而了生死，入涅槃。

3.抉擇空性正見，悟入眞實義：

（1）明辨正理所破：

1.善明所破之因相：即薩迦耶見我執及相信有我之自性。

2.遮破過度與不足：

-過度：連二諦也破除。將無實有（空）與無混爲一談。認爲一切法有即自性有，無即自性無。一切法於比量未見者即誤爲無，專注空性、不見俗諦即認爲無俗諦。

-不足：無自性認爲是無常性。自體可分解到極微，而認極微是勝義眞實。破除此自性實有即是證空性。

（2）依應成宗見破除邪分別：

1.緣起與空性不相違

2.安立世俗因果作用

3.名言有且名言無自性

4.道所破與理所破

5.俱生無明的我執爲生死根本

6.以他許比量破斥敵論

（3）依中觀正見通達無我勝義

1.抉擇補特伽羅無我

2.抉擇法無我

3.修習此見到淨障之理：證「補特伽羅無我」及「法無我」二無我智，盡滅四取：欲取、見取、戒禁取、我語取（內身所起的一切我執），淨障是斷煩惱障及所知障。

（七）止觀之實踐

（A）止之實踐

-完備修止資糧：營造有益基本助因之環境；堅持身體威儀-毘盧遮那七支坐法。

-調伏內心之修習：

1.住所緣前之修習次第：滅懈怠爲初切要。追隨善知識聽聞教法以了知正定功德是爲最勝宗要。

由信引發欲，由欲引發精進，由精進引發輕安。

2.住所緣時觀想佛像修持最爲殊勝

3.住所緣後之修習：

a.沉掉現時之對治

-對治沉沒之法：作光明想；提高心力。

1.思惟種種可欣之法，使心向外擴散生起欣喜，心念相續於悅境。如緣念佛像或思惟日月光明。如是稱爲舉相，舉起沉沒之

299

心。

2.當沉沒出現時，不可修無常、苦、厭患等非欣悅意境，否則更加沉沒。

3.昏沉或睡意濃厚時，起身經行或誦讀相關過患之經論，或瞻顧四方及星月等發光物，或以冷水洗臉。

4.若沉沒濃厚或數度現起，應暫停修行。

5.沉沒一旦消失，立即回復持續觀修。

-對治掉舉之法：

1.思惟念死無常等法義，可以滅除掉舉。

2.若掉舉猛烈或持久，則應暫停修止，先修厭離心。

3.不太嚴重時可以持續攝持以恢復安住。

4.輕微者無須暫停修止，惟將心拉回所緣境即可。

-對治沉掉之方法次第：沉掉多因為掉舉散亂先發生，先以正念，正知對治粗品之掉、散。而後勵力防止沉沒，持續以勵力攝心對治。

b.沉掉離時之修習：此時應修習等捨，放緩對治。

捨有三：受捨、無量捨、行捨。等捨屬於行捨，即不再需要刻意對治。此時已入第八住心即專注一趣之階段。

-勤修八斷行以滅除五過失

-依六力成辦九住心

（B）觀之實踐

（1）以聞思修為實踐進路

（2）悟入眞實之次第：下士道-中士道-上士道

（3）依七項觀察理解諸法無自性

1.車與支分非一

2.車與支分非異

3.車依賴支分而立

4.支分依賴車而立
5.車具有支分
6.支分聚合為車
7.支分組合之形狀為車
車是自我，支分是五蘊。

（4）依三相判別「名言有」：三相
1.該事物必為「名言識」所認知
2.如此共同認定之事物與其他「名言量」並無相悖
3.與如理觀察真實或觀察有否自性之正理亦不相違：

　　（5）破執必先破境：破除顛倒心必先破除所執取的顛倒境即執無為有，破除人我及法我之自性有，應知自性為空。一切法因自性空而依緣生起。
　　（6）破除俱生無明：破除俱生無明之我執，須依中士道之修行次序，發出離心，次第修習無我空慧。
　　（7）依二無我智之空性義理持續串習得滅二障：
　　觀察以名言安立之補特伽羅我，思惟其為造業者與受果者，深化無自性緣起之義理，斷除煩惱障，而後配合長時菩薩行而斷所知障。
　　（8）依空性正理持續思惟反覆觀察。

　　（八）止觀成就之量
　　（A）止
-身心輕安
-具足七作意
1.了相作意：壓伏欲界煩惱所行之了解行相差別。
2.勝解作意：正確了解行相差別。

3.遠離作意；能對治欲界地（下地）嚴重之上三品煩惱。

4.攝樂作意：降伏欲界中三品煩惱。

5.觀察作意：已遠離大部分欲界煩惱，此時再繼續雙修止觀。進一步觀察煩惱不起現行的原因。

6.加行究竟作意：能伏斷欲界下三品煩惱。

7.加行究竟果作意：斷盡欲界煩惱，獲證初禪正行。即前面六種作意之果。

（B）觀

-輕安成就

-正確之無我空性正見成就：引發四種行相三摩地：無分別、明了、澄淨、微細

（九）止觀雙運

先修得緣空奢摩他，再次修得緣空毘缽舍那。因前者會失壞，故需再修改緣空奢摩他，如此交替修行，才能令心安住於定，引發無上空慧。由觀察力可以輔助正奢摩他，由寂止力可以輔助觀察力，相輔相成，即成辦止觀雙運。

215 什麼叫做無諍三昧？

無諍三昧，音譯三昧、阿蘭那，華語「正定」，就是入了禪定之意。「無諍三昧」，無諍的意思就是無我人、彼此高下、聖凡之分，一相平等。連真空亦無住，若有住者，即有對待，便生諍論，長繫生死矣。

三昧就會是入三摩地的定境中。謂住於空理而與他無諍之三昧。在佛弟子中，解空第一之須菩提最通解空理，故於弟子中所

得之無諍三昧，最為第一。金剛經：「佛說我得無諍三昧，人中最為第一，是第一離欲阿羅漢。」。又天台宗所說圓教初門之行者，於修一切無漏對治觀之禪定時，即證聖果，為大力羅漢，具足六通、三明，同時證得無諍三昧。

無諍三昧因已達我他平等，故應已證入菩薩初地的人無我、法無我的「如實空真如」境界，或已證入菩薩八地的「已除俱生無明的我執」，而達「相自在」的境界。

216 各宗的觀法有不同嗎？

前文止觀已有論及觀，此處僅條列之。（請參閱本書問 216，或《佛性辨正》一書，書中對各宗之觀法有詳細探討）

一、俱舍宗：
四諦十六行相

二、成實論：
我法二空觀
四諦觀

三、華嚴宗：
法界三觀
十玄緣起觀

四、天台宗：
一心三觀
修十乘觀法

修四種三昧
二十五方便

五、三論宗：
八不正觀
破邪顯正

六、法相宗：
五重唯識觀

七、淨土宗：
彌陀十六觀
五正行、五念門、四修

八、禪宗：
頓悟漸修
本證妙修

九、眞言宗：
入我我入觀
字輪觀
三密觀
五相成身觀
五字嚴身觀
阿字觀
十言生句觀

217 什麼是見思惑、塵沙惑、無明惑？

見思惑、塵沙惑、無明惑，名為三惑。凡夫、聲聞、緣覺、菩薩，尚未證成無上佛道，因而擁有的一切迷惑。

-見思惑是凡夫的迷惑，見思惑中的見惑是知見的迷惑，如身見邊見等五不正見，思惑是思想上的迷惑，如貪瞋癡慢疑等五煩惱，聲聞緣覺行人若斷了此二惑，即能證得阿羅漢果，出離三界。

-塵沙惑是菩薩的迷惑，菩薩化度眾生，如果不通達如塵沙的無量法門，則不能完成教化眾生的事業，故名塵沙惑。

-無明惑即根據根本無明而言，能障蔽中道實相之理，斷盡即成佛。

此三惑中，見思惑為粗（對空的迷惑），塵沙惑為中等（對假的迷惑），無明惑為細（對中道的迷惑），其性質各不相同。這是天台宗將凡夫、二乘、菩薩未證成究竟果地，內心所有之迷惑，將經論統攝歸納為三惑，讓我們能正見三惑真諦，因而證悟甚深菩提。

218 靜坐與參禪有何不同？

參禪有二意：一是指禪坐，二是指參究禪理。
若是指禪坐，則禪坐也是靜坐的一種。
若是指參究禪理，則這個禪字就等於佛字，即參究佛理。
打坐與靜坐，是一樣的。但是，打坐的方法各家各有不同。
佛教的打坐以提升定性為主。
道家的打坐以調身養生為主。
瑜珈也有打坐，這也有助身心。

各家目的不同,因此,對於〔心〕的管理也不同。

若對於〔心〕沒有管理,只是隨意而坐,其價值性較低。

219 隨緣不變與不變隨緣有何不同?

-隨緣不變是內心不變的空性心隨著外緣的變化,而跟著變化的程度。從佛、菩薩、小乘到凡夫,只有佛能夠從容面對外緣,內心保持寂然不動,因為佛心是真心,是永久不變的空性心。其他如菩薩、小乘、凡夫,都持假心,其空性心都會有變化,只是變化的大小不同而已。菩薩已具相當定力,內心的不變空性(我法俱空)已頗具規模,因此對緣時內心變化已較小。

小乘的內心已有「部分」的空性不變性(人我空),已粗具不變心,因此面對外緣時,內心仍有部分不變力。至於凡夫,內心全是我法二執,全無空性不變心,因此隨緣必變,而且可能大變。

-不變隨緣是指內心已具備了多少不同程度的不變空性心,而能隨緣生起事行。這個空性心的不變度,也是隨佛、菩薩、小乘到凡夫而不同。只有佛能以「完全空性」的不變菩提心(真心),隨緣生起普度眾生的事行。

其他如菩薩、小乘、凡夫都是持假心。

菩薩已具「相當程度不變」的法我兩空的空性慈悲心,因此能隨緣生起利他的度生事行。小乘只有人我空的「部分不變」的空性心,此心只有自度心,因此隨緣只會生起自度自利的事行。至於凡夫,整個心變化不定,完全沒有不變的空性心,因此隨緣也會生起善惡不定的事行。凡夫應該說俱變隨緣。

220 各宗的觀法，異同在那裡？

請參閱問題 216：「各宗的觀法有不同嗎？」

221 什麼是一心三觀？

一心三觀為天台圓教之觀法，利根菩薩之所修習。原出於大智度論所謂「三智一心中得」之文。又得自中論觀四諦品，「眾因緣生法，我說即是無（空），亦為是假名（假），亦是中道義」之意（中）。

一心三觀是一次同時觀空假中，而非次第觀空而後假中。別教之說，先修空觀，破見思之惑，得一切智，而證真諦之理，次修假觀，破塵沙之惑，得道種智，而知假諦恆沙之法門，後修中觀，破無明之惑，得一切種智，而證中道法身，故三觀次第而用之。圓教之說則不然，三觀融即於一心，不縱不橫，恰如伊字之三點，又如一剎那之法，有生住滅之三相，三即非三，一即非一。是故舉一觀，即圓具三觀。謂舉一空觀，則假中亦空。以三觀悉能蕩相著故也。舉一假觀，則空中亦假。以三觀皆有立法之義故也。舉一中觀，則空假亦中。以三觀之當處皆為絕對故也。是即三觀祇在一心，故得一心之觀，任運具三。如是三一圓融，修性泯絕，非次第而入，非並別而觀，故得三惑破於一時，三智發於一心。所以稱為不可思議之三觀也。

222 什麼是一念三千？

-十如是：性、相、體、力、作、因、緣、果、報、本末究竟。

十如是是指在十界的任何一界，在瞬間的生命中具備著十種共通的構造，如是相（外表表現出來的形態）、如是性（性質、性分）、如是體（本體、根本的主體）、如是力（內在的力量）、如是作（將內在的力量表現出來的作用）、如是因（造成果的直接原因）、如是緣（有助原因造成結果的助緣）、如是果（由於因和緣而造成的內面結果），如是報（果的具體表現）、如是本末究竟等（以開始的相為本，以終結的報為末，本末究竟是相等的。換句話說，從如是相到如是報為止這九種全都是具備在一瞬間的生命之中）。而且，如是的意思是「如實地看事物、事象」。

-十法界：地獄、惡鬼、畜牲、人道、阿修羅、天道、聲聞、緣覺、菩薩、佛。

這十種境界是具備在我們人界眾生的生命中，亦具備在地獄界的眾生和菩薩界的眾生等生命之中。因此，十界各各生命中又各具備十界便稱為十界互具。十界各各又具備十界而成為百界。

-三世間：國土世間、五陰世間、眾生世間。

三世間是從三種角度去看十界的差別。

1.五陰世間：五陰是構成眾生的五種要素。色陰（身體的物質面）、受陰（通過感覺器官接觸外界事物的內心感受的作用）、想陰（知覺感受的事物而在心中想像的作用）、行陰（基於想陰而生的決定意志等內心的作用）、識陰（認識作用，引起受、想、行作用的根本意識）。這五陰的作用會因十界不同而有異，故稱五陰世間。

2.眾生世間：是指由五陰形成的眾生生命有十界的差別。

3.國土世間：是指十界眾生所住國土（環境世界）有差別。

*一念三千：十法界互通互具，每一法界都可以一念念及其他九法界，所以變成一百法界。

一百法界 x 三世間 x 十如是＝三千

*所謂一念三千是說在一念裡就具備著三千的諸法。這三千法雖說不同，但都是一念所起，所以三千法都是從一念幻起的假法，故要將三千法觀假。而且一念之中都有十如是的本末究竟，都有十法界的佛法界，都有佛的國土及佛的五陰，所以可以將一念觀成佛念，而佛所起的三千念也都是佛念，故而理事圓融。

223 何謂佛性三因？

佛性有三因佛性，正因佛性、了因佛性，緣因佛性。

正因佛性是佛性本身的「體」，所有有情無情都相同。是萬法本體（佛性）的本體。

了因佛性是佛性本身的「相」，有情的了因各不相同。

緣因佛性是佛性本身的「用」，有情的緣因各不相同。

緣因佛性是萬法的善惡性的本質，萬法藉它而顯出善惡。

了因佛性是萬法的善惡藉「了因」的了知而知善惡染淨相的空性。

正因佛性是萬法本體（佛性）的性體。

緣因佛性可以提供萬法的善惡本性「資助」了因佛性去了知善惡染淨相的空性。

了因佛性可以藉萬法的染淨相之空性來「開顯」正因佛性的本體功能。

224 各宗教判有何異同？

1）唯識宗的教判：
有空中道三時：
第一時有教：小乘有教；阿含等經。
第二時空教：大乘空教；般若等經。
第三時中道教：大乘中道教；華嚴、深密等經

2）律宗的教判：
化教、制教。
化教三教：性空教、相空教、唯識圓教。
制教三宗：實法宗（薩婆多部）、假名宗（曇無德部）、圓教宗（唯識圓教）。

3）三論宗的教判：
立二藏，三輪。
二藏：聲聞藏、菩薩藏。
三輪：
根本法輪：華嚴經
枝末法輪：小乘諸經乃至方等般若諸大乘經。
攝末歸本法輪：法華經。

4）天台宗教判：
五時及八教。
五時：華嚴時、阿含時、方等時、般若時、法華涅槃時。
化法四教：藏教、通教、別教、圓教。
化儀四教：頓教、漸教、祕密教、不定教。

5）華嚴宗的教判：

五教十宗。

五教：小教、大乘始教、大乘終教、頓教、圓教

十宗：我法俱有宗、法有我無宗、法無去來宗、現通假實宗、俗妄眞實宗、諸法但名宗、一切皆空宗、眞德不空宗、相想俱絕宗、圓明具德宗。

6）密宗的教判：

A.中國眞言宗：

顯密二教及十住心教判。

十住心：

一、異生羝羊心，異生，謂凡夫，凡夫不辨善惡，但念淫食，如彼羝羊，此即三惡趣的修因。

二、愚童持齋心，即由外因緣發起善心，或行世善，或持五戒，此即人間之果報。

三、嬰童無畏心，即求生天上，離惡趣苦，或修十善，此是大乘的住心。（以上三心，爲世間住心，在佛法五乘中，屬人天乘。）

四、唯蘊無我心，即已空人我，唯存五蘊，此是聲聞乘的住心。

五、拔業因種心，即觀十二因緣，拔惑業因緣之種，出於三界，此是緣覺乘的住心。（以上二心，均屬小乘教。）

六、他緣大乘心，即起度他之無緣大悲，此是法相宗的住心。

七、覺心不生心，即起八不之正觀，無知心性本來清淨，不生不滅，此是三論宗的住心。（以上二心，均屬三乘教。）

八、一道無爲心，一道即一乘法，生佛不二，境智圓融，無相無爲，一道清淨，此是天台宗的住心。

九、極無自性心，緣起無自性，無自性之極致，則事事無礙，此是華嚴宗的住心。（以上二心，均屬一乘教。）

十、祕密莊嚴心，祕密莊嚴即曼荼羅，此是眞言宗的住心，是為金剛乘教。

B.藏密的叛教：白教的九乘次第：聲聞、緣覺、菩薩、事部、行部、瑜珈部、無止瑜珈部

（麻哈、阿努、阿底）

即是（大、無比、無上）

7）淨土宗的教判：

有三種：

1.難行易行二道。

2.聖道淨土二門。

3.聲聞菩薩二藏漸頓二教

225 輕安、定、非定如何區別？

入定會有輕安的感覺，如圓覺經指出，奢摩他可以得到輕安。

所以輕安是一種入定的覺受，感覺身心輕快清涼，安祥喜樂。

定有很多種，請參閱前面談定的文章。

以下提出「瑜伽師地論」的十二種「非定地」：

1.自性不定故：它的性質不定。

2.闕輕安故：沒有產生輕安。

3.不發趣故：沒有發起修道證果的決心。

4.極散亂故：心貪著五欲，心隨流散。

5.太略聚故：將細昏沉當成定境。

6.未證得故：作意不堅固及未得意生身。

7.未圓滿故：尚未證得四加行位，氣脈四大沒轉變到究竟位。

8.雜染汙故：愛染清淨，愛染有道者。

9.不自在故：對於入定、住定、出定不能自己完全作主。

10.不清淨故：定境不清淨，沒有般若見地。

11.有起故：心、心所的煩惱已「起」。

12.有退故：四禪八定還是會退，需菩薩八地才不會退。

226 世間定及非世間定如何區別？

世間定是指欲界定、未到地定，四禪八定及滅盡定。

世間定只能調伏意識心，不能斷我見，不能斷生死結縛。眾生要想解脫，首先需要斷除五陰是我的知見，然後修出初禪，斷貪愛，斷煩惱，最後對三界的貪愛都斷盡無餘，再也不貪不愛不心喜了，才能得解脫。在四禪八定裡，還有對禪定的貪愛，還執著五陰當中的某部分為我，所以就不能得解脫，也有人還在執著禪定中的意識覺知心為我，所以也不能得解脫。

出世間定是無出無入的定，這是指如來藏的常住大定，如來藏常在定中，不攀緣一切法，從來不出定，也沒有入定時。對於六塵，它從不起心念和心行，從不散亂，從不掉舉，從不昏沉，從不入睡，方便說為定，所以如來藏沒有定與不定之說。如來藏也是本不動搖的，對一切法都無見無聞，因此就不動心念，它的運作，是完全隨順眾生的業力、習氣、因緣，雖然隨順也不動心思，從來沒有身口意的動轉，因此也叫作首楞嚴大定。

227 有心地及無心地如何區分？

瑜伽釋十七頁云：所言有心無心地者：略就五門，建立差別。

一、地施設建立門：

就地總說門，謂五識身相應地，意地，有尋有伺地，無尋唯伺地，此四一向是有心地。無尋無伺地中，除無想定，無想天，及滅盡定，所餘一向是有心地。若無想定，並無想天，及滅盡定，是無心地。於此門中，無心睡眠，無心悶絕，亦名有心。有七八故。唯無想定等心不相應行，與心相違，名無心地。

二、心亂不亂門。謂四倒等所倒亂心，名無心地。失本性故。

三、心生不生門。謂若緣具；此心得生；名有心地。若緣不具，彼心不生；名無心地。於此門中，隨此心生，名有心地。彼心不生，名無心地。

四、分位建立門。謂除六位，名有心地。若無心睡眠位，無心悶絕位，無想定位，無想天位，滅盡定位，及無餘依涅槃界位，名無心地。

五、就真實義門。謂唯無餘依涅槃界中，諸心皆滅，名無心地。餘位由無諸轉識故，假名無心。由第八識，未滅盡故；名有心地。如是二地諸門差別，進退不定。

228 定境中有退位，不能得定與出定，有何不同？

不能得定即前所說「非定地」，即沒有入定。
入定後除菩薩八地不動地外，其他世間定均會退。
以下談出定。

「云何爲出？謂如有一于能入定諸行狀相，不復思惟。于不定地分別体相，所攝定地不同類法，作意思惟，出三摩地。或隨所作因故，或定所作因故，或期所作因故，而出于定。隨所作者，謂修治衣鉢等諸所作業。定所作者，謂飲食便利，承事師長等諸所作業。期所作者，謂如有一先立期契，或許爲他當有所作。或復爲欲轉入餘定，由此因緣，出三摩地。」

什麼叫作出定呢？到了住定的狀況裡，不起任何分別思想，可是，忽然一念來了，這一念哪裡來？自己都找不出來，突然起一念，同定的境界相反。換句話說，這一念來了，把定破壞了，這一念就是「作意思惟」。這力量很大，在五遍行中就叫作意，就引發了你的思想。

爲什麼念頭會來？這裡面包括了幾個原因：「或隨所作因故」。這點要注意，眞正修行是注重行門，就是心理的行爲，平常待人做事、講話，種種的行爲。因爲種的因不同，不一定能得定的果；種的因不同，定都定不下。有時我們身心有煩惱，所以定不下去。業力沒有消除，也不能夠得定。這就是「隨所作因故」。

「或定所作因故」，定的方法、目的不對。比如今天感冒了，剛開始坐時，想把感冒去掉，這個動機觀念，就是定的因，雖然是這麼微細的一點差別，但是它在效果上差別卻很大。

「或期所作因故」，期就是希望。比如有些人打坐，下意識裡希望，我只要打坐，身体就可以健康了。還有些人想得眼通；又有些人盤起腿來故作打坐狀，在幻想裡頭舒服一下。所以因地不同，果就不同。

「而出于定」，這些任何一個因素，都能夠使你出定。

「修治衣鉢等諸所作業」，就是彌勒菩薩舉的例子。有些人在定中，好好的，忽然一個念頭來了，有一件衣服破了，下坐縫兩針吧！或忘了某件事情，突然想起來了，然后又后悔不對，坐在那裡思想亂搞起來了，這是出定相，破坏了那個境界。彌勒菩薩

315

的這句「修治衣体等諸所作業」，包括了一切。下面「飲食便利，承事師長」，也是使你不能得定或出定的原因。

「先立期契」，等于有些人睡覺不需要鬧鐘，明天有事情，自己會在幾點鐘醒來，這是心念業力的作用。

229 止觀有那四種？

天台智者大師所說的止觀有四種：一者名爲「圓頓止觀」，也就是「摩訶止觀」，爲我們闡明圓頓妙觀；二者名「漸次止觀」，說明從淺入深的次第工夫，也就是「禪波羅蜜次第法門」；三者名「不定止觀」，淺深不定，能大能小，也就是在呼吸上用功夫，透過：一、數。二、隨。三、止。四、觀。五、還。六、淨。而這六妙門可以按次第，也可以一自己修行的功夫，當心散亂時，可以數、隨，讓心定於一；有了功夫之後，隨文入觀即可。四者名「小止觀」，也就是現今我們這些初機者，最適合的修習止觀坐禪法要。

要留意的是「小止觀」，雖然名爲小，卻是大部之梗概，入道之樞機。非是對大而言小，實是「小而無外」之「小」，所以專心的修持，文字上雖有大、有小，有廣、有略之不同，但得到的利益還是一樣。

230 什麼是智顗大師坐禪法要的「止觀十意」法？

止觀十意即：

具緣第一：就是修習止觀必須具備的因緣條件；

第二是呵五欲：就是呵責色聲香味觸這五欲，使修行人不受

外境的影響；第三是棄五蓋：就是棄除貪欲、瞋恚、睡眠、掉舉、疑這五蓋，使內障不起；

第四是調和：即外調飲食、睡眠，內調身、息、心；

第五是行五法：行欲、念、進、慧、一心這五法，使所修的一切法門都能成就。

以上五者，是修止觀的前二十五方便；

第六是正修止觀；第七是善根發：在修習止觀的過程當中，會有一些善根開發的情況發生；第八是覺魔事：就是要知道一切魔事的內容；

第九是治病患：病是障道因緣，所以要知道如何對治病患；等到一切魔、一切病都去除之後，就能夠證果，第十是證果。

今略舉此十意，以明修止觀者，此是初心學坐禪之急要！若能善取其意而行之，可以安心免難，發定生解，證於無漏之聖果也。

231 何謂小止觀「六妙門」？

天台宗之六妙法門屬於「不定止觀」。法門所以通稱為「妙」是說若人依此法門去修，不僅能超出三界輪迴，更可證得一切種智（即是成佛）。

六妙門的修持方法，主要是教人在呼吸上用功夫。且分為六個階段：一、數。二、隨。三、止。四、觀。五、還。六、淨。

A.數息：

息吐出名呼，入內名吸，一呼一吸成為一息。首從第一息數起，當出息則數一，再出息竟則數二，乃至第十息畢，再回頭從第一息數起，如是終而復始。

若未數至第十，其心於中忽想他事，忘記數目，則應停止再數，應當「回頭」更從第一數起直至第十，一一不亂，各自分明，如是乃爲正當的數法。又數第一息時，不可數第二，如數第一息未竟，隨即數第二息，名爲將一數二。也不可將二數一，如息已經入於第二，始數第一，此二者均爲有過。又不滿十數者，則爲減數，若過十數者，則爲增數，總之增減之數，皆非得定之道。又應知數入息時·則不數出息，數出息時，則不數入息。如果出入俱數，則會有息遮病，生在喉中，如有草葉，吐也吐不出，咽也咽不下，令人不安，是故數單，不可數雙。

由於心息二者，相依爲命，故有心則有息，無心則無息。又隨心而有差別，心粗則息粗而短，心細則息細而長。是故數息日久，逐漸純熟，心息二者，任運相依，心隨於息，息隨於心，覺心任運，從一至十，不加功力，心息自住，息既虛凝，心相漸細，逐覺數息爲粗，此時可捨數息，當一心修隨息。

B.隨息：

修隨息前，首應捨掉前面數法。

息入竟時，不可數一；息出竟時，不可數二。其心時時隨息出入，息也時時隨於心，二者如影隨形，不相捨離。當息入時，從鼻、口經咽喉、胸、心至臍部，意要隨逐。當息出時，從臍、心、胸、咽喉至口、鼻，其心也要跟著，決不放鬆一步。

如此隨息日久，其心更能凝靜，息也愈微，此刻忽覺出入息與尋常不同。由於我們平時心粗，不能覺察到息之有異，而今心已入精微，便知息之長短、粗細、溫寒、有無，更能感覺到呼吸從全身毛孔出入，如水入沙，也如魚網，風行無阻。這時身輕柔，心也怡然凝靜，到了這個時候，對隨息也心生厭倦，改而專心修止。

C.止：

修止可以令人妄念不起，身心泯然入定，由於定法持心，自能任運令心不散。

前面修習數、隨二門，雖能令粗念寧靜，但細念仍舊波動。止則不然，能令心閑，不需謀諸事務。平時吾人之心，一向追逐外境，從未有停止過，如今要將其收束，不准它再活動，修止也是如此，如能將心念繫在一處，也就不會胡思亂想。

究竟將心繫於何處呢？其一、可以止心於自身的鼻端上，兩目一直注視鼻尖，令心不分散。其次、專心繫於肚臍，丹田之間均可。其三、或止心於出入息上，息出時知其出，息入時知其入，如守門人，站在門側，雖身未動，但能知有人出入。如此修止，久而久之，妄想活動自能停止。

若人能有恆心，以數、隨的方法，試用三五個月，功夫成熟了，屆時不僅能知何為修止，而且一修便能相應。靜坐一兩小時，身心不動，輕安愉快，非世間五欲可比。

前面所說是繫心法，目的在於將諸妄念制於一處，令心不馳散，但這仍是一種很粗淺的功夫，實際上既有所著之處，必有能緣之心，因此，將諸妄念制伏之後，便要棄止修觀。

D.觀：

我人平時兩目終日注視外境，所用的都是浮心粗念，而今當靜坐時，兩目合閉，以心眼向內看，觀察微細息出息入，如空中風，來無所從，去無所往，息既無所有，人生又從何得，以有氣息，始有人生，今觀身中之皮肉筋骨等，皆是虛妄不實，再觀內六根對外六塵，於其中所領受的一切境界，都是苦非樂，由於六塵境界，全是生滅法，經常有破壞，一旦境過情遷，則苦惱心油然而生。再觀平時所用之心識，也是生滅無常，剎那不住，一時想東，一時想西，猶如行客，投寄旅亭，暫住便去，若是主人，

便會常住不動，而眾生迷而不知，認客爲主，迷妄爲眞，因此，有生死輪迴，受種種痛苦。再觀法無我，諸法雖有千差萬別，總不出於地水火風之四大種，地大種性堅，能支持萬物；水大種性濕，能收攝萬物；火大種性煖，能調熟萬物；風大種性動，能生長萬物，此四者周遍於一切色法，所以稱它爲大，又能造作一切色法，故名爲種。

　　吾人於出生前，全由母體攝取氧氣和營養，靠母體的四大種，來維持自己生命。一旦出生後，便靠自己呼吸以取氧氣，由自己消化以攝取營養，此則直接靠外界的四大種，來長養自已的內四大種。如進食穀米菜蔬，經腸胃消化後，則變爲皮肉筋骨等。常人妄認四大以爲我，唯事實不然，外四大種既然非我，內四大種又何曾有我？因爲人生由外四大種，轉爲內四大種，人死由內四大種，變爲外四大種，其實內四大種和外四大種，並無差別，一息存在便是有情，一息不在便是無情。有情與無情，又有何異？內四大與外四大，既然均皆無我，我又處於何方，故觀諸法無我。

　　若人能作以上四種觀行，便可破除四種顛倒。一、人生原是幻化無常，眾生執以爲常。二、人生都要承受生老病死種種痛苦，眾生以苦爲樂。三、四大本空，五蘊非我，眾生妄認假身以爲眞我。四、人生九孔常流不淨，眾生以爲清淨。上述四種顛倒，實乃眾生生死的泉源。若人洞破其眞相，自可免除生死痛苦。

　　修觀雖比修止爲高深，但與修還比較，則仍屬浮淺，因而當修觀相應之後，應更進一步去修還。

　　E.還：

　　前修觀時，見入息覺其無所由來，觀出息也察其無所往，具見因緣和合方有，因緣別離則無。因有能觀的心智，始有所觀的

息境，境智對立，不能會歸本源。此觀之心智，究從何處生？若從心生，則心與觀，應分爲二，如父與子，爲獨立個體，但事實不然，由於前修數和隨時，並無觀心。若說從境生，則境是色塵，色塵無知，無知色塵何能生觀？若此觀是由心境共生，則應兼心境二者，一半屬於有知，一半屬於無知，如此則無情與有情混爲一談，於事實上便犯了相違過。照理能觀之心智，實從心而生，既從心生，應隨心滅，則爲幻妄不實。

外在的山河大地諸有爲相，尚是虛妄，何況內在的能緣之心智，自然也如夢幻泡影，無有眞實。是以生滅的心，非是眞性，眞性本自不生，不生所以不滅，不有所以即空。由於空的緣故，根本無有觀心，既無觀心，豈有觀境，既知境智俱空，便與還相應，心慧開發，任運破除粗重煩惱。至此雖能達到返本還源，但仍存有一個還相，依舊是障礙，因此需要百尺竿頭，更進一步，捨還修淨。

F.淨：
行者於靜坐修六妙門，必須要有善巧方便，否則，功夫實難進步。

假如終日心猿意馬妄想紛飛，則應用「數息」，調伏身心。

或時昏沉散漫，則用「隨」門，明照息之出入，對治放蕩昏沉。

若覺氣粗心散，當用「止」門，繫緣一處，安守一境。如有貪瞋癡煩惱頻生，可用「觀」門照破無明，滅除諸惡。

以上諸門，能制止種種妄想，斷除粗重煩惱，但是不能稱爲眞淨、欲得眞淨，必須了知內外諸法，皆是虛妄不實，畢竟無有自性，於一切諸法上，不生分別，即微細塵垢也不起，不僅離知覺想，也無能修所修，能淨所淨，如太虛空，也不落於有無，作是修時，心慧開發，三界垢盡，了生脫死矣。

232 何謂止觀的「九種心住」法門？

九種心住即：

內住、等住、安住、近住、調順、寂靜、最極寂靜；專注一趣、等持。

-內住：謂從外一切所緣境界。攝錄其心，繫在於內，令不散亂。此則最初繫縛其心。令住於內不外散亂。故名內住。

-等住：謂即最初所繫縛心平等住持。於此所緣境界。以相續方便澄淨方便。令微細遍攝令住。故名等住。

-安住：謂若此心雖復如是內住等住。然由失念於外散亂。復還攝錄安置內境。故名安住。

-近住：謂彼先應如是如是親近念住。由此念故數數作意內住其心。不令此心遠住於外。故名近住。

-調順：謂種種相令心散亂。所謂色聲香味觸相。及貪瞋癡男女等相故。彼先應取彼諸相爲過患想。由如是想增上力故，其心不令流散。故名調順。

-寂靜：謂有種種欲恚害等諸惡尋思，貪欲蓋等諸隨煩惱。令心擾動。故彼先應取彼諸法爲過患想。由如是想增上力故。於諸尋思及隨煩惱。止息其心不令流散。故名寂靜。

-最極寂靜：隨所生起諸惡尋思及隨煩惱能不加忍受，即能完全斷滅除遣，是故名爲最極寂靜。

-專注一趣：心專注於一處。謂有加行有功用。無缺無間三摩地相續而住。是故名爲專注一趣。

-等持：持續平等任持三摩地定境。謂數修數習數多修習爲因緣故。得無加行無功用任運轉道。由是因緣不由加行不由功用。心三摩地任運相續無散亂轉。故名等持。

十一、華嚴宗：233-243（共 11 問）

233 何謂六根圓通？

六根圓通意即六根可以圓滿互通。一般人六根各有不同功能，只有修行到菩薩以上才能具有六根互通之功能。

以前曾提到的手指識字特異功能就是六根圓通的一種表現。

楞嚴經卷三：「一切世間諸所有物，皆即菩提妙明元心。」我們每個人都有一顆「菩提妙明元心」，也就是其他經論所說的「眞如本心」。眼、耳、鼻、舌、身、意等六根，以及它們所對應的山河大地，也就是色、聲、香、味、觸、法等六塵，全都由這顆人人本具的眞心所幻生。六根、六塵就像六條（十二條）河流，它們都來自同一個水源——眞如本心。一個修道人，只要逆流（所謂「反聞」）找到這個活水源頭，就能隨意自在地順流（所謂「倒駕慈航」）回到凡世的六根、六塵世界，這時，他是以眞如本心回到現實世界，發現眼見也可以是耳聽，耳聽也可以是眼見，乃至身觸也可以是意想，意想也可以身觸。六根對他來說，沒有任何阻礙；六塵對他來說，也沒有任何隔閡。這就是所謂的「六根圓通」。

觀音菩薩的法門：「耳根圓通法門」。即「反聞聞自性」。

在《楞嚴經》裡共有二十五圓通。依據這二十五種方法修行都可以得到解脫、成就聖道。這二十五種法門是依據什麼而修的呢？二十五個法門當中的「耳根圓通」。

234 什麼是一眞法界？事事無礙？

*一眞法界是華嚴宗所提出的一種佛的境界。

佛的法界只是「絕對一」而且是「眞實的」的世界。

什麼是絕對一？下面的問題會討論到，此處暫不重複。

真實的意思是佛已破了世間的三假：相對假，因緣假、相續假，所以佛是真實的。

世間法的特色就是具備這三假。世間萬法很多是相對的，男女、黑白、善惡、是非、得失、染淨、成壞、總別、生滅、常斷、一異、來去、等等，所以六祖壇經及維摩經均列出很多相對法。

凡是相對的，都是假的。在佛的眼中，只有絕對的一法，而非相對的二法。所以六祖說不思善，不思惡。維摩經主張不二法門。

相對的二法都是佛性「性體」的「相用」，是一法的體相用而已。而且佛的境界是體相用「一體」，即體即相即用。所以天台宗佛是即空即假即中的「絕對中」。華嚴宗的佛世界是「一真法界」。

故而煩惱即菩提，生死即涅槃，貪瞋癡即戒定慧。

*華嚴宗提出四法界：事法界、理法界、理事無礙界、事事無礙界。

這四法界剛好與天台宗有如下的對應：
事法界是「假」；理法界是「空」；理事無礙是「中」；
事事無礙是即空即假即中的佛境界。

事事都不一樣，怎麼會無礙呢？因為事事的體都是一樣，都是佛性，事事的相用雖不一樣，但是對佛來說是無住、不分別，等於是一樣。故而事事無礙，佛也將相用看成是佛性。

所以在佛的佛眼中，整個世界是一個「統一」、「總別無分」、「一即是多」的世界。

萬法在佛眼看起來都是佛性一法，所以叫一真法界，事事無礙。

而以人眼看世界，則是千差萬別的也界，以天眼、小乘的慧眼，菩薩的法眼看世界，則又各呈不同的世界。

235 什麼是一即是多、多即是一。相對一與絕對一有不同嗎？

相對一：一加一等於二，一加二等於三。

絕對一：一加一等於一；一加多也等於一。

絕對一就是一眞法界，佛的世界，無盡「緣起」的世界，統合「緣起」的「性起」的世界。

佛的世界只有五乘合成一乘、三諦合成一絕對中諦、三身合成一法身、四土合成一常寂光土、佛性三因合成一正因、四智合成一法界體性智、多即一、不二的世界。

236 外道所說的三教合一，可能成立嗎？

三教合流，是指儒釋道三教合一的說法。宋明以降，儒教、道教、佛教三家思想相互影響，叫做三教合流。

華嚴宗五祖宗密，對內提倡教禪一致，對外力圖調和儒釋道三教，爲開佛教三教合一思潮之先河。

佛教的人天乘的止惡修善，其實已包含儒教。而佛教與道教，在知見上、修行方法及修成正果上均不一樣，實無合流之必要。

237 何謂華嚴的「五教止觀五法門」？

　　修行人欲入佛道，應修止觀。佛道有二，即定道慧道。定道圓滿，即證究竟涅槃。慧道圓滿，即證無上菩提。定慧二道，唯是一心。一心之體不變，一心之用隨緣。隨緣不變謂之定，不變隨緣謂之慧。一心者一眞法界性也，一心者一大總相法門體也。欲冥合心體，應修於止。欲起心之大用，應修於觀。修止則得定，修觀則發慧。

　　*止觀五法如下：

　　一、法有我無門，是小乘教。

　　小乘六宗者：我法俱有宗、法有我無宗、法無去來宗、現通假實宗、俗妄眞實宗、諸法但名宗。

　　二、生即無生門，是大乘始教。

　　三、理事圓融門，是大乘終教。

　　四、語觀雙絕門，是大乘頓教。

　　五、華嚴三昧門，是一乘圓教。

　　*華嚴五教是就法判教有其五，即小教、始教、終教、頓教、圓教。故法唯一乘無有分別，人有高下，機有利鈍，自有差別。以法從人，故有五教不同。

238 華嚴宗的五教十宗如何與天台宗的四教五時相對應配合？

　　華嚴宗五教：小、始、終、頓、圓。

　　天台宗四教：藏、通、別、圓。

*小=藏。始=通。終=別。頓、圓=圓。

華嚴十宗：

天台五時：華嚴時、阿含時、方等時、般若時、法華涅槃時。

華嚴十宗：小乘：我法俱有宗、法有我無宗、法無去來宗、現通假實宗、俗妄真實宗、諸法但名宗。大乘：一切皆空宗、真實不空宗、相想俱絕宗、圓明具德宗。

*小乘六宗=藏、通。一切皆空宗=通、別。真實不空宗=通、別。相想俱絕宗、圓明俱德宗=圓。

*華嚴時：華嚴宗。

阿含時：小乘六宗。

方等時：真實不空宗。

般若時：一切皆空宗。

法華涅槃時：相想俱絕宗、圓明俱德宗。

239 什麼是法界緣起與法界三觀？

法界緣起，亦名無盡法界緣起、法界無盡緣起、一乘緣起、十十無盡緣起、十玄緣起等。

華嚴宗在判教中被稱為圓教，圓指圓滿、圓融、互無分別。法界緣起是華嚴宗一項基本宗義，屬華嚴四法界中「事事無礙法界」的內容。

法界通指「真如」、「實相」，此處法界緣起指「如來藏自性清淨心」，無盡的諸法各為緣起，又互為緣起，互相影響，相互涉入，自在無窮。正如一盞燈與千盞燈同放光明，交融無別，諸法

互入互涉，因此淨穢，聖凡之相圓融一體，我、眾生與佛也圓融一體，外相雖有別，不生不滅的體性相同。也稱為「一即一切，一切即一」。

法界緣起有兩個要點。第一是世出世間，一切現象，均由法界清淨心隨緣生起，離開法界一心更無別物。第二是，在此法界一心作用下，各種現象無不處於你中有我，我中有你，你即是我，我即是你的法界，「圓融無礙」、「重重無盡」的聯繫中。

*法界三觀

法界觀，為華嚴宗觀門之樞要，可分為真空觀、理事無礙觀、周遍含容觀等三觀。

（一）真空觀，即觀理法界。謂觀諸法之本性即空。然真空觀之空非斷滅之空，亦非離色之空，乃觀色非實色，而舉體為真空，觀空非斷空，而舉體是幻色，而達空色無礙之境界。於此觀法中，可分為會色歸空觀、明空即色觀、空色無礙觀、泯絕無寄觀等四種。

（二）理事無礙觀，即觀理事無礙法界。謂若僅觀於事，則起世俗之心，而執著於享樂之境；若僅觀於理，則起出世之心，而恐局囿於喜愛無漏小果之境。若理與事並觀，則能達鎔融無礙之境，心無所偏著，自能悲、智相輔，成就無住行，而證無住處。

（三）周遍含容觀，即觀事事無礙法界。謂以事望事，使觀全事之理，隨事而一一可見，全理之事，隨理而一一可容；然後一多無礙，大小相容，玄妙而莫能測度。

240 各宗的緣起論有何異同？

一、華嚴宗所歸納之四種緣起思想。華嚴宗之教理係以「緣起」為主，而於所判立五教之中，除頓教外，分別各說一緣起，即：於小乘教說業感緣起，於大乘始教說賴耶緣起，於大乘終教說如來藏緣起，於圓教說法界緣起。而唯獨頓教因是無相離言之宗，不更涉教相之教，故無緣起之說。

（一）業感緣起，謂惑、業、苦三道輾轉輪迴而因果相續。蓋「惑」為心之病，「業」為身之惡，「苦」為生死之果報；以心之病為緣而造身之惡，由身之惡為因而感生死之果；如此惑、業、苦三道輾轉，互為因果，故稱業感緣起。所謂三世因果、十二因緣觀即由此而來。

（二）賴耶緣起，即業感緣起之所緣而生者。賴耶，阿賴耶之略稱，其梵語意譯為「藏」，乃「種子」之義；意即微細不可知之一大藏識，為一切有情之根本所依；而一切千差萬別之現象皆為此藏識所執持之種子所現行，此稱「種子生現行」，於此同時，彼種子所現行之萬法，又於藏識中新熏其種子，此稱「現行熏種子」。如是，故知由本有種子、現行、新熏種子等三法之輾轉相生，而有「種子生現行，現行熏種子」之關係。

如此經由本有種子、現行、新熏種子三法輾轉輪迴、互為因果而無窮始終。

（三）如來藏緣起，又作真如緣起。即賴耶緣起之所緣而生者。謂眾生之生死流轉、還滅涅槃，皆依含真如之如來藏佛性。即一味平等之真如，乃為無始無終不增不減之實體，為染淨之緣所驅而生種種之法。其實體有真如門、生滅門二義。就真如門而言，如來藏乃一味平等之體；就生滅門而言，如來藏由染緣而現六道，由淨緣而出四聖。蓋以「真如之體」為因，「因緣之用」為緣，而生「生滅之相」。由此三法而得生滅之果，即現行之賴耶

識。

（四）法界緣起，由上可知如來藏體爲眞如，若更有所生即非眞如；而如是一切萬法爲由一如來藏變現者，則論其萬法互相融通，可爲一大緣起，此即稱法界緣起，緣起之義理即窮極於此，乃爲華嚴一宗之特色。具體而言，法界緣起即謂法界之事法，無論有爲無爲、色心依正、過去未來等，盡成一大緣起，而無任何單獨存在者，故以一法成一切法，以一切法起一法。就諸法之勢力而言，具有一（一法）多（一切法）相入之義；就諸法之體性而言，具有一多相即之義。華嚴宗乃以此相入相即之妙義，闡釋法界萬有相融無礙之極理。

二、眞言宗的六大緣起：由六大：地水火風空識六種本體所緣起。藏密的七大緣起：地水火風空識見。

印度佛教的演變，從原始、部派而性空、唯識、眞常。思想不論如何分歧，甚至形成對立之勢，但總不能偏離佛法的根本教義，違反釋尊所證與所說的緣起眞理。各種不同的緣起論，通常分爲：業感緣起、賴耶緣起、性空緣起、眞如緣起、法界緣起和六大緣起、七大緣起。

此中眞如、法界、六大緣起，應是依中國佛教宗派的教義而安立，比如：眞如緣起說是根據大乘起信論的一心二門——眞如門與生滅門而說。法界緣起是賢首宗一眞法界、四法界，緣起無盡之宗義。六大緣起，乃是眞言宗所倡立。六大緣起說，不出上述內外因緣的緣相應義。眞如緣起與法界緣起，不過是如來藏緣起的不同詮釋。因此，大乘佛教的三系思想：「性空唯名」、「虛妄唯識」、「眞常唯心」，也即是「性空緣起論」、「賴耶緣起論」與「如來藏緣起論」。三種緣起論，代表了「初期大乘」諸法皆空論，及「後期大乘」萬法唯心說。唯心，大分爲妄心與眞心，妄心緣起是阿賴耶唯識論，眞心緣起是如來藏佛性論。而「佛法」

包括佛在世的原始佛教和佛滅後的部派佛教，在上列的緣起中，是否同屬於「業感緣起論」。然佛在世說法，最初有華嚴時，所以也有法界緣起。

241 什麼是華嚴四法界？

法界之義有二，一就事，一約理。就事而言，法者諸法也，界者分界也。諸法各有自體，而分界不同故名「法界」。一名爲法界，總該萬有亦謂法界。廣義泛指有爲、無爲之一切諸法，亦稱爲法界。就字義而言，界有「種族生本」之義，又界或爲「種類各別」之義，即諸法的自性各異之意。然一切諸法終歸於一眞法界，此即諸佛眾生本源之清淨心，亦稱爲一心法界、一眞無礙法界。一心攝四法界，若自現象與本體觀之，則可分爲四義，稱爲四法界。

（一）「事法界」：法指萬法，界謂分界；諸法差別之事相，各有分齊，譬如器從金出，萬有不同。

（二）「理法界」：諸平等之性，諸法之現象雖多，然其眞實體性則常住不變，平等一如，超越語言文字，爲諸法相然之理體。如金器雖異，但同出於金。

（三）「理事無礙法界」：事攬理成，理由事顯，現象界與本體界具有一體不二之關係，法爾圓融。如金即器，器即金，互融攝而無礙。

（四）「事事無礙法界」：一切現象界互相融攝，差異之與平等無有障礙，一即一切，一切即一，重重無盡，事事無礙，所謂一波纔動萬波隨，因陀羅網珠珠相攝，鏡鏡之光，光光輝映，故稱爲「法界緣起」。

242 什麼是十玄緣起？

法藏立「十玄門」以說「法界緣起」，根據法藏之《金獅子章》「勒十玄」加以說明。

一、同時具足相應門

《金獅子章》說：「金與獅子，同時成立，圓滿具足。

各同時具各相應門。」意謂金與獅子形相同時成立，無先無後，圓滿具足了金體與獅子相的一切。這也就是說，本體與現象互相適應，互相依序，故是同時圓滿具足的，這是就「理事無礙」說的。

故此「同時具足相應門」所表現之哲學意義，當為說明「體用互相依存之統一」也。

二、諸藏純雜具德門

《金獅子章》說：「若獅子眼收獅子盡，則一切純是眼；若耳收獅子盡，則一切純是耳，諸根同時相收，悉皆具足，則一一皆雜，一一皆雜，為圓滿藏，名諸藏純雜具德門。此意謂，任何一部分現象都是整個本體之表現（按：蓋本體不可分），所以可以說整個本體都表現在部分現象之中。從另一方面說，此現象與其他現象不同，而呈現為「雜」（差別）：另一方面，由本體通過它所呈現此現象可以包含其他一切現象，此現象又是純（同一）。

因此所謂「諸藏純雜具德門」所包含的哲學內涵是說明「現象的同一性與差別性的統一」，這就是「事事無礙」說的。

三、一多相容不同門

《金獅子章》說：「金與獅子，相容成立，一多無礙；於中事理，各各不同，或一或多，各住各位，名一多相容不同門。」

此處就「理事無礙」說,「理」(本體)是「一」,「事」(現象)是「多」,事統於理,「多」統於「一」,故每一事皆為理之全體的顯現,此命題所蘊涵之哲學意義正說明「統一性與多樣性之統一」。

四、諸法相即自在門

《金獅子章》說:「獅子諸根,一一毛發,皆以金收獅子盡。一一徹獅子眼,眼即耳,耳即鼻,鼻即舌,舌即身。自在成立,無障無礙,名諸法相即自在門。」如前「一多相容不同門」是就理事說無礙,那麼此門則是就事事說無礙。

從一方面說,現象世界中每一事物(事)都是真如本體(理)全體所現,所謂「一切即一」。既然「一切即一」那麼「眼」和「耳」從根本上說就沒有什麼分別,故可說「眼即耳,耳即鼻」等等。但自另一方面看,每一事物只是每一事物,眼只是眼,耳只是耳,自在成立,無障無礙。任何事物都有多重屬性,這多重屬性都是此事物之屬性,屬性雖有差別但同為此事物之屬性,就構成此事物說是相即而又自在的,這樣我們就可以得出「差別性與多重性的統一」的觀點。這也就是說,從哲學上說「諸法相即自在門」表現了差別性與多重性的統一」。

五、祕密隱顯俱成門

《金獅子章》說:「唯獅子無金,即獅子顯而金隱;若看金,唯金無獅子,即金顯獅子隱。若兩處看,俱顯俱隱。隱則祕密,顯則顯著,名祕密隱顯俱成門。」如果專注現象就看不到本體,那麼現象顯現,本體隱沒,但並非沒有本體,如果專注本體就不見現象,那麼本體顯現,現象隱沒,但並非沒有現象。如果既關注本體,又關注現象,則「性相同時,隱沒齊現」,本體現象都有隱,都有顯,因此隱顯同時存在。這就是說,現象與本體既有排他性,又有共存性,而排他性與共存性可同時存在,這樣就

可以構成（現象與本體）的排他性與共存性的統一」，這同樣是「理事無礙」的一種表現方式。

六、微細相容安立門

《金獅子章》說：「金與獅子，或隱或顯，或一或多，安純定雜，有力無力，即此即彼，主伴相交，理事齊現，皆悉相容，不礙安立，微細成辦，名微細相容安立門。」此門是把上述各門作一總括，再進一步說明本體（理）與現象（事）可以一齊呈現，都可以互相包容（就理事無礙方面說）：由於一切現象都是本體之呈現，故就現象方面說最微細的事物（事）也可以呈現其他一切事物（這是就事事無礙方面說的）。因此，由「理事無礙」可以得到「事事無礙」，故此門之哲學意義或者可以說，從本體與現象的關係方面看，本體爲共性，現象爲特性，它表現爲「本體與現象的共性與特性的統一」；據此可知「微細相容安立門」可以說有「共性與個性的統一」的哲學意義。

七、因陀羅網境界門

《金獅子章》說：「獅子眼耳支節，一一毛處各有金獅子；一一毛處獅子同時頓入一毛中。一一毛皆有無邊獅子，又復一一毛，帶此無邊獅子，還入一毛中。如是重重無盡，猶天地網珠，名因陀羅網境界門。」現象界中之任何一事物皆是本體全體所現，本體包羅一切事物，故現象界中之任何一事物，作爲現象，它相對於其他現象說，只是一現象但在整個界域中，它則是本體之呈現，故亦可包羅一切事物。此一事物不僅包羅一切事物，並且可將其他所有的事物所包羅的事物亦包羅之；各個事物包羅一切事物，正所謂「　毛中，皆有無邊獅了；又復　毛，帶此無邊獅子，還入一毛中」。

現象與現象各成一相，而且任何一相實際上都包融其他現象

以及其他現象所包融之現象，故呈現現象與現象的互相交融而重重無盡所成的普遍聯繫，從哲學的意義上說，此或爲「現象與現象的相對性與互融性的統一」。

八、託事顯法生解門

《金獅子章》說：「說此獅子，以表無名，語其金體，具章金性，理事合論，況阿賴識，令生正解，名託事顯法生解門。」現象可以是有生有滅的，在人沒有覺悟的時候往往執著於現象的生生滅滅；而本體是不生不滅的，而人們只能通過現象（事）體會本體（理），蓋因現象是本體之現象，本體是現象之本體，由於事物有兩個方面，即有生有滅之現象（事）和不生不滅之本體（理），因此人如果執著現象而不能透過現象以證本體，那麼人就是不覺悟的；人如果不執著現象，而能透過現象以證本體，那麼人就是覺悟的。這也就是說，人們可以通過覺悟而有對事物的眞實認識，由不覺悟達到覺悟。因此，覺悟不是離開不覺悟而有的，是通過現象以達本體，而由不覺悟到覺悟。我們可以說「託事顯法生解門」所表示的是「覺與不覺的相離性與相即的統一。」從哲學認識論的角度，我們可以得到「已知與未知的相離性與相即性的統一。」

九、十世隔法異成門

《金獅子章》說：「獅子有爲法，念念生滅。刹那之間，分爲三際，各際各有過現未來；總有三三之位，以立九世，即束爲一段法門。雖則九世，反各有隔，相由成立，融通無礙，同爲一念，名十世隔法異成門。」佛教認爲，由諸因緣和合而成的有生有滅的一切事物叫「有爲法」。所謂「三際」，指過去、現在、未來，而「三際」之中又各有過去、現在、未來，總爲九世。現象界一切事物都受九世的約束，即都有過去、現在、未來之分而相

隔。但雖有九世之分，而卻又互相聯繫，相繼成立，圓融相通，無障無礙，何以之故，因同在一念生滅之中。即由現象說各各不同（有分別），又相即不離（「過」、「現在」、「未來」相互聯繫）；而由心之一念說，通融無礙，事事物物亦通融無礙，「念即無礙，法亦隨之」，故「一念」（主體之心）與「九世」（客體之體）相異又相成，此即「十世隔法異成門」之義，從哲學意義上看，或爲「主體與客體的差別性與同一性的統一」。

十、唯心回轉普成門

《金獅子章》說：「金與獅子，或隱或顯，或一或多，各無自性，由心回轉。說事說理，有成有立，名唯心回轉普成門。」《金獅子章光顯妙》謂：「尋如此義，於金獅子上無有隱顯一多等自性，唯心分別所成。即金非獅子，心分別爲獅子，唯由心力回轉成獅子，乃至於獅子上知隱顯等諸義，故云無有自性，由心回轉也。」此一門與前「同時具足相應門」所引之《華嚴經義海百門》首尾相呼應。一切現象界之事物或隱或現，或一或多等等，皆在心之一念中生滅，均無自性，故爲「非存在」，雖現象界之事物無有自性，但由「理事無礙」上說，現象（象）乃爲本體（理）之呈現，故亦非「非存在」，「非非存在」者即「存在」也。「存在」與「非存在」既具有差別性，或隱或顯，或一或多，又具有同一性，說理說事，有成有立，而此均隨心回轉「心生一切法生，心滅一切法滅」。如果我們討論此門的哲學意義，或者可以說它表現了「存在與非存在的差別性與同一性的統一」。

如我們從總體上考察其哲學意義，我認爲可注意者有：第一，一概念必有其相對應之概念而立，如有「體」必有「用」，有「統一」性「必有「多樣性」，有「排他性」必有「共存性」等等；第二，所有成對之概念均爲互補性之概念，故在法藏思想體系中必然表現。

243 什麼是六相圓融？

又作六相緣起。指六相相互圓融而不相礙。與十玄門之說，並稱「十玄六相」，為華嚴宗之重要教義。六相即總相、別相、同相、異相、成相、壞相等，華嚴宗以此六相之說為基礎，而立六相圓融。即：諸法皆具此六相而互不相礙，全體與部分、部分與全體皆一體化，圓融無礙。世親之十地經論卷一對菩薩行說有六相。隋代慧遠之十地經論義記雖然解釋六相，但僅說及體與理，而未說及相與事。華嚴宗自唐代智儼始說六相圓融，而後由法藏、澄觀集其大成。

六相之關係可分為體、相、用來說。總、別二相是緣起之「體」德，同、異二相是緣起之異「相」，成、壞二相是緣起之義「用」。另據五教章通路記卷二十七載，緣起法有圓融與行布（差別）之二大義，其中總、同、成三相屬圓融門（三相圓融）；別、異、壞三相屬行布門（三相行布）。但表無差別之圓融並不離表差別之行布，且行布亦不離圓融，故說圓融即行布，行布即圓融，於此乃成立無盡法界之緣起。

十二、淨土宗：244-288（共45問）

244 佛為什麼要托缽化緣？

托缽是佛一生堅守的戒行，現在南傳佛教有不少僧人仍恪遵厲行，北傳佛教如中國、日本、韓國幾乎已少見托缽化緣了。或托缽化緣已有不同的目的，如建寺廟，印經書，行善事等。

中國歷代高僧曾經多次嘗試倡導托缽乞食之貫例，但仍無法推動成功。

由於國土區域有別，民族風情有別，導致托缽乞食之行法，遭受種種挫折與曲解，甚難依教奉行，於是形成中國佛教的特色-佛寺開伙。相信佛陀能正見時代背景，同意開此方便法門。

托缽乞食有幾種殊勝的意義：

1.能夠當眾不畏崎視的眼光，放下自我，代表破人我執的修行功力到家。

2.能夠沿街乞食，無畏風雨，代表吃苦精進的功夫到家。

3.促進眾生真正實行「布施」的善行，是加持眾生的無量功德。

4.乞食能夠撤底斬斷對財物的貪求。

5.不選擇性的托缽乞食，貧富不擇，能夠真正落實眾生平等的修行。

245 真的可以帶業往生嗎？

佛教為因應眾生的根器及方便眾生修行，可分二種，依信行及依法行。也可以說是易行道及難行道。前者即淨土宗，後者則依五乘順序，或五道：資糧道-四加行道-見道-修道-究竟道，依序歷經三大阿僧祇劫如法修行。

淨土宗是根據阿彌陀佛因地的大誓願力，凡夫只要持念阿彌

陀佛名號，雖曾造大惡業，也能往生彼國。

所以有帶業往生之說。

帶業往生並非消業往生，否則必與因果自作自受的鐵律抵觸。

帶業往生只是帶著業，藉阿彌陀佛的大願力及眾生的信願行及九品修行，而脫離六道輪迴，往生到極樂世界的蓮花苞（或蓮花臺）內繼續聽聞佛法修行及消業，直至消業才能出蓮花苞當面聽阿彌陀佛說法。

帶業往生只能帶著「發大願前」所造的業，若在發了大願後再造新業，則無法再帶這些新業往生西方了。

而且下下品眾生在臨終前，也必須連續念「南無阿彌陀佛」十聲才能往生極樂世界。

同時，除三資糧信願行外，念佛亦須達成一心不亂，而且不可以少「善根福德因緣」，並執持名號七天，阿彌陀佛與諸聖眾才會「現在其前」。

所以往生西方極樂世界雖說是易行道，其實也是需有一些條件的。

246 什麼叫易行道與難行道？

易行道是指淨土宗，稱念佛名號，即可往生西方極樂世界。

難行道：依循五乘或五道或五十二位階之修行次序，歷經三大阿僧祇劫，才能修成正果。

以下探討易行道。

阿彌陀佛第十八願：十念必生願。

設我得佛，十方眾生。聞我名號。至心信樂，欲生我國，乃至十念。若不生者。不取正覺。唯除五逆。誹謗正法。

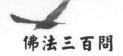

十九願：聞名發心願。

「設我得佛。十方眾生，發菩提心，修諸功德，至心發願，欲生我國，臨壽終時，假令不與大眾圍繞，現其人前者，不取正覺。」

二十願：悔過得生願。

「設我得佛，十方眾生，聞我名號，繫念我國，植眾德本，至心迴向，欲生我國，不果遂者，不取正覺。」

*由上可知生西之條件如下：

1.十八願：至心信樂，所有善根，心心迴向，願生我國，乃至十念。唯除五逆，誹謗正法。

2.十九願：聞我名號。發菩提心。修諸功德。奉行六波羅蜜。堅固不退。復以善根迴向。願生我國。

3.第二十願：發菩提心。堅固不退。植眾德本。至心迴向。欲生我國，不果遂者，不取正覺。

*從上面的條件看來，說是易行道，其實也並不很容易。

247 何謂念佛三昧？

何謂三昧呢？三昧（梵語 samadhi）又名三摩提，或三摩地，由梵語譯音而得，華譯為正定，即離諸邪念，把心安住於一處，而內心不散亂的意思。念佛三昧，就是把佛號念得一心不亂，能念所念雙泯，心不離佛，佛不離心，心佛一如，是名念佛三昧。

「般舟三昧」是大乘念佛三昧的代表，《大智度論》云：「般舟三昧是菩薩位，得是般舟三昧，悉見現在十方諸佛，從諸佛聞法斷諸疑網，是時菩薩心不動搖，是名菩薩位。」般舟三昧內含

四類：（1）念佛德號；（2）念佛生身；（3）念佛法身；（4）念佛實相。歸納修習的幾項要點如下：

（1）要有定處，離慣鬧；限定一段專修期，或九十日爲一期，或百日爲限〈例如：蓮池、省菴二大師〉。

（2）要有信願，往生彼國〈不可離慧觀〉。

（3）以至誠懇切心常念佛不斷。

（4）有次第的漸進修念佛。由淺而深，有四層級：

1.念佛十種德號：這必須先對德號的義意有所了解，以緣名號，增長正念。

2.念色身佛：捨諸亂意，念念觀想佛的生身三十二相八十種好，放巨億光明，在眾中說法。

3.念法身佛：捨諸亂意，念念心向佛國方所，觀想佛國依正莊嚴，佛及菩薩、羅漢的悲智解脫，一切功德法身。又如《大智度論》所說：「三世十方諸佛及諸佛從初發意乃至法盡，於其中間所作功德神力，皆是念佛三昧所緣。」

唯心念佛：當佛現在前，應念：「佛沒有來，自己也沒有去，乃「意所作耳」，只是自心三昧所現的境界。類推到三界生死，皆自心所作，自心所現皆虛妄不實。

4.實相念佛：可以從上三類而引入，是次第的，如「般舟三昧」的念佛是假想觀。次第而進，念佛見佛，觀定境唯心無實，而悟入不生不滅。正如《大智度論》所謂「無所念，是爲念佛。」整個過程是從起修的有想念，而趣向離想念的涅槃境界。另有少數利根深智者，如般若法門的念佛，不需依照以上的次第，是直入實相的；觀佛色身功德當體即空，而直契眞如的實相念佛。

　　*天台智者大師曾說：「四種三昧〈常行、常坐、半行半坐、非行非坐〉，同名念佛三昧，念佛三昧是三昧中王也。」明末蕅益

大師也說：「念佛三昧，名寶王三昧，三昧中王也。」淨業行者要提升念佛的品質，實不可只停留在散心稱名的階段。這絕非弘揚淨土法門的古德祖師所想見。

248 要修到什麼程度，往生才有把握？

淨土經雖說是易行道，但要往生也是需要有條件的，條件以下：

1.阿彌陀經：
-不可以少善根福德因緣。
-執持名號七日，一心不亂。

2.第十八願：
至心信樂，乃至十念。

3.第十九願：
至心發願，發菩提心，修諸功德。

4.第二十願：
至心迴向，植眾德本。

5.三願九品：
三願：信願行。

九品：
-中品下生、下品三生，等臨終時均需善知識助念及說法。
-下品下生者：臨終遇善知識教令念佛，具足十念。住蓮花苞

十二大劫。

　　-下品中生者：遇善知識。住蓮花苞六劫。

　　-下品上生者：智者復教合掌，念南無阿彌陀佛。不謗方等經典。住蓮花苞七七天。

　　-中品下生者：孝養父母，行世仁慈，命終遇善知識爲說極樂國事。

　　-中品中生者：一日一夜持八戒齋、或沙彌戒、或具足戒，威儀無差。

　　-中品上生者：受持五戒，持八戒齋，修行諸戒，不造五逆，無眾過患。

　　-上品下生者：信因果，不謗大乘，發無上道心。

　　-上品中生者：於第一義，心不驚動，深信因果，不謗大乘。

　　-上品上生者：發至誠心，深心，迴發願心、慈心不殺、具諸戒行，讀誦大乘方等經典，修行六念（佛法僧戒天施），迴向願生彼國。

　　-阿彌陀經：「舍利弗。眾生聞者。應當發願。願生彼國。所以者何。得與如是諸上善人俱會一處。舍利弗。「不可以少善根福德因緣」得生彼國。舍利弗。若有善男子善女人。聞說阿彌陀佛。執持名號。若一日。若二日。若三日。若四日。若五日。若六日。若七日。一心不亂。其人臨命終時。阿彌陀佛與諸聖眾。現在其前。是人終時。心不顛倒。即得往生阿彌陀佛極樂國土。」

　　-第十八願。設我得佛。十方眾生「至心信樂」。欲生我國「乃至十念」。若不生者不取正覺。唯除五逆誹謗正法。

　　-第十九願。設我得佛。十方眾生「發菩提心修諸功德」。「至心發願」欲生我國。臨壽終時。假令不與大眾圍遶現其人前者。不取正覺。

　　-第二十願。設我得佛。十方眾生聞我名號係念我國「殖諸德本」。「至心迴向」欲生我國。不果遂者。不取正覺。

-中品下生者。若有善男子善女人。「孝養父母行世仁義」。此人命欲終時「遇善知識」。爲其廣說阿彌陀佛國土樂事。亦說法藏比丘四十八大願。聞此事已尋即命終。譬如壯士屈伸臂頃。即生西方極樂世界。生「經七日」遇觀世音及大勢至。聞法歡喜得須陀洹。「過一小劫」成阿羅漢。是名中品下生者。」

-下品上生者。或有眾生作眾惡業。雖「不誹謗方等經典」。如此愚人。多造惡法無有慚愧。「命欲終時遇善知識」。爲讚大乘十二部經首題名字。以聞如是諸經名故。除卻千劫極重惡業。「智者復教合掌叉手。稱南無阿彌陀佛」。稱佛名故。除五十億劫生死之罪。爾時彼佛。即遣化佛化觀世音化大勢至。至行者前。讚言善哉善男子。汝稱佛名故諸罪消滅。我來迎汝。作是語已。行者即見化佛光明遍滿其室。見已歡喜即便命終。乘寶蓮花。隨化佛「後生寶池中。（經七七日）蓮花乃敷」。當花敷時。大悲觀世音菩薩。及大勢至菩薩。放大光明住其人前。爲說甚深十二部經。聞已信解發無上道心。經十小劫。具百法明門。得入初地。是名下品上生者。得聞佛名法名及聞僧名。聞三寶名即得往生。」

-下品中生者。或有眾生。毀犯五戒八戒及具足戒。如此愚人。偷僧祇物盜現前僧物。不淨說法無有慚愧。以諸惡法而自莊嚴。如此罪人。以惡業故應墮地獄。命欲終時。地獄眾火一時俱至。「遇善知識以大慈悲。即爲讚說阿彌陀佛十力威德。廣讚彼佛光明神力。亦讚戒定慧解脫解脫知見。」。此人聞已除八十億劫生死之罪。地獄猛火化爲涼風。吹諸天華。華上皆有化佛菩薩。迎接此人。如一念頃。「即得往生七寶池中蓮花之內」。經於「六劫」蓮花乃敷當華敷時。觀世音大勢至。以梵音聲安慰彼人。爲說大乘甚深經典。聞此法已。應時即發無上道心。是名下品中生者。

-下品下生者。或有眾生作不善業五逆十惡。具諸不善。如此愚人以惡業故。應墮惡道經歷多劫受苦無窮。如此愚人臨命終

時。「遇善知識種種安慰為說妙法教令念佛」。彼人苦逼不遑念佛。善友告言。汝若不能念彼佛者。應稱歸命無量壽佛。如是至心令聲不絕。「具足十念稱南無阿彌陀佛」。稱佛名故。於念念中。除八十億劫生死之罪。命終之時見金蓮花猶如日輪住其人前。如一念頃即得往生極樂世界。於蓮花中滿「十二大劫」，蓮花方開當花敷時。觀世音大勢至以大悲音聲。即為其人廣說實相除滅罪法。聞已歡喜。應時即發菩提之心。是名下品下生者。」

249 念佛是願見佛，與金剛經「若以色見我，以音聲求我，是人行邪道，不能見如來」有相抵觸嗎？

此句意思是如果想用人色身的眼見我，想以人色聲的聲音要來求如來，是不能見到如來。

而念佛願見佛，是命終後去西方極樂世界，可以見到阿彌陀佛。所見的阿彌陀佛是佛的「報身」，智慧身，而且要人死後需有一些條件才能生西見佛。如下品下生者也要有善知識助念說法，同時也要臨終時能念南無阿彌陀佛十聲，才能去極樂世界的蓮花苞內待十二大劫才能見到阿彌陀佛。

佛身有三身：法身、報身、化身。

法身是遍時空，是佛的自受用身，無形無相。報身是智慧身，凡西方極樂世界，東方淨琉璃世界都是佛的報身依他的大願所化現的世界，人要往生後在那個世界才能看見佛的報身，也就是佛的他受用身。

佛的化身，如釋迦摩尼佛就是佛的化身，有人的形象可見。佛的化身是隨它在九界眾生的國土上所顯現的身，如在我們的世界佛就以人身顯現，所以佛陀也以人身出現在我們這個世間。

故而要用人身的肉眼見到佛，只能見到佛的化身，報身及法

身是見不到的。而我們修行佛法的最終目的是上求佛道即求佛的
法身。

至於明心見性的見性是需修行至菩薩初地才能見到緣因或了
因佛性，這個「見」也非指見到有形象的緣因佛性，這個見是指
見到的像會變成「幻化虛假」的影像。

250 福德與功德有何不同？

景德傳燈錄，梁武帝問於菩提達摩：

「朕即位已來，造寺、寫經、度僧不可勝記，有何功德？」

達摩祖師曰：「並無功德。」

功德與福德，都有一德字，德意指止惡行善，自利利人的行
德。

行有德會有福報，即享受人間幸福的業報，或往生後上升天
道。

但功與福即有不同。主要在行德中有否「人我執」。

一旦有人我執，就會在六道生死輪迴，就無法證人我空，斷
煩惱障，而超三界，出分段生死。

福德因為有人我執，所以行德之後，會有「我得」感，而且
仍有我他分別，會有「求償於他」之心，故必生煩惱。

故有福德不一定有功德。

聖嚴法師在《無量壽經講記》：

「布施、忍辱、持戒、供養三寶、孝敬父母、敬事師長、普
施貧病等，稱為修福。

看經、誦經、拜佛、念佛、打坐、聽經等，這是修慧。

只有落實福慧雙修，才是菩薩道的正行。」

251 捨是什麼意思？

關于捨，有哪些地方提到過捨呢？

1.五蘊的受蘊中有捨受：捨是不苦不樂。

2.行蘊 11 善中有個捨：讓心平等，無功用行，不用刻意思考。可以對治掉舉及昏沉。

3.四無量心中的捨：四無量心是慈、悲、喜、捨。慈是予樂，給予快樂。悲是拔苦，拔除其苦。喜是讓他歡喜。捨是讓他捨棄慈心、悲心、喜心，而處於不苦不樂的心境，心境安穩，平等沒有差別，捨除憎愛，是稱爲捨相應於心境。

4.第四禪的禪支中的捨支：第四禪有四支：不苦不樂支、捨支、念清淨支、一心支。

捨支：是指已得第一支不苦不樂後，要捨離前三禪的殊勝快樂，而且不會生起厭棄後悔的心。若心裡追求更爲殊勝的禪定，內心就會隨著意念流動轉變，這樣就不能稱爲不動定了，因此當禪定發起，內心不貪戀執著，自然能夠捨離，因此稱爲捨支。

252 往生極樂世界的條件探討

淨土宗生極樂世界的條件如下：

1.阿彌陀經：

-不可以少善根福德因緣

-執持名號七日，一心不亂。

2.第十八願：

至心信樂，乃至十念。

3.第十九願：
至心發願，發菩提心，修諸功德。

4.第二十願：
至心迴向，植眾德本。

5.三願九品：
三願：信願行。

九品：

*-下品下生者：臨終遇善知識教令念佛，具足十念。住蓮花苞十二大劫。
　-下品中生者：遇善知識。住蓮花苞六劫。
　-下品上生者：智者復教合掌，念南無阿彌陀佛。不謗方等經典。住蓮花苞七七天。

*中品下生者：孝養父母，行世仁慈，命終遇善知識爲說極樂國事。
　-中品中生者：一日一夜持八戒齋、或沙彌戒、或具足戒，威儀無差。
　-中品上生者：受持五戒，持八戒齋，修行諸戒，不造五逆，無眾過患。

*上品下生者：信因果，不謗大乘，發無上道心。
　-上品中生者：於方等經典，善解義趣，第一義，心不驚動，深信因果，不謗大乘。
　-上品上生者：發至誠心，深心，迴向發願心、慈心不殺、具

諸戒行，讀誦大乘方等經典，修行六念（佛法僧戒天施），迴向願生彼國。

　　*總結：禪淨是可以雙修。以禪為主，修明心見性，以兼修淨的「念佛」修動定。或以淨為主，以禪的禪理達到上品中生的「解第一義」，並念佛至一心不亂，達到念佛三昧，則必以上品上生直升彼國。

253 帶業往生與消業往生有什麼不同？

　　阿彌陀佛具有不可思議的功德力，能將帶業的人道眾生，即使是犯五逆十惡的下品下生者，只要臨終時能遇善知識說法及助念，並能念十句「南無阿彌陀佛」，即能帶業往生，生到西方極樂世界的蓮花臺內待十二大劫，然後花開見佛，繼續修行，慢慢消業。

　　阿彌陀佛雖擁有如此不可思議的能力，將帶業者跳脫六道輪迴，但只是帶業往生，並無法替人消業，只能將眾生轉化至西方淨土繼續自己修行，自己消業。

　　但仍有少數人認為必需先消業才能接引至西方，也有人認為必須是發願前的業才能帶走。

254 西方極樂世界真的有嗎？

　　阿彌陀經經文「確確實實」告訴我們，從是西方，過十萬億佛土，有世界名曰極樂。其土有佛。號阿彌陀。

經文如下：

「爾時佛告長老舍利弗。從是西方。過十萬億佛土。有世界名曰極樂。其土有佛。號阿彌陀。今現在說法。舍利弗。彼土何故名爲極樂。其國眾生，無有眾苦。但受諸樂，故名極樂。」

255 念佛要如何唸？

一、
稱名念佛：只有念阿彌陀佛的名號。
觀想念佛：口念佛，心作彌陀十三觀。
實相念佛：心默念阿彌陀佛名號，但觀此阿彌陀及萬法都是即空即假的實相，此實相即阿彌陀佛法身。

二、持名念佛種種方法：
-默念：只見動唇，不聞出聲。用於病時、臥時、公共場所。
-金剛念：聲音中庸，口念耳聽。
-覺照念：念時把眼光收回，返照自性，我即是佛，佛即是我，禪淨合修。
-觀想念：同時觀想佛身及彌陀世界。
-追頂念：很急，一字追一字，一句頂一句，中間不留間隙。
-禮拜念：口念身拜。
-記十念：一面念一面記數佛珠，每十念撥一珠。
-十口氣念：每天早晚作十口氣念。
-定課念：每日念十萬或數萬或三五千，日日如是。

256 點燈有益處嗎？

燈是光明與智慧的表徵，亦為十種供養之一。在佛前燃燈，是用以標幟佛的智慧波羅蜜。《無量壽經》說：「為世之燈明，乃人間最勝之福田。」《菩薩藏經》中也說：「百千燈明，懺除悔罪」，因此在佛前點燈，是借著佛的智慧之燈所放出的光明，照破我們的無明。

《大集經》說：「因為有許多眾生心行無明愚痴，佛見了，乃教他們同修智慧，令人人點燃智慧之燈。」《華嚴經》也說：「慧燈可以破諸闇。」

《菩薩藏經》中說：「燃點十千燈明，以懺滅眾罪業」，十千即是萬。

經中又記載，如果我們常在佛塔、寺廟中虔誠地燃燈供佛，會有下列的果報：1、雙目、四肢永遠完好不生缺陷。2、身無病痛，嗓門柔軟聲音妙好。3、心地清明聰慧，不為愚痴所轉。4、視力良好如摩尼珠能照微細物。5、眼珠、角膜、結膜，永好不壞。6、生活安穩衣食豐足，心無所懼。7、身心自在，善財善寶滾滾而來。8、可獲美麗的瓔珞及幽美的林園。9、身體健康強壯，充滿生命活力。10、不會與他人發生口角。

以上列出的是點燈的人間福報，但最重要的還是要藉點燈事相的內涵真義來激發點燃智慧的燈，這才是無上功德。

257 放生有益處嗎？

放生有以下的福德，但放生最大的功德在於落實慈悲心的利他菩薩行的實踐。

修福德是自利，修功德是利人。

一、放生就是救命。
二、放生就是還債。
三、放生就是救急。
四、放生就是慈悲。
五、放生就是覺悟。
六、放生就是實踐。
七、放生就是積極。
八、放生就是方便。
九、放生就是改命。
十、放生就是解冤。
十一、放生就是消災。
十二、放生就是治病。
十三、放生就是救親。
十四、放生就是福善。
十五、放生能助生西。
十六、放生就是給全家積福報。

258 中元普渡與盂蘭盆會有什麼不同？

中元普渡是一種民間習俗，不同於佛教的盂蘭盆會。

最早舉行「盂蘭盆會」的是南北朝時以篤信佛法著稱的梁武帝；到了後來，盂蘭盆會依然盛行，只不過漸漸地由供僧轉變爲施鬼，目的是超度死去的亡靈。

盂蘭盆是梵文的音譯，本意是指「救倒懸器」。「盂蘭」爲倒懸，「盆」爲食器，佛經上說亡者的苦有如倒懸，應儘快解救。

「盂蘭盆節」源自佛學經典《大藏經》中目連救母的故事。

「盂蘭盆會」是佛教歲節儀規中重要的儀式。

七月十五日是僧眾結夏安居修行功德圓滿之期，所以各地寺院都在七月半舉行「盂蘭盆會」。如果在這天修供修福，其福報可百倍，並可超度眾生累劫以來七世父母，令其出離苦海。以所得福報來解亡世父母在陰間倒懸之苦，以報答父母養育之恩。

259 什麼是「功德迴向」？

「迴向」是佛教修學過程當中，非常重要的一種修行功夫。所謂「迴向」是將自己所修的功德，不願自己獨享，而將之「迴」轉歸「向」與法界眾生同享，以拓開自己的心胸，並且使功德有明確的方向而不致散失。眾生修諸功德，而仍然沒有功德，就是病在不知迴向。因眾生與生俱來的習氣，就是不論做了一切什麼善事，往往想將功德占爲己有，而不願與別人分享，以爲如果迴向出去，功德即非我所有。

阿彌陀佛第二十願就是要植眾德本，至心迴向。

菩薩五十二修行位階，有十迴向行。

可見迴向的重要性。

260 死後作經懺有作用嗎？

淨土宗的行者有三輩九品之別。

其中下品下生、下品中生、下品上生及中品下生者臨終時都需要善知識的助念及說法，才能往生西方淨土。

所以這些人需要法師來做經懺協助。

但是法師本身的修行程度及做經懺的動機及誠心非常重要，當然亡者生前有否至心信樂，至心發願，至心迴向也很重要，尤

其下品下生者有否臨終時念完十句「南無阿彌陀佛」名號，也是至關重要。

261 從外面買回來的佛像，需要開光、點眼嗎？

一、初一、十五請回家，用一些香花、水果、燒香拜拜，就可以安心供奉了。事實上，佛像只代表佛菩薩的精神作用，真正的佛菩薩，那裡還需要普通人去替他開光、點眼呢？不要太過於執著這些表相。

二、真正供奉佛菩薩的目的：是尊重、羨慕他的智慧，同時也希望追求他的智慧，是從內在起一份尊敬心，希望能夠跟他一樣；絕不是要跟那些泥塑、木雕的形像一樣，而是他的智慧和超人的成果，才是我們所追求的精神依附，才是終究的目的。

262 受三歸五戒，破戒了怎麼補救？

破戒後首先要做的當然是懺悔，懺悔後發誓不再破戒才行。

戒不能說破不破，只能講違反了戒，戒是不能補的，因為它不是網，也不是陶瓷做的碗，只能說重受。問題的重點在於戒應先去學習，自覺能做得到，可以求受五戒，而後才能守。否則一個從事屠宰業的人，他怎麼受不殺生戒？如果違反了戒，自覺做不到，就到佛前懺悔、捨戒，如果自認還能持守，那麼還可去重受。五戒裡若只能做得到一個戒，也可以只受一條，其他做不到的先慢慢學，以後看自己的能力，再求受戒。

現在很多人都不敢受戒，因為怕犯戒。一部分信眾對受持戒律和三皈五戒存在顧慮，怕受戒後行為受到約束，給日常生活帶

來不便。其實，這是一種誤解，我們要明白佛教戒律的精神是「防非止惡，成就道業」。戒律就像大地一樣，若是沒有戒律，我們就無法修行。受持戒律是解脫、成佛的必經之路。

263 過午不食戒，在家居士需守嗎？

在家居士需三歸依、守五戒，若自覺需要，也可以進一步守八關齋戒。八關齋戒中有一條戒即過午不食。

先談過午不食有什麼好處？依吾人的經驗是精神上比較能統一，晚上若吃太飽，打坐則容易打瞌睡，頭腦不僅容易昏沉，精神也容易散亂，所以晚上如果我們沒有吃，或吃少一點，那麼我們的身心都可以輕安。

但若過午不食，身體負荷不了，就不必過於勉強。所以這一條關於吃東西的戒，並不是在戒律裡規定得很嚴。

但是當你決定受八關齋戒時，就應該持守好，尤其你偶爾過午不食精神會比較好。

所以受持八關齋戒，雖然只是一日一夜，如果我們能如法受持，使我們的身心能夠清淨功德就很大。

其實受戒、持戒無論持哪一條戒，受哪一類的戒，必然都有他所應得的功德，但真正的功德是自己本身確實持守戒律才會產生，而且功德並不是用嘴念來的，是由持守力行而來的，所以受五戒有五戒的功德，受八關齋戒有八關齋戒的功德，但是受而持是最重要，不是只有去受而已，力行持守才是最重要的，假如只受沒有持守，一邊受戒一邊造業，一邊說是生非。哪裡可以求什麼功德？反而造口業。因此，我們受戒並不是只有形式上受戒就可以了，最重要要能持戒。

264 何謂三淨肉及五淨肉？

佛法爲了在家修而不能茹素者，開了分便法門，即三淨肉及五淨肉。

所謂三淨肉者，就是三種情況之肉類不得食，何等爲三？

1）不自殺：不得親自殺一切眾生而謀得其肉，若得其肉則犯。

2）不教他殺：自己想吃肉，自知不能親自殺，而教別人殺來給我吃，若得逞則犯。

3）不聞殺：非自己所殺，非教他殺，而親聞他人宰殺，眾生哭叫之聲，其肉不得食，若得其肉則犯。

這是所謂三淨肉之眞義，爲了減低犯罪之權巧而爲，那麼，什麼叫做五淨肉呢？就是由前面三淨肉再加上兩種情形，合稱爲五淨肉，何等爲二？

1）自死：所謂自死者，就是眾生自己命終，非他人打擊之死，亦非種種策謀之死，得其肉而食者不犯。

2）殘食：所謂殘食者，就是眾生被弱肉強食，因而剩下之殘餘之肉，若得其肉可食，食而不犯也！譬如老虎追殺山羊，羊肉吃不完，剩下殘肉，得其肉者，食而不犯。

由三淨肉加上後兩種情況者，稱之爲五淨肉，這是佛教界，爲一些要茹素者，一時辦不到而開的方便法，減少犯重之嫌，特立所爲，最終目的還是要全茹素才對！

265 消業障，要從那方面入手？

-在家居士消業障要從三歸依及守五戒做起，而後依三學：戒定慧及三慧：聞思修的程序循序漸修。

-如果是依信行的居士，也可至心發願，願往生後能生西方極樂世界，繼續修行消業障，但阿彌陀佛的 48 願生西的三個條件一定要做到，才能帶業往生。

1.第十八願：至心信樂，乃至十念稱名。

2.第十九願：至心發願，發菩提心，修諸功德。

3.第二十願：至心迴向，植眾德本。

4.下品下生者，臨終時需有善知識助念及說法，而且要念十句「南無阿彌陀佛」。

-守戒修行可以消除不定業，也可能使定業能重業轉輕。

266 如何才能達到實相念佛？

淨土宗流傳的念佛法門通常有四種，即實相念佛、觀想念佛、觀像念佛和持名念佛。其中以實相念佛爲最徹底，但也最難修，因爲實相念佛就是修習空假觀，如果沒有足夠的智慧及資糧條件，一般人是無法修持的。

實相念佛，就是在心內用心默念佛號，念而無念，無念而念。等到進入止的境界，開始起觀，觀萬法是自性空，即觀空；觀萬法是假名安立，即觀假。

觀萬法既空且假，最後放下這個既空且假的觀心，這時達到能所兩空，身心境均空，連觀也是空也是假，就是靜態的實相念佛。

實相念佛也是修動定的好方法。當面對塵境或心境，內心默念佛號，就像看佛號（南無阿彌陀佛）這句話的「話頭」一樣，看住話頭，持續不斷念，念到念而不念，不念而念；或念被中斷時，馬上轉念爲「觀」，觀塵境爲空爲假，若觀效果不大又轉爲念，如此止觀雙運，直至塵境如幻，內心止定爲止。

267 何謂「結界」及「結夏」？

結界是佛門中的專有名詞，凡建伽藍，或作戒壇，所行的一種作法，而定其區域境界也。其作法所限定之地，謂之結界地。結夏亦是佛門的專有名詞，結夏即結夏安居是也。結者結成之意。

資持記云：「立心止住，名爲結耳。」

荊楚歲時記云：「四月十五日至七月十五日，天下僧尼就禪刹掛搭，精進禪法或修證，謂之結夏。

268 五衣、七衣、九衣各代表何義？

「三衣」是出家人的三種袈裟。這三件袈裟，用途各別，五條衣是工作服，七條衣是誦經服，九至二十五條衣是大禮服，詳細敘述如下：

1）五條衣：五條衣梵語安陀會，此云中宿衣，亦云下衣，亦云雜作衣，凡寺中執勞服役，路途出入往返，當著此衣，五衣的製法，共分五條，每條一長一短，故名五條衣。

2）七條衣：七條衣梵語鬱多羅僧，此云上著衣，亦云入眾衣。此衣分七條，二長一短，故名七條衣，披在五條衣之上，故名上著衣。凡入眾、禮拜、誦經、聚會等，皆著此衣，故又名入眾衣。凡禮佛、修懺、坐禪、赴齋、聽經、布薩、自恣，當著此衣。

3）九條衣：九條衣梵語僧伽黎，此云合，亦云重，亦云雜碎衣。名合名重者，以割截重作合成故。此衣條數最多，故名雜碎衣，三衣之中，此衣最大，故又稱大衣。凡入王宮陞座說法，聚落乞食，當著此衣。又此衣九品：下品有三，謂九條、十一條、

十三條（二長一短）。中品有三，謂十五條、十七條、十九條（三長一短）。上品有三，謂二十一條、二十三條、二十五條（四長一短）。

269 什麼叫「三種慈悲，八種福田」？

-眾生緣慈悲、法緣慈悲、無緣慈悲，是名三種慈悲。

眾生緣慈悲：是對一切眾生都視如父母兄妹眷屬，常起予樂拔苦之心，這是凡夫未斷煩惱的有學之人，所起的慈悲。

法緣慈悲：所有的法都是無我相，即法空。無我相就是一種緣。所以破除我之相，對眾生隨力隨意，拔苦予樂，這是斷煩惱達於法空的三乘聖人所起的慈悲。

無緣慈悲：是心無分別，無緣也一樣，與有緣不作分別，普救一切眾生，有緣無緣一律平等，不但對一切人類拔苦與樂，擴展至一切有情動物，皆起憐愍愛護之心，這是諸佛所獨有的慈悲。

-八福田：

佛、聖人、和尚（授業本師）、闍梨（授業時教授威儀的阿闍梨）、僧、父、母、病人。佛、聖人、僧屬於敬田；和尚、闍梨、父、母、屬於恩田；病人屬於悲田。

如果有人能夠恭敬供養上述之八種人，就可以得到無量的福報，所以叫做八種福田

270 每年七月間，請僧寶施放燄口時，死亡祖先有領受到嗎？

《佛說救拔燄口餓鬼陀羅尼經》說到，世尊在迦毗羅城爲諸比丘及菩薩眾說法時，阿難獨居靜處修習禪定，到了三更半夜，有一名叫燄口的餓鬼出現在前，其形體枯槁，面貌醜惡，頭髮散亂，留著長長、尖利的指甲，肚子像山一樣大，但喉嚨又細得根針一樣，臉上還噴出熊熊烈火，來對他說：「三日之後汝命將盡，即生於餓鬼之中。」

阿難大驚，急至佛前哀求救度。佛陀爲他說「燄口經」和「施食的方法」，如果能施飲食給恆河沙數的餓鬼和諸仙，非但不墮此道，還能延年益壽，諸鬼神等常來擁護，遇事吉祥。佛教阿難持「無量威德自在光明如來陀羅尼法」七遍，讓有限的食物變成種種甘露飲食，充遍法界，使無量恆河沙數的餓鬼與諸仙等眾，普接受食飽滿、解脫苦趣，超升到三善道。

271 什麼是往生論五念門？

五念門如下：

1）禮拜門：

屬「身業」，即禮拜阿彌陀如來應正遍知，爲生彼國意故。

2）讚嘆門：屬「口業」，即以語業稱揚讚嘆阿彌陀如來故。

3）作願門：屬「意業」，即心常作願，一心專念畢竟往生安樂國土，欲如實修行奢摩他（止）故。

4）觀察門：屬「智業」，即欲以智慧觀察彼三種眞實功德，須如實修行毗缽舍那（觀）故。由此門觀察西方淨土十七種功德成就。

5）迴向門：迴向一切苦惱眾生，令得畢竟解脫。

272 什麼是三輩、九品往生品

三輩即是上輩、中輩、下輩。每一輩再分為上中下三品，三輩共分九品。

-上品上生者：若有眾生，願生彼國者，發三種心，即便往生，何等為三？一者至誠心。二者深心。三者迴向發願心。具此三心者，必生彼國。

復有三種眾生，當得往生，何等為三？一者慈心不殺，具諸戒行。二者讀誦大乘方等經典。三者修行六念。迴向發願，願生彼國，具此功德，一日乃至七日，即得往生，是名上品上生者。

-上品中生者：不必受持讀誦方等經典，善解意趣，於第一義心不驚動，深信因果，不謗大乘，以此功德迴向，願求生極樂國，行者自見坐紫金臺，合掌叉手，讚歎諸佛，如一念頃，即生彼國七寶池中，此紫金臺，如大寶華，經宿則開，是名上品中生者。

-上品下生者：亦信因果，不謗大乘，但發無上道心，以此功德迴向願求生極樂國，行者命欲終時，阿彌陀佛及觀世音大勢至，與諸菩薩持金蓮華，化作五百佛，來迎此人，是名上品下生者。

-中品上生者：若有眾生，受持五戒，持八戒齋，修持諸戒，不造五逆，無眾過患，以此善根迴向，願求生於西方極樂世界，臨命終時，阿彌陀佛與諸比丘眷屬圍繞，放金色光，至其人所，演說苦、空、無常、無我，讚歎出家，得離眾苦，行者見已，心大歡喜，自見己身坐蓮華臺，長跪合掌，為佛作禮，未舉頭頃，即得往生極樂世界，蓮華尋開，當華敷時，聞眾音聲，讚歎四

諦，應時即得阿羅漢道，三明六通，具八解脫，是名中品上生者。

　　-中品中生者：若有眾生，若一日一夜，持八戒齋，若一日一夜，持沙彌戒；若一日一夜，持具足戒，威儀無缺，以此功德迴向，願求生極樂國，戒香熏修，如此行者，命欲終時，見阿彌陀佛，與諸眷屬，放金色光，持七寶蓮華，至行者前，行者自聞空中有聲讚言：善男子，如汝善人，隨順三世諸佛教，故我來迎汝，行者自見坐蓮華上，蓮華即合，生於西方極樂世界，是名中品中生者。

　　-中品下生者：若有善男子善女人，孝養父母，行世人慈，此人命欲終時，遇善知識，為其廣說阿彌陀佛國土樂事，亦說法藏比丘四十八願，聞此事已，尋即命終，譬如壯士屈伸臂頃，即生西方極樂世界，是名中品下生者。

　　-下品上生者：或有眾生，作重惡業，雖不誹謗方等經典，如是愚人，多造惡法，無有慚愧，命欲終時，遇善知識，為說大乘十二部經首題名字，以聞如是諸經名故，除卻千劫極重惡業，智者復教合掌叉手，稱南無阿彌陀佛，稱佛名故，除五十億劫生死之罪，爾時彼佛即遣化佛、化觀世音、化大勢至，至行者前讚言：善男子，以汝佛名故，諸罪消滅，我來迎汝。作是語已，行者即見化佛光明，遍滿其室，見已歡喜，即便命終，乘寶蓮華，隨化佛後，生寶池中，是名下品上生者。

　　-下品中生者：或有眾生，毀犯五戒八戒、及具足戒，如是愚人，偷僧祇物，盜現前僧物，不淨說法，無有慚愧，以諸惡業，而自莊嚴，如是罪人，以惡業故，應墮地獄，命欲終時，地獄眾火，一時俱至，遇善知識以大慈悲，即為讚說阿彌陀佛十力威德，廣讚彼佛光明神力，亦讚戒定慧解脫，解脫知見，此人聞已，除八十億劫生死之罪，地獄猛火，化為清涼風，吹諸天華，華上皆有化佛菩薩，迎接此人，如一念頃，即得往生七寶池中，

是名下品中生者。

-下品下生者：或有眾生，作不善業，五逆十惡，具諸不善，如此愚人，以惡業故，應墮惡道，經歷多劫，受苦無窮，如是愚人，臨命終時，遇善知識，種種安慰，為說妙法，教令念佛，彼人苦逼，不遑念佛，善友告言：汝若不能念彼佛者，應稱無量壽佛。如是至心，令聲不絕，具足十念，稱南無阿彌陀佛，稱佛名故，於念念中，除八十億劫生死之罪，命終之時，見金蓮華，猶如日輪，住其人前，如一念頃，即得往生極樂世界，是名下品下生者。

淨土行者，若欲往生極樂淨土，依如是經典所言，發勇猛精進之心而勤修，必得往生三輩九品蓮臺。

*配合阿彌陀佛：
第十八願：至心信樂，乃至十念。
第十九願：至心發願，發菩提心，修諸功德。
第二十願：至心迴向，植眾德本。

273 「往生論註」的問答釋疑有那些？

1.極樂淨土，是有？是無？
答：依印順導師回答說，淨土不但有，而且極多，且有殊勝各別。

2.彌陀壽命，是有量？是無量？
答：依印順導師，本是無量，為有量眾生，方便故說為有量在西方。

3.求生淨土,是小乘或是大乘呢?

答:依印順導師,小乘無十方淨土。而且必須發大乘菩提心才能往生。

*再者,在西方修得佛或菩薩,必須倒駕慈航,再回人間度眾生,符合大乘入世條件。

4.往生淨土,依佛法究竟意義說,是有生?是無生呢?

答:依太虛大師,往有所往,而生無所生。

*人死後,彌陀化佛來迎,視品位入西方淨土寶池中的蓮花包中待十二大劫(下品下生)、六劫(下品中生)、七七天(下品下生)、七天(中品三生)、一日一夜(上品下生)、一夜(上品中生),或上品上生直入淨土,化身為淨土的受報身,因仍帶業,故仍是一種化身的受報身,談不上無生,仍須在淨土繼續修得無生。

5.往生極樂,要具足那些因緣?

答:依曇鸞大師:

-上輩生者有五因緣:捨家離欲而作沙門;發菩提心;一向專念無量壽佛;修諸功德;願生安樂國。

-中輩生者有七因緣:發菩提心;一向專念無量壽佛;多少修善,奉持齋戒;起立塔像;飯食沙門;懸繪燃燈散華燒香;以此迴向願生安樂國。

-下輩生者有三因緣:假使不能作諸功德,當發無上菩提心;一向專念乃至十念念無量壽佛;以至誠心願生安樂國。

*所謂「胎生」是指帶著疑惑不信而往生極樂邊地，五百歲中不見三寶，好像被鎖在胎中一樣。

*下品下生者臨終時需善知識助念及說法，並念十句「南無阿彌陀佛」才得往生。

6.十念相續，便得往生，可能嗎？
答：依曇鸞大師，根據彌陀第十八願所言是可能的。

7.有何因緣，言速得成就阿耨多羅三藐三菩提？
答：依阿彌陀佛四十八願的本願力，可以跳過六道輪迴，速往西方淨土，然後再在淨土聞法修成正果。

274 什麼是智者大師的淨土十疑（前五疑）？

1.既以大悲為業，何又求生淨土？
答：菩薩若本身只有大悲，但未證得無生法忍，本身已被貪嗔癡綁縛，是沒有能力去度人的，所以先到西方淨土聞法修行至無生法忍，再回入人間度眾生。
在人間要依自力證得無生法忍是相當不容易而且需累劫修行的。

2.諸法體空，本來無生，何又求生？
答：求生淨土後，再修行證無生。若不求此穢土也不求彼淨土，即是斷滅。如果完全靠自力修行，要修到小乘第四果才能脫離六道輪迴。

3.既云法性平等，又偏求一佛淨土，與平等性乖，云何得生？

答：偏求一淨土，是爲了能集全力集中一處，力量才會大，何況佛佛法身平等，阿彌陀佛及西方淨即可以代表一切佛及一切淨土。

*既然佛法身及淨土都一樣，反過來說，其他佛及淨土也可以代表阿彌陀佛及西方淨土。不過阿彌陀佛有發過大願，接引力可能會比較強大。

4.偏念阿彌陀佛，爲何？

答：此問其實同上問。重點是阿彌陀佛的經的確大力發願能接引念佛的眾生，其他佛也可以接引，但沒有阿彌陀佛的強烈願力。

5.具縛凡夫，惡業厚重，云何得生？

答：靠自力修行需三劫才能達到別教初住位的發心位。需滿一萬劫（另說修至緣覺需百劫，一萬劫不知出自何處？似乎太長）才能到六住位，再努力而上不退位的第七住位。

275 什麼是智者大師的淨土十疑（後五疑）？

6.得生彼國，云何不退？

答：有五因緣不退：

a.阿彌陀佛大悲願力攝持。

b.佛光常照，菩提心常增進不退。

c.水鳥樹林，風聲樂響，皆說苦空，聞者常起念佛念法念僧之心。

d.彼國純諸菩薩以爲良友，無惡緣境，外無神鬼魔邪，內無三毒等，煩惱畢竟不起。

e.生彼國即壽命永劫，共菩薩佛齊等。

7.不求兜率，反求西方何也？

答：二種原因：

a.即使行十善，也須：「行眾三味，深入正定，方始得生」。不如阿彌陀佛本願力、光明力，但有念佛眾生，攝取不捨。眾生能念彌陀佛者，必能機感相應而得生。

b.兜率天宮是欲界，退位者多，無有水鳥風聲樂響，眾生聞者，悉念佛發菩提心伏滅煩惱。又有女人，愛著五欲之心。不像西方淨土無女人及二乘之心，純一大乘清淨良伴，易致煩惱惡業不起，遂至無生之位。

8.臨終十念，云何可通？

答：眾生無始以來，善惡業種多少強弱，並不得知，但能臨終遇善知識十念成就者，皆是宿善業強，若惡業多者，善知識尚不可逢，何況能念完十念。再者，無始以來惡業爲重，臨終十念爲輕者，其實不然，理由有三：心、緣、決定。

在心者：造罪是因虛妄顛倒生，臨終念佛是阿彌陀佛真實功德，譬如萬年闇室，日光暫至而暗頓滅。

在緣者：造罪時是緣虛妄痴闇心，臨終念佛是緣無上菩提心，一真一僞豈可相比。

在決定者：造罪時是有間心有後心，臨終念佛是無間心無後心，念完遂即捨命，所以善心猛利可以即生西方。

雖一生行善可以生天，但臨終一念起決定邪見，即墮阿鼻地獄。

9.西方此去十萬億佛刹,凡夫劣弱云何可到?女人及根缺,必不得生?

答:只要信願皆到,臨終有決定之心,生淨土,一動念即至。經只說生彼國,無女人及盲聾瘖啞人,未說女人根缺人不得生。若生淨土,女人不再是女人身,根缺者不再是殘障者,小乘人不再執著小乘。

10.不斷淫欲,得生彼否?

答:欲生西者,具有二種行:厭離行及欣願行。

厭離行者,無始以來為五欲纏縛,輪迴五道,備受眾苦,若不起心厭離,沒有出期。因此常觀此身汙穢,唯苦無樂,深生厭離。做七種不淨觀:種子不淨、受生不淨、住處不淨、食噉不淨、初生不淨、究竟不淨。又做十想等不淨觀。又發願,願永離三界雜食,臭穢膿血不淨,耽荒五欲男女等身、願得淨土法性生身,此謂厭離行。

二者欣願行者:又有二種,一者先明求往生之意,二者觀彼淨土莊嚴等事欣心願求。

一、先明求往生之意

自己深受三塗業縛之苦經劫,無法救拔一切眾生苦,只有先求生淨土親近諸佛,若證無生忍,方能再入惡世救苦眾生。

又願生淨土須具二行,一者必須遠離三種障菩提門法,二者須得三種順菩提門法。

遠離三種障菩提門法:

1.依智慧門:不求自樂,遠離我心貪著自身。

2.依慈悲門:拔一切眾生苦,遠離無安眾生心。

3.依方便門:當憐愍一切眾生欲予其樂,遠離恭敬恭養自身心。

若能遠離這三種障，則得三種順菩提法：

1.無染清淨心：不為自身求諸樂，若求自樂即染菩提。

2.安清淨心：拔眾生苦，令離生死苦。

3.樂清淨心：令一切眾生得大菩提涅槃，令得畢竟常樂。

二、明欣心願求者

希心起想緣彌陀佛，若法身若報身等。金色光明八萬四千相好，又觀彼此淨土七寶莊嚴妙樂等，如無量壽經十六觀。常行念佛三昧；及施戒修等一切善行，悉已迴向一切眾生，同生彼國，決定得生，此謂欣願門也。

276 什麼是永明延壽的西方六重問答？

永明延壽是提倡禪淨雙修，理事無礙，空有相成。禪者在追求明心見性的同時，也應廣作萬善行門。

1.唯心淨土周遍十方。何得托質蓮台寄形安養，而興取捨之念？豈達無生之門？忻厭情生。何成平等？

答：平等無生之門，雖即依教理生信心，但力量不充足，觀淺心浮，境強習重，靠自力難修，須生佛國仗佛力，才能忍力易成，才能速行菩薩道。起信論指出，眾生初學無生法，其心怯弱，而且居娑婆世界，不常值佛，信心難成，很容易退卻。當知如來有勝方便，攝護信心。只要專心念佛，隨願得生佛土，常見於佛，永離惡道，終無有退。往生論云；遊戲地獄門者，生彼國土，得無生忍已，再還入生死國，教化地獄，救苦眾生。

2.一生習惡積累因深，如何臨終十念頓遣？

答：臨死時少許時心，雖時頃少，而心力猛利，如火如荼，雖少而能作大事，是垂死時心，決定勇健故，剩百歲行力。

3.心外無法，佛不去來，何有見佛及來迎之事？

答：常契中道，佛實不來，心亦不去，感應道交，唯心自見。唯識論云：地獄同見獄卒，能爲逼害事，皆是罪人惡業心現，並無心外實銅狗鐵蛇等事。然習累俱殄，理量雙親。

4.龐居士云：事上說佛國，此去十萬里，大海渺無邊，動即黑風起，往者雖千萬，達者無一二，忽遇本來人，不在因緣裡，如何通會而證往生？

答：今或古均有記載，凡或聖俱生淨土，行相昭然；明證目驗，佛梵音聲，不會騙人：經云：十方恒河沙諸佛，出廣長舌相，遍覆大千，證得往生，會是虛言嗎？

5.維摩經云：成就八法，於此世界，行無瘡疣，生于淨土。何等爲八？饒益眾生，而不望報；代一切眾生受諸苦惱，所作功德，盡以施之；等心眾生，謙下無礙；於諸菩薩，視之如佛；所未聞經，聞之不疑；不與聲聞而相違背，不嫉彼供，不高己利，而於其中調伏其心；常省己過，不說彼短，恒以一心求諸功德。如何劣行微善，而得往生？

答：八法無暇，成就上品上生。但具一法，決志無移，亦得下品。

6.觀經明十六觀門，皆是攝心修定，觀佛相好，諦了圓明，方階淨域。如何散心而能化往？

答：生西不外二心：一定心，如修定習觀，上品往生。二專

心，但念名號，眾善資熏，迴向發願，得成末品。若念佛發願之時，懇苦翹誠，無諸異念，一心求救，願脫苦輪，速證無生，如斯志誠，必不虛棄，而能往生。

如或言行不稱，信力輕微，無念念相續之心，特此懈怠，臨終望生，恐難值其善友，風火逼迫，則正念不成，往生難矣！

*延壽主張，上根器的人應禪淨雙修，中下根器的人不妨專修淨土，求生極樂，最爲穩當。

277 什麼是蓮池大師的「淨土疑辯」？

問：淨土之說蓋表法耳，智人宜直悟禪宗。而今只管讚說淨土，將無執著事相不明理性？

答：有五點：

1.歸元性無二，方便有多門。禪與淨土，殊途同歸。並舉中峰大師之語：禪者淨土之禪，淨土者禪之淨土，而強調修行務必要一門深入。

2.說淨土只是表法才是犯了捨事求理、性相不明的大毛病，而且一味喜談理性，厭說事項，乃是怕人說自己不懂深理，有炫耀高人一等的慢心。

3.如果你是眞正了徹唯心淨土的人，那麼你肯不肯住在廁糞中、與豬狗牛馬同槽而食、與腐屍同眠、積年累月照料身上充滿膿血的病人？如果你歡喜安隱、毫無罣礙、那麼你愛說什麼大道理都行，如果你勉強忍耐、內心嫌惡，那麼是個愛說大話的口頭禪大師，苦哉苦哉。

4.如果你有大願大力，願意在苦海中浮沉出沒來行菩薩道度眾生、那麼我不敢勉強你求生淨土。如果你沒有考慮到娑婆世界惡

緣重且多難以自作主人、諸佛出世難得遇上、此生難以永斷生死解脫輪迴、死後不知何處投胎去也，那麼放棄淨土不去求生、損失重大矣！

5.淨土法門似淺而深，似近而遠，似易而難。參禪、念佛不妨任選一門深入，卻不可得少而足，詆毀淨土，否則業報可懼啊！

278 什麼是曇鸞大師的安樂淨土九問答？

1.安樂國於三界中，何界所攝？

答：不屬於三界內。因為他們沒有欲界的欲望。他們是地居，所以不屬於色界。他們有形體，所以不屬於無色界。

2.安樂國有幾種莊嚴，名為淨土？

答：以器世間清淨及眾生世間清淨二種清淨，攝二十九種莊嚴成就。

3.生安樂土者，凡有幾品輩？有幾因緣？

答：無量壽經中有三輩上中下。無量觀經中，一品又分為上中下，共九品。見 252 問「往生極樂世界的修件探討」一文。

4.彼胎生者，處七寶宮殿中，受快樂否？復何所憶念？

答：不快樂，因為見不到三寶，無法供養三寶，不得修行善事，以此為苦。需五百年的末期他們才會體認到自己的罪過，而懺悔求往生。

5.以疑惑心往生安樂，名曰胎生者，云何起疑？

答：有四疑：

a.為什麼光是憶念阿彌陀佛，十口氣念佛不斷，就可以跳過業力生西而且不退。

對治：佛有不思議智及無障礙法力。

至西方淨土是帶業往生，到淨土後仍然需修行消業。

b.認為佛陀的智慧，並非特別玄妙超絕，不能超越相對。因為一切的名字都是相對的。

其實佛有不可稱智，它是超越相對的。

c.認為佛實在不能夠度盡一切眾生。佛的度眾能力是有限的。其實佛有大乘廣智，任何眾生都度。

d.認為佛並沒有得到一切種智。其實佛有無等無倫最上勝智，能夠普遍照知萬法。

6.若眾生不可盡，世間復須墮無邊。無邊故，佛實不能度一切眾生？

答：世界並非有限量，也非無限量，佛陀要讓眾生不執著這四句話，這才叫度。事實上是非度非不度，非盡非不盡。

7.言度與不度，皆墮邊見，何以但說度一切眾生為大乘廣智，不說不度眾生為大乘廣智？

答：眾生都厭惡痛苦束縛，希求快樂解脫。所以聽到可以得度，就會歸向佛法。若說不得度，就會說佛沒有大慈悲心，就不會歸向佛陀。

其實佛說度眾生是方便法度，佛說未曾度眾生是第一義。

8.如夢得息，豈不是度耶？若一切眾生，所夢皆息，世間豈不盡乎？

答：說夢為世間，若夢停息了，就無夢者，也不用說度者。因此知世間，即是出世間。世間盡即是出世間。

375

9.下輩生中，云十念相續，便得往生。云何名爲十念相續？

答：如被強盜追殺至河邊，這是心裡只有渡河這個念頭，並無其他的雜念。淨土行人也一樣，心頭只有念著阿彌陀佛的一念，完全無其他雜念，乃至連續十個念頭都不間斷，叫十念相續。平常要積習久念成習性，臨終時才能克服苦楚，完成十念相續。（一般九成民眾在臨終前都已陷入昏迷或意識不清，所以有點困難。必須在意識尚清楚前即一直持續念佛，直至意識不清爲止，看能否念完十念）。

279 蓮池大師的「西方發願文」的內容及六大綱要是什麼？

*內容：稽首西方安樂國。　　接引眾生大導師。

我今發願願往生。　　惟願慈悲哀攝受。

弟子（弟子名字）普爲四恩三有。法界眾生。求於諸佛一乘無上菩提道故。專心持念阿彌陀佛萬德洪名。期生淨土。又以業重福輕。障深慧淺。染心易熾。淨德難成。今於佛前。翹勤五體。披瀝一心。投誠懺悔。我及眾生。曠劫至今。迷本淨心。縱貪瞋癡。染穢三業。無量無邊。所作罪垢。無量無邊。所結怨業。願悉消滅。從於今日。立深誓願。遠離惡法。誓不更造。勤修聖道。誓不退惰。誓成正覺。誓度眾生。阿彌陀佛。以慈悲願力。當證知我。當哀愍我。當加被我。願禪觀之中。（凡修淨土發願者。改此句爲：願憶念之中。）夢寐之際。得見阿彌陀佛金色之身。得歷阿彌陀佛寶嚴之土。得蒙阿彌陀佛甘露灌頂。光明照身。手摩我頭。衣覆我體。使我宿障自除。善根增長。疾空煩惱。頓破無明。圓覺妙心。廓然開悟。寂光眞境。常得現前。至於臨欲命終。預知時至。身無一切病苦厄難。心無一切貪戀迷

惑。諸根悅豫。正念分明。捨報安詳。如入禪定。阿彌陀佛與觀音勢至諸聖賢眾。放光接引。垂手提攜。樓閣幢幡。異香天樂。西方聖境。昭示目前。令諸眾生。見者聞者。歡喜感歎。發菩提心。我於爾時。乘金剛臺。隨從佛後。如彈指頃。生極樂國。七寶池內。勝蓮華中。華開見佛。見諸菩薩。聞妙法音。獲無生忍。於須臾間。承事諸佛。親蒙授記。得授記已。三身四智。五眼六通。無量百千陀羅尼門。一切功德。皆悉成就。然後不違安養。回入娑婆。分身無數。遍十方刹。以不可思議自在神力。種種方便。度脫眾生。咸令離染。還得淨心。同生西方。入不退地。如是大願。世界無盡。眾生無盡。業及煩惱一切無盡。我願無盡。願今禮佛發願修持功德。回施有情。四恩總報。三有齊資。法界眾生。同圓種智。

*六大綱要：
1.發菩提心
2.懺三障
3.立四宏誓願
4.求生淨土
5.回入娑婆
6.總申回向

280 「彌陀要解」中什麼是善根福德因緣？

答：菩提正道名善根，即親因。種種助道施戒禪等名福德，即助緣。聲聞緣覺菩提善根少，人天有漏福業福德少，皆不可生淨土。唯以願信執持名號，則一一聲悉具多善根福德，散心稱名福善亦不可量，何況一心不亂稱名，故使感應道交，彌陀聖眾，

不來而來，親垂接引，行人心識，不往而往，託質寶蓮也。

281 實賢大師的「西方發願文註」，其中的二十八問是什麼？

1.祇一西方何分四土？又祇是一佛，何有三身？得無割裂分張耶？

答：就佛的本身而言，他只有一個法性身，只居寂光土。而且佛是三身一身，四土一土，他爲了化度眾生，才示現報身及應身，亦示現居住於實報土，方便土及同居土。示現報身，居實報土度化三十心菩薩。示現勝應身及居方便土，度化聲聞及十信菩薩。示現劣應身及居同居土，度化初發菩提心的凡夫。

2.此一淨土，爲同一處？爲各異耶？

答：是同一個地方，也是不同的地方。所謂同一個地方，譬如同樣是水，所謂不同地方，好比天人、人、魚、餓鬼，所見到的水全都不同。法身大士能在同居土及方便土示現化身。羅漢能在同居土示現意生身。凡夫只能在同居土。要往生淨土，信願行三事，缺一樣都不可以。

3.有人聞說西方淨土，心生好樂，然不念佛，得往生否？

答：如果眞想去，就會念佛。想去又念佛而不能往生者，是不可能的。

4.有人於此，亦好亦求亦念。但世間心重，貪戀塵勞，得往生否？

答：如果往生的心念很懇切，念佛又很專心，對人間的貪戀

心自然會漸漸減輕變微，這樣就可往生，只怕貪戀的心比成佛的念頭強，又半信半疑度過，則莫可奈何。

5.為善生天，作惡入地獄，本不發願。念佛往生，亦復如是，何須待願而後生耶？

答：三界六道輪迴是隨眾生的業所感應的結果，本來就不須發願，而往生西方是脫離六道，雖藉佛力，自己也要信願行都到才可能成功。

6.信行願三，既聞命矣。但十方皆有佛國，何須獨願西方？

答：因為此土眾生深有因緣，諸佛不爾，所以專求西方，而不求其他佛國。又彼土中依報正報，超過十方（阿彌陀經未見此句）。不唯此方願往，餘方皆然。

7.祖師云：「智者知心是佛，愚人樂往西方。」由是而言，愚人只好念佛，智者固宜參禪。若概勸往生，恐違祖意，非通論也。

答：馬鳴、龍樹、文珠、普賢等人都生西，這些人都是愚邪嗎？六祖說這句話是為了破人執「有」。今汝執「空」，「有」病好醫，「空」病難除。

8.古有發願來生，生逢中國，長遇明師，正信出家，童真入道者，此復云何？

答：以前是像法興隆時代，人根尚利，明師易得，入道非難。現在是末法衰敗時代，人根愈鈍，邪多正少，退易進難，而且內障外魔，無人不具，明師善友難逢。但見出家滿地，未聞得道何人。何況中國比得上安樂世界？明師比得上阿彌陀佛？出家入道比得上直生西方？

9.求生西方固所願也，但我下劣凡夫，罪業深重，福善輕微，如何容易得生安養？

答：餘門學道需靠自力，念佛往生全賴彌陀願力，自力難，故累劫未成，他力容易，故一生可致。所以一天七天也能往生，十念一念也能見佛。即使十惡罪人，佛也不棄，何況十善凡夫，一生發願念佛，還不能往生嗎？

10.兜率內院，近在此界，又有補處菩薩於中說法，亦可上昇，親近大士。何須近越此方，遠超他土？

答：西方淨土是依靠彌陀願力，接引往生，故雖遠而易到；兜率內院要靠修行人的定力，故雖近而難達。如果沒有禪定功夫，是求昇反墜。而且彼天有欲樂，初心會迷亂，西域無著、世親、師子覺三位修行人的故事可以做為殷鑒。

11.東方藥師佛國，依正莊嚴，與西方無異，又有八大菩薩示路，亦可往生，何須定願西方淨土？

答：藥師經主要是消災延壽，不專勸往生。八大菩薩只是示路，不一定迎接往生彼國。而阿彌陀佛是專勸往生，很多經都有提到，而且十方皆可往生，彌陀及聖眾也會垂手迎接。而且釋迦及諸佛均讚歎護念。

12.曠劫罪業，應已受報。云何直至今生，猶未滅耶？若已受報，則不須懺。若猶不滅，則懺亦無益。

答：造業受報時間不定，有現生報，來生報，再後生報。而且有定業及不定業二種。若懺悔可消不定業。何況大乘認為全部都是不定業。

13.淫則彼此無怨，何亦名冤？

答：殺盜是怒冤，淫是喜冤，喜冤怒冤都是業，都要受報。眾生顛倒，將淫慾怨家當做歡喜親人，這正是顛倒的原因由來。

14.眾生諸佛，但有名字，則誠然矣。生死煩惱是染穢法，菩提涅槃是清淨法。升沉迴異，優劣天淵，云何言亦但有名字耶？

答：若就事論，誠如所說，若依理論，一一都不是實法。生死煩惱，菩提涅槃，都非實法，凡夫謂實，但諸佛聖人，知其非真。

15.生死煩惱不實可也，若菩提涅槃亦非真實，何須辛苦修證耶？

答：所言非真是破執著，不是說修證是假。若身犯律儀，口談玄妙，以念佛為愚夫，以修持為著相，這正是末世參禪的大病，不可不知。

16.今既專持名號，云何復令觀想？

答：觀想可幫助念佛，這樣念佛的心才不會散亂。

17.觀中見佛，得無魔事否？

答：不念佛的參禪，而佛忽現，這與心境相違，名為魔事。若念佛人本來就在觀想佛，佛出現是感應道交，不是魔事。

18.菩薩化他，不於淨土，而於穢土者，何也？

答：因淨土中人，有善無惡，容易化度，故悲心不深，行願不廣。而穢土惡多善少，化度則難，難故大悲增長，行願堅牢。

又此娑婆是本昔受生之處，因緣一定很多，是應該急著化度的地方，因此生淨土證成法身後，必先回入娑婆世界度眾才是。

19.逕在此土化導，有何不可？何須捨此趨彼，然後回入？

答：若不捨離娑婆世界，穢土易染，容易墮落三惡道或難以修成，先往極樂世界度化自己修成正果，再回入娑婆度化他人。所以若求生淨土，一定要證果後倒駕慈航。

20.適欲往生，又欲回入，得無進退躊躇，志不決定耶？

答：先要達到利益自己的目的，所以要發願往生。證果後再回入娑婆利他。所以還不能往生以前，千萬不要再有進入三界胞胎的念頭，而生到淨土後，絕對不要有不回入娑婆化導眾生的心念。這樣的決心是一定的，怎麼說志向不定呢？

21.西方不退，設使回入娑婆，還有退否？

答：如上所明，三身四智，種種現前。加上彌陀護念，諸佛攝受，那有退失之理。這就是菩薩想要度眾生，必須先求生西方證果，而後再回入的原因。

22.何故發此無盡願耶？

答：因為心無盡，隨心所發誓願，亦無有盡。而世界不可盡，我願不可盡，眾生不可盡，業及煩惱不可盡，這四種是由心所具造，縱然成佛，亦無可盡之理。

23.願既無盡，成佛何時？

答：所言成佛，只是識得自心究竟不生耳，至於三十二相，只是方便說，本非真實，因此那裡有成佛、不成佛的說法呢？

24.所修善業，雖有若無，名不住相。今一事甫畢，汲汲回向，不已著乎？

答：你說善不住相，那有後善報嗎？若無則墮斷滅，若有雖

不求福，福也會自來。（個人看法：善不住相，是說善有善報，但對這善相不執著。只要將此善報迴向，但仍不爲己，不執著，不著相，才是有意義的迴向。）

25.回施眾生，眾生實得利益否？若無利益，則成虛妄。若有利益，則我作他受，焉有此理？

答：菩薩福德，與眾生共，現在雖無利益，未來成佛，則眾生受賜。（此段論點有點牽強）

26.回向與不回向，功有勝劣，事有得失否？

答：回向則少福成多，不迴向則多福成少。又若迴向，才能逕往西方。若不回向，心被福牽，還生三界。

迴向是生西的重要條件（見阿彌陀佛第二十願）。

27.回向西方，則自求快樂，回向佛果，則自求尊勝。由來爲己，何與眾生？

答：如果不爲了眾生，又何必成佛呢？自己成就就是成就他人，那有彼此之分。

28.眾生本空，菩提非有，不見善法，將何回向？

答：雖說眾生、菩提、善法都是空的，但由於眾生因不了解而造了業，受了苦，所以菩薩才用所修的善法來回向。若執著一切都空，反成偏見，退墮小乘涅槃深坑了。

282 什麼叫彌陀十六觀？

即十六種觀法：

1）日想觀，正坐西向，諦觀於日，令心堅住，專想不移。見日欲沒，狀如懸鼓，既見日已，開目閉目皆令明了。

2）水想觀，初見西方一切皆是大水，再起冰想，見冰映徹，作琉璃想。

3）地想觀，又作地觀、觀想下有金剛七寶金幢擎琉璃地，地上以黃金繩雜廁間錯，一一寶各有五百色光等。

4）寶樹觀，觀極樂國土有七重行樹，七寶花葉無不具足，一一花葉作異寶色，又一一樹上有七重網。

5）寶池觀，觀想極樂有八功德水，一一水中有六十億七寶蓮花，摩尼水流注其間演妙法。又有百寶色之鳥，常讚念佛、念法、念僧。

6）寶樓觀，作此觀想即刻成就以上五種觀法，故又作總觀。觀想其一一界上有五百億寶樓，其中無量諸天作伎樂。又有樂器，懸處虛空，不鼓自鳴。

7）華座觀，觀佛及二菩薩所坐之華座。

8）像觀，觀想一閻浮檀金色佛像坐彼花上，又觀音、勢至二菩薩像侍於其左右，各放金光。

9）真身觀，觀想無量壽佛之真身；作此想即可見一切諸佛。

10）觀音觀，觀想彌陀脅士中之觀世音菩薩。

11）勢至觀，觀想另一脅士大勢至菩薩。

12）普觀，觀自生於極樂，於蓮花中結跏趺坐。蓮花開時，有五百色光來照身，乃至佛菩薩滿虛空。

13）雜想觀，觀丈六佛像在池水上，或現大身滿虛空。即雜觀真佛、化佛、大身、小身等。

14）上輩觀，往生淨土者依其因，而有上、中、下三輩，三輩復分上、中、下三品，總爲九品。上輩觀即觀上輩徒眾自發三心、修慈心不殺行等、臨終蒙聖眾迎接，及往生後得種種勝益之相。

15）中輩觀，即觀中輩徒眾受持五戒八戒、修孝養父母之行等，及感得聖眾迎接而往生等相。

16）下輩觀，即觀下輩徒眾雖造作惡業，然臨終遇善知識，而知稱念彌陀名號，因之得以往生，及蒙種種勝益之相。

283 彌陀的第十八、十九、二十願是什麼？

第十八願是至心信樂，乃至十念。
第十九願是至心發願，發菩提心，修諸功德。
第二十願是至心迴向，植眾德本。
往生西方極樂世界必須具備的條件，即至心信樂，至心發願，至心迴向。
而且必須：
1.念十聲「南無阿彌陀佛」。
2.發菩提心（自覺、覺他的心），修諸功德（功德是不執我的福德）。
3.植眾德本，即三福：世福、戒福、行福。
世福：孝養父母、奉事師長、慈心不殺、修十善業。
戒福：受持三歸、具足眾戒，不犯威儀。
行福：發菩提心、深信因果、讀誦大乘、勸進行者。

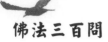

284 淨土三資糧是什麼？

「三資糧」……信、願、行。

依阿彌陀佛的第十八願願文，一致公認「至心信樂」是信，「欲生我國」是願，「乃至十念」是行，並公認為信、願、行是往生淨土必需的「三資糧」。

285 四種念佛方法是什麼？

1.稱名念佛：

《阿彌陀經》所說的持名念佛。唯繫心一佛，專心稱念名號，念念相續之法。

2.觀像念佛：

於佛的塑畫等像，諦觀分明。先從肉髻、眉間白毫，下至於足，從足復至肉髻。如是相相諦取。

3.觀想念佛：

是以心觀佛相好的一種念佛方法。這是以前者「觀像念佛」為基礎。也就是先以雙眼諦觀佛像的一相至多相，留下深刻印象後，再到靜處閉目憶念觀想，如《坐禪三昧經》說：「還至靜處，心眼觀佛，令意不轉，繫念在像，不令他念。若心中觀想佛像不明，則須再以眼取佛相好。」

《觀無量壽經》第十六觀即是此觀。

4.實相念佛：

又名法身觀佛，乃觀自身及一切萬法的真實自性的念佛觀。一切法本無自性，故此觀超越生、滅、空、有、能、所等觀念，並離言說相，離名字相，離心緣等相，而專念真實自性本淨的真佛。如《文殊般若經》所說：「不生、不滅，不來、不去，非名、

非相，是名爲佛。如自觀身實相，觀佛亦然。」

此不以眼見色身，也不以心觀相好，而是觀佛身自無所有故，心、佛、眾生三無差別的念佛法，即爲實相念佛。

286 淨土的五正行、五念門、四修是什麼？

-五正行：專依往生淨土經所修行業。

1.讀誦正行：讀淨土三經。

2.觀察正行：一心觀察憶念極樂淨土依正二報。

3.禮拜正行：禮拜阿彌陀佛。

4.稱名正行：一心專稱阿彌陀佛名號。

5.讚歎供養正行：讚歎供養阿彌陀佛。

-五念門：禮拜門、讚歎門、作願門、觀察門、迴向門。（參閱 271 問）

-四修：恭敬修（恭敬禮拜）、無餘修（專念專想專禮專讚彼佛，不雜餘業）、無間修（不間斷時日，不間貪瞋煩惱）、長時修（畢命爲期，誓不中止）。

287 觀無量壽經如何作觀？（參閱 282 問）

*十六觀法：

初　觀：日想。觀想西方日落，直至閉目、開目皆有落日歷歷在目。

第二觀：水想。觀水澄清如琉璃。

第三觀：地想。轉而初見極樂國地琉璃寶地、樓閣、華幢樣貌。

第四觀：樹想。觀極樂世界寶樹、羅網。

第五觀：八功德水。

觀極樂世界八池功德水。

第六觀：總觀想。

觀想極樂世界之寶樹、寶地、寶池。

第七觀：花座想。觀七寶蓮華座。

第八觀：粗想見極樂世界。觀蓮華座上金色佛菩薩像。

第九觀：遍觀一切色想。觀無量壽佛眉間白毫，現八萬四千色身相好。

第十觀：觀觀世音菩薩真實色身相。觀觀世音菩薩真實色身相。

第十一觀：具足觀觀世音及大勢至。觀大勢至菩薩真實色身相。

第十二觀：普觀想。普觀無量壽佛所建極樂世界色相。

第十三觀：雜觀想。觀西方三聖色身相，主要提及觀相念佛方法。

第十四觀：上輩生想。觀根性上品的上中下三等眾生往生並獲西方三聖和蓮池海會菩薩接引的情況。

第十五觀：中輩生想。觀根性中品的上中下三等眾生往生並獲阿彌陀佛接引的情況。

第十六觀：下輩生想。觀根性下品的上中下三等眾生往生並獲化佛菩薩接引的情況。並提及由於下品眾生多是犯戒、謗三寶以至犯五逆十惡之罪，在臨命終時，惡業現前。有幸得到善知識教以持名念佛的方法，眾生因大恐懼而生大信心，稱一念阿彌陀佛名號，即除八十億劫生死之罪得以往生極樂世界。

288 持名念佛的種種方法是什麼？

持名念佛的種種方法如下：

-默念：只見動唇，不聞出聲。用於病時、臥時、公共場所。

-金剛念：聲音中庸，口念耳聽。

-覺照念：念時把眼光收回，返照自性，我即是佛，佛即是我，禪淨合修。

-觀想念：同時觀想佛身及彌陀世界。

-追頂念：很急，一字追一字，一句頂一句，中間不留間隙。

-禮拜念：口念身拜。

-記十念：一面念一面記數佛珠，每十念撥一珠。

-十口氣念：每天早晚作十口氣念。

-定課念：每日念十萬或數萬或三五千，日日如是。

十三、律宗：289-294（共6問）

289 在家如何守戒？

在家皈依三寶是最基本的要求。進一步，可以守五戒：不殺生，不偷盜，不邪淫，不妄語，不飲酒。此五戒可以根據自己的情況分別受，可單受某一條，也可受某幾條或全受。

佛弟子有七眾，除在家的優婆塞（男在家眾）及優婆夷（女在家眾）守五戒外，其他五眾，比丘、比丘尼守具足戒，沙彌、沙彌尼守十戒；式叉摩那（女）守六法戒。

在家菩薩守六重戒二十八輕戒。

出家菩薩守十重戒四十八輕戒。

290 什麼是八關齋戒？

根據《薩婆多毗尼毗婆沙》，八關齋戒為一日一夜所遵守的八條清淨戒律：不殺生，不偷盜，不淫逸，不妄語，不飲酒，不著華鬘香油塗身，不歌舞觀聽，不坐臥高大廣床，不非時食（即過午不食）。

291 男眾與女眾在修持上，證果上有何差別？

迦葉尊者之後的上座部佛教確是呆板而不活潑的。小乘阿含部及律部中確可見到一些批評女人的文字。所以學者以為印度大乘佛教的振興，乃是佛世精神的復活，所以大乘經中對於女人的地位跟男人是平等一致的。

何況佛教的基本主張是人人平等。男女當然平等。

但比丘尼的八敬法對女性確有重大約束，尤其第五六七八條

根本不容易做到。聖嚴法師為此寫信給印順導師，他也持相同看法。八敬法的成立或出現似乎是在佛滅之後的事了，因為這與佛法人人平等的精神相背。因此聖嚴法師主張可以保留但不必強調它，否則對女眾的才能發揮是一大障礙。

女性的忍耐性夠，但意志力不夠剛毅，而且有自卑感，但好處是出家後沒有家事之煩，可以專心向佛。

而對在家眾而言，男女應該一律平等

292 戒律中的開、遮、持、犯是什麼意義？

開遮持犯是持戒者所應有的共識，為了能持戒解脫，圓滿戒法，成就持戒功德，必須深入戒律的開遮持犯。

何謂開遮持犯？開者允許之義，遮者禁止之義，持者堅持戒律之義，犯者毀犯戒律之義。學佛持戒有如是正確的認識，持戒修行，必因戒得度生死苦海，共登覺悟彼岸。

293 什麼是「譏嫌戒」及「根本重戒」、「三聚淨戒」？

-譏嫌戒即是息世譏嫌戒的簡稱，是停止做讓人家說壞話之事，如此所立之戒，是名譏嫌戒。佛陀大慈悲，深怕修行者被人家誹謗或起譏嫌，因此所制定的戒律。

-根本重戒即是殺、盜、婬、妄等四重戒，犯此四重戒，必墮落三惡道。所有輕重之戒，乃至微細戒，一切諸戒無不由此演化而成，是聖戒之根本戒也。

-三聚淨戒：漢傳佛教中，將菩薩戒總結為三大類，因為戒的精神及戒相乃是為令眾生無漏清淨，所以稱為「淨戒」，即三聚淨

戒，或叫三聚戒、菩薩毘奈耶，分別是：

攝律儀戒：以禁防爲體

攝善法戒：以勤勇爲體

攝眾生戒（饒益有情戒）：以勤勇爲體

294-1 戒有幾種？

依律宗，戒有二種，止持戒及作持戒。

止持戒：止者制止，制止身口，不作諸惡，曰止，五戒乃至具足戒是也。

由止護持戒體，曰止持。

作持戒：作者造作，策勵三業，造作眾善，曰作，安居、說戒、懺悔、禮拜是也。作持，梵語犍度，即法聚、章篇之意。有二十犍度，即二十種法，即使佛弟子應作之作法。

止是止不作惡，作是動身口，戒意離非，事須修善，修習戒行。

戒又有通戒、別戒二種。

通戒者，三聚淨戒，即攝律儀戒，抑止一切諸惡之止持門。

二攝善法戒，諸善萬行，悉攝此一戒，積集一切眾善之作持門。三攝眾生戒，亦稱饒益有情戒。即四攝行：布施、愛語、利行、同事。

別戒者，僧尼之具足戒，各有廣中略三重。

僧戒（比丘尼）廣則無量，中則三千威儀八萬細行，略則二百五十戒。

尼戒（比丘尼戒）廣中同僧，略則三百四十八戒。

五戒八戒十戒六法（染心相觸、盜人四錢、斷畜生命、小妄語、非時食、飲酒）等爲具戒方便，稱爲略戒。

294-2 什麼是戒的四科？

一切諸戒，皆有四科：戒法、戒體、戒行、戒相。

戒法：如來所制各種戒法。

戒體：自己心中所領納的法體，有防非止惡的功能。四分律以非色非心爲戒體。南山教以唯識種子爲戒體。

戒行：由心中戒體，隨能任持，運身口意業，造修善業。

戒相：持戒之美德外彰，其相狀可爲人軌範，美德光顯。

由法成體，因體起行，行必據相。當知相者，即是法相，復是體相，又是行相，無別相也。

十四、藏密、眞言宗：295-300 （共6問）

295 密教是佛教嗎？

「藏傳佛教」是融合顯教、密教與西藏當地苯教的教派，不是單純的「密宗」，稱爲藏密。

「眞佛宗」是現代人以藏傳佛教混合道教、台灣民俗信仰等自創的新興教派，也不是密宗。

「仁波切」是藏傳佛教的，不是密宗的。所謂密宗，宗教上正式名稱爲「眞言宗」，在印度稱爲古梵密。中國的眞言宗是唐朝第一大佛教宗派，後來傳至日本，也是日本第一大佛教宗派，又稱東密。

不管藏密、古梵密、眞言宗都是正統佛教，只是知見及修行方法略有不同而已。

296 梵密、藏密、東密與中國真言宗有何不同？

梵密是印度佛教歷史第三期的產物，印度密宗約盛行於西元500-1000 年間。

依白雲禪師對梵密與藏密的見解如下：

佛教中的教法分顯密二部，顯部乃釋迦牟尼佛之教法，密部乃大日如來（毗盧遮那佛）之教法。大日如來之教法以金剛與胎藏兩大部爲主旨，是法身佛內證之境界，極爲深祕奧密。唯印度有佛教之後，正值龍猛菩薩（在顯教中稱爲龍樹菩薩）倡導立派，謂此教法乃密乘之法，後人稱作「梵密」。依能海大師言：「密起於梵，集古印度七十二種教派，取其精華，加以整哩，而有「眞言」一乘。」而後，密法傳來中國，兵分二支，一爲梵密，於華夏，仰承善無畏、金剛智及不空三藏等三師所傳，自唐朝以後，教法短缺，擷取部分流傳；一爲藏密，於西藏，蓮花生

尊者之廣弘，迨至分立紅、黃、花、白諸派後，已面目全非。

中國真言宗與藏密之最大不同在於前者重三密身口意加持；後者重脈、氣、明點修持。

時遷境易，梵藏混淆；多少探求密乘者，於印度，或中土，或西藏，無分緇素喇嘛，所學所傳，皆是點滴零散之法。

297 藏密有那些修行方法？

一、修行理論依據

（一）心氣合一

將心分為粗心、細心、最細心。

粗心有眼耳鼻舌身五識、六根本煩惱、二十隨煩惱、八十性妄（八十種分別心，有 33 種與瞋有關的分別心、40 種與貪有關的分別心、7 種與癡有關的分別心。還有人在臨死時，會出現八十性妄，其前出現「死有」的前四相心：後陽焰相、煙霧相、螢火相、燈焰相。此四相心屬粗心。

細心：「死有」第五六七相分別是白顯之心、紅增之心、黑得之心。此三心是有分別的細心。小乘禪定的心也是細心。

最細心：「死有」第八相：光明心。此為無分別的最細心。密宗的修行主要在發掘這一「最細心」，以此心去體悟空性，「即身成佛」也是依據這原理。最細心又稱「俱生智」，是修成智慧法身的根基。

氣也相對應於心而分為粗氣、細氣、最細氣。

粗氣：凡夫一般日常生活的出入氣。對應前四「死有」相有四氣：地大氣、水大氣、火大氣、風大氣。

細氣：相對於前細心所對應的「死有」三相心所駕馭的氣即是細氣。

最細氣：對應於「死有」的最細心「光明心」所駕馭的氣即是最細氣，又稱光明氣、俱生氣、最細持命氣、不壞氣不壞明點，是修成色身即佛的根基。

心氣合一：粗、細、最細心對應粗、細、最細氣，心調則氣調，氣調則心調，可謂是心氣合一。

一般凡人的日常生活中都是粗心粗氣，對於真理難以契入。禪定可使氣息變細長，心也跟著變為細膩。

因此無上密的修行即在止息粗及細的心及氣，以最細心來體會真理。此為格魯派的基本觀點。由於氣比心較為具體，因此密宗採用調氣的方式來修行，由粗氣、粗心變成細氣、細心，再用細心去體會空性而生出證悟空性的「最細心」，即俱生智。

因此格魯派主張平常先以粗心的分別慧去薰習空性，使之熟練，漸漸轉成細心及最後的「最細心」。

顯宗也有「觀呼吸」的修行，但未如密宗將心氣完全合一。

唯識宗認為生死輪迴的主體是阿賴耶識，密宗認為是「最細心氣」，此最細心與最細氣的結合體，二者永不分離（即阿賴耶識的本體）。投胎後漸次產生粗的心氣，而後出生後以粗心氣造作種種行為，即十二因緣識入名色，由名色而六入、觸、受乃至老死。

在臨終時，粗氣及細氣依次消失，雖有最細心的出現，但在有漏業的牽引下，只得再入六道輪迴。

密宗修行的核心便在於，活著的時候，好好調禦心氣，不斷體會空性，因而臨終時，能夠臨危不亂，利用最細心氣去證得法報化三身。

（二）佛性、如來藏

小乘不稱佛性，而稱種性。

婆沙宗認為有四聖種，即隨所得衣服喜足、、即隨所得食物

喜，即隨所得臥具喜足、樂斷樂修。

對三有的資具無貪、知足，才能產生無漏法，此稱「聖者的種性」。

經量部認爲能生無漏智的「心的種子」，其能力即爲種性。

唯識宗從無始世展轉法爾所生的無漏法的能力，稱爲「本性住種性」，以別於「習所成種性」。

西藏各派則站在中觀的立場來看種性，但說法不盡相同。

格魯派認爲未離客染的心，其自性空而清淨，稱爲如來藏、本性住種性、佛性。已離客染的心，其自性空而清淨，稱爲自性身、究竟涅槃、究竟離繫果、究竟滅諦。都是無爲法，皆非眞實存在，但有大力作功能存在。

如來藏不同於自性身，前者眾生悉有，後者唯佛才有。佛是離客染的心，離煩惱障所知障的「離垢自性身」即顯宗之法身。

覺朗派認爲如來藏、佛性與自性身同一意義，並且都是眞實存在，即他空派，世俗爲他爲空，勝義如來藏不空。

噶舉派、寧瑪派均認爲如來藏及佛性指俱生的最細光明心氣，其體性空自性明，雖非眞實存在而眾生皆具，並有種種力用。

格魯派採用中觀，尤其是中觀應成派的勝義及名言皆空。

寧瑪派則採用大中觀，即如來藏的觀點。認爲其源由類似中國禪宗。

二、修行方法

（一）前行

1.共加行：暇滿難得、人身無常、因果不壞、輪迴惟苦。

2.不共加行（內加行）：大禮拜、皈依發心（四歸依：上師，佛、法、僧）、懺悔（百子明、佛說三十五佛禮懺法）、供曼達法、上師相應法、古沙里資糧法。

3.顯宗加行：二無我慧止觀法門、十玄門觀。

（二）正行

1.黃教（格魯派，承襲迦當派）宗喀巴

（1）格魯派的顯教教學過程：

A.因明及佛教教義的基本訓練。

B.語文、文法的學習及經文的背誦。

C.五部大論的鑽研（五部大論是釋量論、現觀莊嚴論、入中論、俱舍論、律經）。

（2）菩提道次第廣論：

下士道（人天乘）、中士道（聲聞、緣覺）、上士道（菩薩乘）

修習止觀：見前文214-4問，295頁。

（3）密宗道次第廣論：

事部、行部、瑜伽部、要承事為先修地法、明預備儀軌、供養曼陀羅儀軌、入檀受灌頂、瓶灌頂、水灌頂、阿闍黎灌頂、授三味耶、密灌頂、慧智灌頂、第三灌頂、第四灌頂、生起次第、明四支與四種瑜伽、明六支與三三摩地、圓滿次第（父續、龍猛派、明二諦別、明三遠離：心、身、語遠離三空智、智足派、母續、時輪派、勝樂金剛、歡喜金剛）、風瑜伽、火瑜伽、現證所修之果。

2.白教（噶舉派、響巴噶舉派）：大手印及六成就法

大手印有三種：實住大手印、空樂大手印、光明大手印。

實住大手印即大中道，大手印四瑜伽屬之。由顯教般若乘趨入，不須灌頂，以口傳密訣，依中道而得證空智。主要流行有美國人伊文思的「涅槃道大手印瑜伽法要」及貢噶上師的「祝拔宗契合俱生大手印導引」，其正行為四瑜伽：專一、離戲、一味、無

修。

空樂大手印：貢噶上師在「恒河大手印講義」中解釋說：「於較勝根性者，令依密法，得受灌頂，修習脈氣明點和六法等道，以了達取證於本覺智，契合於大手印」謂之空樂大手印。如格桑大師的「大樂光明」可爲代表。

光明大手印：貢噶上師；「最上之大手印，無須灌頂，但當恭敬禮拜承事親近於上師，或僅觀於上師微妙身相，即能立得證悟。即口訣云：「不修、不整、不散亂」即眞正的大手印之最上法門。

恒河大手印即屬於光明大手印，與大圓滿心髓徹卻（立斷）和禪宗近似，是頓悟法門。

從修持程序和階段來分，分爲根大手印、道大手印、果大手印。

根大手印：即大手印的根因，也是離斷常二邊的「離邊中道」。

道大手印：立見、修、行三門。離執計是見王，若離散亂是修王，若無所作是行王，若無所住即證果。

果大手印：由聞思修之結果，證得本覺妙智，是爲果大手印。

-陳健民的大手印修行：

疏遠加行（同上共加行）-較近加行（同上不共加行、刹那頓現之佛慢、無生心氣無二之試修）-貼近加行依據成就上師而行之、依據得見明體之正面、側面、多面、反面指示而行之。

-正行四瑜伽。

A.專一瑜伽：得見明體（明相、無念、心離能所、氣離出入），即入顯宗菩薩初地。並令明體自生、自顯、自安住、自延長。

實修包括五種大印，即椎擊三要印、融合三空印（無雲晴

空）、吐氣離心印、曠野陳屍印、猝然頓住印。

B.離戲瑜伽：以齊明體堅住後而離之。實修包括吽字破明、虛位離體。

C.一味瑜伽：以明體空智所起妙用方為一味。實修方法為將一切惡緣皆持為道，包括持分別為道、持煩惱為道、持鬼神為道、持苦為道、持病為道、持死為道。即能達到三種自解脫（六識自解脫、五門眼耳鼻舌身自解脫、五毒貪瞋痴慢疑自解脫。

另五種勝行也是一味瑜伽，包括普賢行、密行（於寒林、獨木、深岩處以事業手印行之）、明禁行（裸體、六種嚴飾經行聚落）、聚行（大市鎮、商場、賤業家、作歌舞）、勝御力行（勝御食即服毒亦轉甘露、勝御氣即有漏氣滅、勝御方即輪寂一切悉無所偏。無有取捨，不離一味）。

D.無修瑜伽：由一味上品證量而開始入無修。實修是離于心注、目視之功用；離一味之體用雙運，進入人無修不用媒介階段；明體中尚有俱生我執尚未澄清及俱生微細業劫氣尚潛伏，必須再若干時間才能達純熟無修階段。

3.花教（薩嘉派）：道果：成佛之道及證佛果位

道果三現分莊嚴論（根）及導入正道三續分莊嚴論（道及果）

（1）根：見地即輪涅不二見。

A.輪迴過患的教授（苦苦：三塗苦、壞苦：無常變異苦、人道無常苦、天道阿修羅道無常苦、行苦：行為造作永無終止的苦、慾望不得滿足的苦、生死永無終止的苦。）

B.暇滿人生的教授

C.善惡因果報的教授

D.實修覺受見的教授

慈心、悲心、菩提心（願及行菩提心）、勝義菩提心（止觀雙

方運）、金剛乘之不共禪修。

E.清淨見的教授：

如來證悟身口意莊嚴法輪（證悟身、證悟語、證悟意）。

（2）道：修行次第，即喜金剛四灌。

A.寶瓶灌：

a.生起次第道：外生起（所依境）、內生起（能依境、身壇城）

b.三個本質的見地：覺性、空性、二者結合。

c.了悟的本質：輪涅無二。

d.遷識：看死亡的實相。

e.在中陰狀態，本尊與自心的會合。

f.法身之果：即化身。

B.祕密灌：

a.身體內熱所得自我加持之道（拙火）。

氣瑜伽：七種呼吸運動。

拙火瑜伽：九種主要運動。

氣與拙火的主要教授：

b.自然生起俱生智的見地。

c.有關祕密灌的了悟及本質。

d.明光的頗瓦修行。

e.無上智慧的中陰禪定。

f.大樂身的果位：即報身。

C.智慧灌：

a.有關身體菩提的壇城中圍和使用事業手印讓紅白菩提的升降產生四喜之道。

b.同時產生無上智慧的見地。

c.較小空樂的了悟與本質。

d.頗瓦即是升起金剛薩埵。

e.中陰同時產生大樂。

f.法身之果：即法身。

D.第四灌：

a.金剛波浪道。

b.修習道位所生宗義，依之生四喜。

c.廣大空樂之悉地。

d.臨終由大手印道遷識。

e.中陰身最勝空樂智。

f.任運的自性果位。

（3）果

自受用之果位

他受用之果位

自他受用之果位

4.紅教（寧瑪派）：

4.1 大圓滿：有二法即徹卻及脫噶。

（1）加行

修身清淨法、修語清淨法、修意清淨法、修金剛誦、修金剛薩埵、修拙火定。

（2）正行

A.徹卻修持法：當體明空不二的剎那定住。

有身眼心三種安住。

身如須彌山安住；眼如無波之海安住；心無整治安住，離過去、現在、未來三時妄念分別。

也有見定行果四種安住：見如山；定如平靜無波大海，不起妄念；行依口訣，身口意三門在法性上安住。果則無整治，任運自然。

法門有「無生阿字口訣」；「三虛空（外內密）會合瑜伽」

B.脫噶修持法：

能使行者顯發本具智慧與光明，即身化爲智慧虹體，證得眞實究竟。

修持法有本覺智光顯現法；五門要儀（身、口、意、門：指兩眼、境：指修持處所）五要儀，依五門要儀，明體才能顯現）；明體四種顯現（法性顯現、樂明無念之覺受增長、身及心之明體進詣、窮盡法）；身化虹光，即身成佛觀修法；白瑜伽（從光明上修脫噶）和黑瑜伽（在黑暗無光中修脫噶，稱爲黑關法）。

脫噶優於徹卻，因爲

A.脫噶知自心本明，於色塵等不起分別，自然光明。

B.脫噶因身口意的調整，法爾智慧自開，三身境界自然顯現。

C.脫噶即此六根之門而修，以智慧氣，開光明之門，內外一致，內法爾智慧與外光明無二無別，四種光明即得顯現。

D.脫噶不用強壓定心，但依本法調正，隨任氣息入出自然，其細氣等自然化盡，變爲光明之體。

E.徹卻修成，臨終得見法身，使身體化空，只餘爪髮；脫噶則成通體光明不壞，虹光化身。

4.2陳健民的實修體系表：

1.三乘：小乘、大乘、金剛乘。

六乘：聲聞、緣覺、菩薩、事部、行部、瑜伽部。

九乘：加無上瑜伽部包括麻哈瑜伽（大）、阿努瑜伽（無比）、阿底瑜伽（無上）。

十二乘：加，審底、龍底、滿雅底。

十五乘：加，有麻哈、阿努、阿氏。無上阿底、姐底、仰底。

2.無上瑜伽：有麻哈、阿努、阿底三種瑜伽。

A.麻哈瑜伽（初灌、瓶灌。瓶灌有五種：寶瓶、寶冠、金剛

杵、鈴、名）。

戒：密宗十四根本戒、八粗重戒、五方佛戒、五空行母戒。

定慧：生起次第（本尊觀）三條件：佛慢、明顯、堅固。

三等持：法性等持、大悲等持、因位等持。

九接佛風

B.阿努瑜伽（二、三灌）

戒：同上。

定慧：

圓滿次第：智慧氣、智慧脈、智慧明點。

觀想事印（二灌、祕密灌）。

實修事印（三灌、智慧灌）。

一般六成就法（拙火、幻身、夢、光、中陰、遷識）、密集金剛五法（金剛誦、心寂、自加持、空樂次第、雙運次第）、時輪六支（別攝支、靜慮支、中善支、認持支、隨念支、三摩地支）。

C.阿底瑜伽（四灌、勝義灌）

戒：同上。

定慧：

大手印與四喜配合。

大手印與幻身配合。

大手印與大樂智慧身之雙運。

298 密宗如何修氣脈？

甲.密宗修氣脈明點。

1.氣有五氣（命氣、上行氣、下行氣、平住氣、遍行氣）。

2.脈有三脈：左右脈及中脈。

3.脈輪：據密宗經典所述，脈輪有很多劃分法，即六輪、五

輪、四輪以及三輪，因爲眾生的業力不同，緣分有異，使得體內的脈輪形狀也有很多種。

四輪：頂、喉、心、臍。五倫：四輪加密輪（臍下四橫指寬處之生法宮）。六輪：四輪加杵尖輪及置間輪。

*六脈輪：頭頂大樂脈輪、喉部圓滿脈輪、心間法界脈輪、腹部化身脈輪、私處護樂脈輪、腳上氣脈輪。

六輪代表六能仁佛、六般若，此乃既有六道的種子，也有六智慧的因素。

-頭頂大樂脈輪有三十二種分支脈，即細脈；

-喉部圓滿脈輪，有十六個分支脈；

-心間法界脈輪，有八個分支脈；

-腹部（臍）化身脈，有六十四個分支脈；

-私處（杵尖輪）護樂脈輪，有二十八支分支脈。

脈輪上面有忿怒、非怒勢、慈祥等含有的無數本尊聖眾壇城，連每個毛孔都有無數佛的淨土、壇城，所以求佛不求外境，就求自己。

如果筋脈的死結打開了，氣入中脈，氣和明點正常流動，自然得到佛的智慧，消除無明。

*五脈輪：五脈輪代表五身佛、五大本尊、五方佛與五空行母。

五身佛，即法身、報身、化身、自性身與顯證身。

-證悟大圓鏡智：使你獲得報身佛，向十地以上的無數大菩薩傳授密法，消除細的所知障。

證悟成所作智：使人獲得化身佛，以各種身分度化無數有緣眾生，他能化爲息、增、懷、伏之身，都是因爲證悟成所作智之故。

-認識到平等性智：使人獲得自性身如來，因而證悟，遠離煩惱障和知識障的究竟法界之身。

-認識到妙觀察智：使人獲得顯證證悟身，因而覺悟智慧法身的不可思議智慧；認識到法界性智，使人獲得法身，從而獲得明空不二之法。

五身佛與五智形容的就是五方佛，五方佛忿怒相就是五大本尊。

《母續》云：「頂輪有三十二分支脈即細脈，代表三十二智慧母；喉輪十六支細脈，是代表十六持續佛母；心間輪有八細脈，是代表四尊大樂佛母以及八怒勢佛母；腹部六十四細脈，代表六十慧佛母；私處輪中產生四細脈，代表加行四道位佛母。」

每個脈輪的中央有五方佛以及其眷屬和壇城。

或者頂輪處觀想上師，心間觀想法身佛，

喉輪觀想報身佛，腹部（臍輪）觀想化身佛以及其明妃。

這就是自身觀想宇宙的訣竅、證悟宇宙奧妙的殊勝訣。

4.明點有三種：

A..離戲明點（俱生智、最細心氣）。

B.錯亂明點（不壞明點、咒明點、風明點）。

C.物明點（陳建民認為有四種明點：物質、咒、風、智慧）。

不壞明點即是頂輪的白菩提及臍輪的紅菩提，氣入中脈即是智慧明點。智慧明點即是離戲明點或不壞明點，不壞明點及命氣均在心輪。

乙.無上密四種基本氣功：九接佛風、金剛誦、中住氣、寶瓶氣。

299 真言宗的四種曼荼羅是什麼？

通常我們稱曼荼羅，是指形像曼陀羅而言，而依其表現的方式，可細分為下列四種：尊像、象徵、文字、立體等四種形式，分別由大曼陀羅、三昧耶曼陀羅、法曼陀羅、羯磨曼陀羅做代表，簡稱四曼。

1.大曼陀羅：代表諸尊的身體，其總集諸尊之壇場，及諸尊之形體，並且用圖畫來表現壇場的全景，及諸尊的形相與位置。因為是曼陀羅的總體表現，所以稱之為大。相當於金剛界曼陀羅之成身會。

2.三昧耶曼陀羅：代表諸尊所持的器杖，其以畫出諸尊手拿的器杖及印契，表達普救眾生的本誓、誓願－慈悲及降服（克服噁心），諸尊也以此表示自己絕不違越誓約。相當於金剛界曼陀羅之三昧耶會。

3.法曼陀羅：代表諸尊所說的法門，其別稱「種子曼陀羅」，畫諸尊的「種字（種子）」及一切真言，每一個梵音種字，都象徵密宗佛菩薩威力，並以此為大日如來的法門身。相當於金剛界曼陀羅之微細會。

4.羯磨曼陀羅：代表諸尊的所有作為，羯磨是梵語「業」的意思，表示諸尊身上一切之威儀，及鑄像泥塑等之作業，也包含宇宙的運轉與人體的行為。相當於金剛界曼陀羅之供養會。

300-1 三密如何加持？

指佛陀三密之加持。三密，即身密、口密（語密）、意密。眾生修行三密時，其身口意三業受到佛陀三密之加持，佛與眾生三密相應，融和無間（三密瑜伽），則有不可思議之功能產生，此身

即可成佛。此時，有一種超乎人類之力量顯現，此種相應而且得到感應之事，稱為加持。蓋就差別門而言，眾生所起之三密源於妄想，以三毒為體，而異於佛界之三密；然若據平等門而言，以佛眼觀之，則眾生之三密與諸佛之三密平等無異。故行者之三密若與本尊之三密相互加持，則可速疾成就大悉地。又此三密相應之果，稱為三法道界。

300-2 真言宗的三種成佛，六種無畏，五類法身是什麼？

一、三種成佛

為什麼藏密認為修其密法可即身成佛？真言宗所言即身成佛，悟理本與禪宗無異。如大日經云：「如實知自心。」一行疏云：「若見本不生際者，即是如實知自心；如實知自心，即是一切智智，覺自心本來不生，即是成佛。」

真言宗成佛，與各宗不同的三種佛身中為加持身佛，今述三種成佛如下：（1）理具成佛，謂一切眾生身心，即是金胎兩部本體，所謂胎藏界的理體，金剛界的智德，於凡夫中，本來具足，眾生與佛同一法身，此即謂之理具成佛。（2）加持成佛，謂一切眾生，既具本覺功德，復以修習瑜伽之故，共與諸佛相互感應，而此三密加持，遂成即身成佛之妙行，依此妙行，以開顯眾生本有的果德，此謂之加持成佛。（3）顯得成佛，謂修行成滿，證入無上的悉地，本來具足理智萬德，至此完全開顯，謂之顯德成佛。理具乃至顯得即身成佛意，謂即身成佛意，是指一切眾生自心中金剛胎藏曼荼羅，遠離因果法，理具即身成佛也，由三密加持自身本有三部諸尊速疾顯發，故加持即身成佛也。三密修行已成就故，即心具萬行，見心正等覺證心大涅槃，發起心方便，嚴淨心佛國，從因至果以無所住住於其心，如實覺知名顯得即身成

佛也。上爲眞言宗的三種成佛：此宗證到生佛一如的境界，以爲佛與眾生，皆六大所成，本無粗細染淨差別。復加三密耶印，印證自心，握皇玉璽，已在我身，能夠統領天下。

二、六無畏

　　眞言行者菩提心一念之功德有六種位別，稱爲六無畏。即眞言行者於地前三劫所得之利益。無畏，安穩蘇息之義，此六處爲行者再生蘇息之處，故稱六無畏。即：

　　（一）善無畏，行十善業，止十不善業，常生於人天，遠離三途之苦，爲第一蘇息處。即眞言行者依三密之行而供養本尊之位。

　　（二）身無畏，修循身觀等，不生貪愛，於己身離諸扼縛，爲第二蘇息處。即眞言行者依有相之觀行，本尊之眾相現前之位。

　　（三）無我無畏，了知我乃取蘊之積集，求之不可得，離我之扼縛，爲第三蘇息處。即眞言行者於瑜伽境界之一切分段中，觀心不可得，不生愛慢之位。

　　（四）法無畏，觀察諸蘊即空，遠離諸蘊之扼縛，爲第四蘇息處。即眞言行者於瑜伽境界如鏡像水月，觀無性無生之位。

　　（五）法無我無畏，觀察法無我性，覺了本不生之理，遠離法之扼縛，爲第五蘇息處。即眞言行者於瑜伽道中得心自在之位。

　　（六）一切法自性平等無畏，觀自心畢竟空性，我、蘊、法及無緣等皆同一性，即了知自性無性而生空智，遠離有爲無爲界之二種扼縛，爲第六蘇息處。即眞言行者觀心實際，住虛空無垢菩提心之位。此六無畏配以三劫，前四者乃初劫之位，第五爲第二劫之位，第六爲第三劫之位。

三、五種法身

　　法身，指佛之自性眞身。歷來大小乘諸家有關法身之說各異，有二身、三身、四身、五身等諸說。

　　（一）華嚴經隨疏演義鈔卷四舉出下列五種法身，即：1.法性生身，謂此法性，體本圓常，該通萬有，如來之身由此出生。2.功德法身，謂如來以萬行功德爲因，而成法身之果。3.變化法身，謂如來法身無念不通，無機不應；如千江月，隨水現影，影雖有殊，月本是一。4.虛空法身，謂如來法身融通三際，包括大千，一性圓明，諸塵不染。5.實相法身，謂如來法身離諸虛妄，會極眞如，不生不滅。

　　（二）菩薩瓔珞經所出之五種，即：1.如如智法身，謂證如如之理之實智。2.功德法身，十力、四無畏等一切之功德。3.自法身，謂地上菩薩應現之應身，天台宗稱之爲勝應身，法相宗稱爲報身中之他受用身。4.變化法身，即天台所稱之劣應身，法相所稱之變化身。5.虛空法身，如虛空離諸相之如如理。此中，如如智法身與功德法身爲報身，自法身與變化法身爲應身，虛空法身即法身，總稱爲法身者，以其皆爲法身之德相。

　　密教立自性、受用、變化、等流等四身爲法身，加上六大法身（法界身），則稱五種法身。

國家圖書館出版品預行編目資料

佛法三百問／藍傳盛著. --初版.--臺中市：白象
文化事業有限公司，2022.8
　　面；　公分
ISBN 978-626-7151-29-7（平裝）

1. CST：佛教 2. CST：問題集
220. 22　　　　　　　　　　111007940

佛法三百問

作　　　者	藍傳盛
校　　　對	藍傳盛
發 行 人	張輝潭
出版發行	白象文化事業有限公司
	412台中市大里區科技路1號8樓之2（台中軟體園區）
	出版專線：（04）2496-5995　　傳真：（04）2496-9901
	401台中市東區和平街228巷44號（經銷部）
	購書專線：（04）2220-8589　　傳真：（04）2220-8505
專案主編	黃麗穎
出版編印	林榮威、陳逸儒、黃麗穎、水邊、陳媁婷、李婕
設計創意	張禮南、何佳諠
經紀企劃	張輝潭、徐錦淳、廖書湘
經銷推廣	李莉吟、莊博亞、劉育姍、林政泓
行銷宣傳	黃姿虹、沈若瑜
營運管理	林金郎、曾千熏
印　　　刷	基盛印刷工場
初版一刷	2022 年 8 月
定　　　價	500 元